SV

Hans Erich Nossack
Dieser Andere
Ein Lesebuch mit Briefen, Gedichten, Prosa

Herausgegeben von Christof Schmid

Suhrkamp

Erste Auflage 1976

Druck: Hieronymus Mühlberger, Augsburg
Printed in Germany

Inhalt

Briefe
1943–1955

An Hermann Kasack Hamburg, den 8. Dez. 1943

Lieber Herr Kasack[1],
Denken Sie sich, erst gestern traf Ihr Brief vom 24. 11. bei uns ein, der inzwischen durch andre Briefe, zu mindesten durch den eingeschriebenen überholt wurde. Ich habe mich also geirrt, als ich das Gefühl zu haben glaubte, daß diesmal gewöhnliche Briefe eher schneller als eingeschriebene liefen. Ob meine Briefe und die meiner Frau sämtlich bei Ihnen eingetroffen sind, weiß ich nun auch nicht; die Daten sind mir nicht mehr im Kopf. – Wichtiger ist die kleine Atempause, die Ihnen und uns allen in den letzten Nächten gegönnt wurde. – Übrigens erfahre ich nun erst aus diesem veralteten Brief, daß Suhrkamps ihre schöne hohe Wohnung verloren haben. Denn aus den späteren Briefen las ich wohl, daß Suhrkamps bei Ihnen wohnten, aber da das Unglück nicht erwähnt war, nahm ich an, daß es nur eine Art Selbstevakuierung wäre. Ich habe daraufhin auch Vietta[2] etwas Falsches berichtet und werde dies berichtigen, sobald er mich anruft.
Nun zu meiner Prosaarbeit. Ich würde sie heute beendet haben, wenn ich nicht gerade Kopfschmerzen hätte und die Kadenz nicht verderben will. Also wird es morgen geschehen und ich kann deshalb darüber reden, was ich vorher aus Aberglauben vermied, diesmal wegen des Themas mehr noch als sonst. Seien Sie nicht enttäuscht, wenn Sie hören worum es sich handelt: Es ist ein Bericht von ca. 27 eng beschriebenen Folioseiten über das, was ich in der Zeit vom 24. Juli bis ungefähr 15. August erlebte, mit dem Titel ›Der Untergang‹.[3] Das Wort Bericht ist vielleicht irreführend; wenn, dann ist es ein sehr intimer Bericht und man könnte es ebensogut Bekenntnis nennen. Ich sehe in mich als in den Hohlspiegel, in dem die Bilder aufgefangen sind, und gehe und durchdenke den Weg noch einmal. Es ist auch ein Weg durch eine tote Stadt[4], nur daß die Verhältnisse umgekehrt sind wie bei Ihnen. Ich weiß nicht wie ich dazu komme; eines Abends sagte ich mir, dies muß zuerst gemacht werden, sonst ist es zu spät und wird vergessen. Ich

will nicht verhehlen, daß ich mit der üblichen vermessenen Verantwortlichkeit auch an Spätere gedacht habe, die einen solchen Bericht von uns, die dabei waren, erwarten werden. Ohne so etwas geht es ja bei mir nicht, mag auch der Verstand darüber spotten. Ich habe auch nach Vorbildern für einen solchen Bericht gesucht. Da ich keine Bücher habe, fiel mir nur der Bericht Boccaccios über die Pest in Florenz ein; aber darin, soweit ich mich entsinne, wurde doch mehr der Eindruck der Auflösung gegeben, nicht ein Untergang.

Es ist sehr zu bezweifeln, ob sich über etwas, was noch so nah und in aller Munde ist, mit Abstand berichten läßt; kaum daß man es mit Abstand wird lesen können. Aber dafür ist es um so unmittelbarer und selbst wenn sich einiges als Irrtum herausstellen sollte, so gehört das zum Lebendigen. Ich habe die Kühnheit, mich und meine Eindrücke als typisch zu nehmen, nur daß ich vielleicht empfindlichere Ohren habe als die Andren und vor allem den Willen zur Bewußtheit. Und nicht nur das, ich kann nicht anders, als den Untergang der Stadt in engem und bedingtem Zusammenhang mit meinem eigenen Schicksal zu sehen; und wiederum glaube ich, daß die Meisten so denken, ohne es zu wissen oder den Mut zu haben, es einzugestehen.

Ich werde mich hüten, es jemand zu lesen zu geben. Nicht nur wegen dieser Intimität, sondern weil ich gar nicht beurteilen kann, ob es nicht schaden kann. Ich höre genau, wie vorsichtig die Menschen über das reden, was hinter ihnen liegt, und man muß diese Vorsicht achten. Man darf niemand zwingen, sich umzusehen; noch nicht, die Gefahr ist noch zu groß. – Daher frage ich auch bei Ihnen vorher an, ob ich Ihnen die Blätter senden soll. Vielleicht übrigens überschätze ich das Alles in seiner Wirkung auf andre, nur weil für mich selber gute Kaumuskeln dazu gehörten, den Brocken herunterzuwürgen, ohne daran zu ersticken.

Ich habe auch daran gedacht, einen Durchschlag davon bei Ihrem Freunde in Milow[5] zu verstecken, ohne Namen. Aber das hängt von Ihnen ab, und es hat auch Zeit. Was auch

sonst daran sein mag, ich glaube, die Arbeit hat mich tausend Meter weiter von dem Untergang gebracht, zu dem ich vorher wie zu einer Mordstelle immer wieder zurückkehren mußte. Ja, soweit, daß ich nicht einmal mehr Lust habe, die Seiten auf Schreib- und kleine Schönheitsfehler durchzulesen. Und wenn ich damit für andre Dinge frei geworden bin, so ist viel erreicht. –
Daß ich während des Schreibens mit meinen Gedanken oft in Potsdam war, können Sie sich denken. Ich empfand dann immer als ganz besonders unerträglich diesen Zwischenzustand, in dem Sie sich dort jetzt befinden müssen, und uns hier geradezu als bevorzugt vor Ihnen, weil wir irgendwie einen Schritt darüber hinaus sind.
Wann wird dieser Brief dort eintreffen? Wer weiß das, aber jedenfalls möge er Alles in der Kaiser-Wilhelmstraße unversehrt vorfinden. Wenn es sich macht und Sie es für richtig halten, empfehlen Sie mich Herrn und Frau Suhrkamp.
Meine Frau hat etwas gefunden, was vielleicht Ihrer Frau zu Weihnachten eine kleine Freude bereiten wird. Aber wie soll man es nach Potsdam schicken? Wert- oder eingeschriebene Päckchen dürfen m. W. immer noch nicht geschickt werden.
Mit herzlichen Grüßen Ihr

1 Hermann Kasack war 1941–1949 als Nachfolger Oskar Loerkes Lektor im Suhrkamp – vormals S. Fischer – Verlag in Potsdam/Berlin. Nossack lernte ihn 1942 in Potsdam kennen. Vergl. Hermann Kasack: ›Rede auf den Preisträger‹ (Laudatio zur Verleihung des Büchner-Preises an Hans Erich Nossack 1961). Vergl. auch: H. E. Nossack: ›Er wurde zuletzt ganz durchsichtig. Erinnerungen an Hermann Kasack‹. In: ›Pseudoautobiographische Glossen‹, Bibliogr. Nr. 167, S. 46–52.
2 Vietta = Pseudonym für Egon Fritz.
3 ›Der Untergang‹ erschien erstmals in ›Interview mit dem Tode‹ 1947. Vergl. S. 113 dieser Ausgabe. Vergl. Bibliogr. Nr. 10, 88, 106.
4 Anspielung auf Kasacks in Arbeit befindlichen Roman ›Die Stadt

hinter dem Strom‹, entstanden 1942–1944 und 1946. Erstdruck in ›Der Tagesspiegel‹ 1946, Erstausgabe Berlin 1947.

5 Kleiner Ort an der Havel, wo Kasack seine Manuskripte sicherheitshalber hinterlegte.

An Hermann Kasack Hamburg, den 12. Dez. 1943

Lieber Herr Kasack,
Ihr Brief vom 5. ds. (Postdatum 7. 12.) gelangte vor zwei Tagen in meinen Besitz, also ohne wesentliche Verspätung. Ihre Mitteilungen freuten mich sehr, auch daß Herr König[1] sich wieder gemeldet hat. Von unsrer Freundin aus Steglitz hörten wir inzwischen ebenfalls, daß es dort nicht so schlimm stände, wie es den ersten Anschein hatte; wir waren in nicht geringer Sorge um sie. Aber all diese erfreulichen Nachrichten berühren natürlich nicht die Unruhe und dauernde Spannung über das Weitere. Ich sehe wohl, daß es den meisten Menschen nicht gelingt, damit fertig zu werden und sie als positive Kraft in ihr Dasein aufzunehmen; sie gehen langsam daran entzwei. Ich will damit nicht sagen, daß es mir gelingt, ich denke nur, daß es möglich sein müßte und arbeite deshalb daran; denn vielleicht ist es überhaupt die einzige Möglichkeit, uns zu erhalten und zu vermeiden, daß wir irgendwo an einen dürren Strand geworfen werden, wo wir dann verdörren. Das was Sie und Ihre Frau den an Apathie und Verzweiflung leidenden Flüchtlingen an seelischer Hilfe leisten, wie es uns von Ihnen geschah, wird Ihnen im Grunde auch nicht Kräfte rauben, sondern gerade die Kraft verleihen, die jetzt nötig ist und morgen noch nötig sein wird. – Gestern nachmittag packte meine Frau mit größter Sorglichkeit wegen des zerbrechlichen Inhalts eine kleine Weihnachtsfreude für die Ihrige. Abends las ich in der Zeitung, daß eingeschriebene Päckchen noch immer nicht versandt werden dürfen. Das ist also höhere Gewalt, und wir müssen uns gedulden.
Was mich angeht, so drängt es mich, nach Fertigstellung meines Bekenntnisses zu dem Erlebnis des Untergangs Hamburgs, auch über die sonstige geistige Vergangenheit mit nüchternen Augen Inventur zu machen, um danach entscheiden zu können, was davon wirklich mit untergegangen ist und was sich trotz Brandwunden etwa noch verwerten läßt. Das Gefühl, an einem Wendepunkt zu stehen oder vielleicht sogar schon ein paar Schritt darüber hinaus zu

sein, ist nach wie vor in mir vorherrschend, und ich bin wachsam, mich nicht selbst zu versäumen. Es könnte auch durchaus sein, daß ich nach all diesem, was inzwischen über uns gekommen ist, wieder an Dinge anschließe, die weit zurückliegen, und dabei entdecke, an welchem Kreuzweg ich einmal die falsche Richtung wählte. Ich schrieb oder sagte es Ihnen schon, daß ich mich über ein altes Stück ›Die Rotte Kain‹[2] machen wollte, wovon sich wider Erwarten noch ein Exemplar in Salzburg[3] angefunden hat. Leider haben meine dortigen Freunde es mir immer noch nicht senden können; ich habe es mit größter Dringlichkeit gestern noch einmal angefordert, es ist eine wahre Gier in mir, es als Entwurf hier zu haben. Das Thema paßt wie kein zweites für das Problem, was uns heute alle angeht: Was wird am Tag nach der Sintflut oder Weltkatastrophe sein? Um das Leben und die Überlebenden zu erhalten, wird die Aufgabe für die Geistigen und Wissenden darin liegen: zu verschweigen! Also nicht: zu vergessen. Diese Erkenntnis hat sich klar und unumstößlich für mich aus den schmerzlichen letzten Monaten ergeben. Es ist eine sehr schwere und sehr gefährliche Aufgabe, ich weiß es. – Übrigens, je länger ich nächtlich über dies alte Stück, das ich seit mindestens 15 Jahren nicht mehr angesehen habe, nachdenke, um so deutlicher wird es mir wieder, so daß es bald kaum des ersten Entwurfes als Hilfe bedürfte. Nur was ich seltsamerweise vergessen habe, ist ein großer Teil der damals gewählten Namen, und ohne die geht es nicht. Wieviel doch an den Namen hängt, um eine Gestalt damit ins Leben zu rufen. Ich wundere mich selbst darüber.

Früher hätte ich diese Inventur in meinem Tagebuch gemacht, und damit wäre die Angelegenheit stillschweigend für mich und die übrige Welt erledigt gewesen. Ich habe wohl versucht, in dieser Weise fortzufahren, aber es geht nicht; vielleicht ganz einfach deshalb nicht, weil nichts mehr da ist, auf Grund dessen ich fortfahren könnte. Daß diese Tagebücher über einen Zeitraum von 25 Jahren nicht mehr existieren, ist als Verlust bei weitem nicht das Schwerste. Für mich selber war das, was ich da hineinschrieb, mit dem Augenblick des Niederschreibens erledigt; es war nachträglich nichts für mich daraus herauszulesen, ich tat es auch nicht und hätte es auch nie getan. Und für Andere hatte es schon überhaupt keinen Wert, höchstens für einen Feind, der mich daraufhin leicht hätte psychologisch zur Strecke bringen können. Trotzdem: dies nicht mehr Vorhandensein der Bücher ist für mich von allem das Unbegreiflichste. Vielleicht, weil es Symbol für die verlorene Vergangenheit ist? Ich kehre mich immer wieder nach diesem luftleeren Raum hinter mir um, es ist ganz ohne Gefahr für mich, im Gegensatz zu manchen andern Dingen, nach denen man sich heute noch nicht umblicken darf. Es erfüllt mich nur mit grenzenlosem Staunen. Ich frage mich manchmal vorsichtig, ob es nicht eine Befreiung für mich bedeutet.

Wenn ich also diese Inventur in einen Brief an Sie hineinnehme, so ist der Verlust dieser Tagebücher zur Hauptsache daran schuld. Seien Sie nicht böse, wenn ich Sie als einen lebendigen befreundeten Hörer als Hilfsfigur nehme, zu der ich spreche, und lesen Sie das Folgende zunächst auch nicht anders. Ich bin mir bewußt, daß es jetzt kaum der rechte Augenblick ist, solche rein persönlichen Ansprachen an Sie zu richten, wo Sie sich dort in einem quälenden Zwischenstadium befinden. Nehmen Sie es als den leidenschaftlichen Versuch eines Menschen, der die schweren Zeitereignisse dazu benutzen will, sich selber von Schlacken zu reinigen. In dieser Tatsache, daß es ein Mensch trotz unseres unmöglichen Daseins versucht, liegt vielleicht auch für Sie etwas Positives. Wie dem auch sei: legen Sie diese Papiere nach Lektüre beiseite. Sie bedürfen wahrscheinlich keiner Antwort. Das Wichtigere ist, es geschrieben zu haben. Und wenn eine Antwort notwendig erscheint, so eilt sie nicht.

Als völlig verloren muß ein dreiaktiges Trauerspiel ungefähr aus dem Jahre 1929 gelten. ›DER REICHE JÜNGLING‹. Ich entsinne mich, daß ich es zwei- oder dreimal geschrieben habe und hart damit kämpfte. Als ich kürzlich in dem mir von Ihnen geschenkten ›Totenhaus‹ Dostojewskij's las, kam es mir wieder ins Bewußtsein. Die Fabel ist die darin enthaltene Erzählung ›Akulkas Mann‹. Ich hatte die Geschichte ein wenig abgewandelt, indem ich Akulkas Mann einen reichen Jüngling sein lasse, der aus gutem Willen oder aus Sehnsucht, etwas Gutes zu tun, weil ihn sein reiches Dasein nicht befriedigt, das angegriffene junge Mädchen dem geliebten Herumtreiber gegenüber in Schutz nimmt, der also nicht triebhaft handelt, sondern aus zweithändigen, wenn auch unangreifbaren Beweggründen heraus. Erst ganz zum Schluß erwacht auch in ihm dies Triebhafte und dann, wie es nicht anders sein kann, grausamer als bei dem Herumtreiber. Es ist eine unausweichbare Tragödie, ohne Schuld des einen oder andern, an der drei Menschen zu Grunde gehen müssen. Insofern fesselt mich dies Thema auch heute noch. War ich damals nicht reif genug dafür? Oder bin ich daran gescheitert, daß ich die Fabel entrussifizieren wollte und dies mir nur halb gelang? Das ist eine Frage, die ich noch nicht entscheiden kann und auch jetzt nicht entscheiden will.

Verloren ist ferner die Orestie mit dem unmöglichen Titel ›Der Krieg ist aus‹. Ich sehe jetzt, daß es dieser Titel war und damit der falsche Ansatzpunkt, der mich in die Irre gehen ließ. An irgendeiner unbewachten Stelle ist die Zeit in mich eingebrochen und hat mich zur Polemik gegen die Zeit verführt. Das Stück lag fertig da, zwei- oder dreimal geschrieben, eigentlich waren es nur die ersten zwei oder drei Szenen, die mich nicht befriedigten, also die Szenen, die noch an dem irrsinnigen Titel klebten, während ich dann bald und zuletzt überhaupt auf mein richtiges Gebiet geraten bin. Und wegen dieser letzten Hälfte wird das Stück auch zu retten sein und gerettet werden müssen.[4] Ich möchte daher auch etwas mehr davon sprechen. Ich habe es fertig gebracht, die Ermordung Agamemnons und die Vergeltung Orests in ein kaum abendfüllendes Stück zusammenzubringen, und zwar in einer großen Szene ohne Akteinteilung. Dies mag sich erschreckend anhören, war aber sehr einfach. Ich habe Orest nur um einige Jahre älter gemacht, als man gewöhnlich annimmt. Er ist mit vor Troja gewesen, ist also Frontsoldat, ein sehr junger Leutnant, würden wir heute sagen, während sein Vater Oberstkommandierender war. Vater und Sohn haben auch kaum anders als dienstlich miteinander gesprochen, vor allem haben sie beide es vermieden, über das zu sprechen, was sie über die Zustände in der Heimat hörten und wußten. Ist es nicht auch unmöglich für Vater und Sohn, über so etwas zu reden? Erst als die heimatliche Küste in Sicht ist, will Orest mit Agamemnon darüber sprechen, aus Angst um seinen Vater, weil dieser keinerlei entsprechende Befehle gibt, um die voraussichtliche Gefahr abzuwenden. Er versteht erst später und schmerzlich, warum sein Vater dies nicht tut: Erst als er selber der Verantwortliche (der König) wird. Agamemnon also unternimmt nichts gegen die gewußte Gefahr, weil er sich völlig klar darüber ist, daß die Welt und die Ordnung nur dadurch zu retten ist, daß er es auf sich nimmt, die kleine verzeihliche Unordnung während seiner Abwesenheit in sich zu »verschweigen«. Da haben wir wieder dies Verschweigen. Und er erwartet, daß sein Sohn weiter »verschweigt«, falls er daran scheitern würde. In diesem Verschweigen liegt die Aufgabe des Wissenden und meinetwegen des Königs. Er ist auch nicht im Zweifel, daß die Welt, wenn er, der Zerstörer Trojas, zu Hause ermordet würde, so tief vor ihren Instinkten erschrecken würde, daß sie nur zu bereit sein wird, zur alten Ordnung zurückzukehren und damit seinem Sohne das Verschweigen zu erleichtern.

So hingeschrieben mag das alles sehr gesucht klingen; aber es sind für mich so echte und unumstößliche Standpunkte, daß ich kaum glaube, daß diese Art der Problemstellung im Stück als gesucht erschienen wäre. – Seltsam, ich habe monatelang nicht an dieses Stück gedacht oder seinen Verlust in mir empfunden. Dann plötzlich eines Nachts tritt wieder die unheimliche große Schlußszene vor mich hin, die fast die Hälfte des Dramas ausmacht. Orest begibt sich allein und waffenlos in den Hof der Burg, die in den Händen von Aegisth ist. Und er bringt diesen kleinen Usurpator zur Strecke durch seine Waffenlosigkeit und die Überlegenheit des wirklichen Königtums und der des Trojakämpfers. Es muß eine Szene von einer unirdisch leuchtenden Dramatik sein. Und von einer doppelten Spannung: der inneren, ein Wandeln auf der haardünnen Linie zwischen den Instinkten des Hasses und Ekels, – der äußeren, ein Hinziehen und Warten auf die Hilfe, die ihm von den Gefährten aus dem Hafen, die dort auf den Schiffen zurückgelassen wurden, kommen wird. Wenn sich dies mit irgend etwas Bekanntem vergleichen läßt, so scheint es mir nur die zwar epische Szene in der ›Rettung‹ von Conrad[5] zu sein, wo sich Tom Lingard zusammen mit der Dame waffenlos in die Versammlung der eingeborenen Fürsten wagt, um mit ihnen zu verhandeln, und sie durch seine überlegene Haltung besiegt. Übrigens tötet Orest seine Mutter nicht, aber er läßt keinen Zweifel darüber, daß er es tun würde, wenn sie ihrem Manne nicht freiwillig nachfolgte. Ach, ich höre diese Worte in mir:

»Klytemnestra: Während wir sprechen, sank die Nacht herab.
Wir stehn im Dunkeln.
Aegisth: Fackeln! Fackeln her!
Klytemnestra: Wozu denn Licht!«

Darin ist viel enthalten, wenn nicht Alles, was sie betrifft. Ja, es wäre gut, wenn dies Stück noch einmal geschrieben würde.

Verloren ist ferner ein vollständiger Entwurf mit teils schon ausgeführten Szenen, teils sogar aus den letzten Jahren, für ein Stück, das den vorläufigen Titel ›Der Sieger‹ führte. Es hätte um die Person von Florian Geyer gehandelt. Ob er aber oder sein Gegner, der Truchseß der Sieger gewesen wäre, diese Frage stand noch offen und vielleicht hätte ich überhaupt diese Frage offen gelassen. Sie wären sich beide sehr ähnlich gewesen, nur daß der Truchseß vierzig Jahre mehr Erfahrung und mehr Weisheit gehabt hätte. Beide Offiziere im besten Sinne des Wortes, beide voller Ekel gegen die Partei, die sie führten, aber beide der einmal eingegangenen Verpflichtung treu bis zuletzt und deshalb ohne Rücksicht auf sich die notwendigen Grausamkeiten befehlend. Der Konflikt liegt darin, daß der alte Truchseß nach der Endschlacht bei Königshofen seinen Gegner retten möchte. Uneingestanden, weil er ihn als den einzigen Mann in diesem Wirrwarr der Instinkte erkannt hat und liebt, äußerlich, weil er der Sache der Bauern keinen Märtyrer schaffen möchte. Er bietet im letzten Augenblick dem Hauptmann Geyer einen nächtlichen Fluchtweg zum Heer in Ungarn gegen die Türken an, zugleich dem Offizier dies schmackhaft machend als Verteidigung des Vaterlandes. Geyer lehnt dies folgerichtig ab – allerdings, welche qualvolle Entscheidung –; er sagt, daß in diesem Bauernkrieg auf beiden Seiten nur geplündert und gemordet worden wäre, alle Menschen hätten nur als von der Naturkatastrophe Getriebene gehandelt, und es wäre nicht eine einzige Tat geleistet worden. Da die Sache der Bauern praktisch verloren ist, will er den Kampf bewußt auf der anderen Ebene der Idee weiterführen. Er schließt sich mit den letzten 217 Mann in Schloß Engelstadt ein und zwingt den Truchseß, ihn dort anzugreifen und zu vernichten. Der Truchseß sagt: Ich würde in seinem Alter auch nicht anders gehandelt haben. In diesem Stücke hätte wahrscheinlich nur eine Frau mitgespielt, Frau v. Grumbach, die Cousine Geyers und Gattin Grumbachs von der gegnerischen Seite. Vielleicht hätte ich auch diese Frau noch ausgestrichen, um jede Möglichkeit zu einer Sentimentalität auszuschalten. Ja, es wird zu Anfang und dann wiederholt im Stücke geäußert: Hier ist kein Platz für Frauen, ein wenig knabenhaft und damit die Furcht vor unzeitiger Weichheit verratend.

Zu keinem Stück habe ich gewissenhaftere Vorstudien gemacht, ganz gegen meine Gewohnheit. Ich habe alte Bücher durchgesehen und Dokumente geprüft. Militarisch ist der Bauernkrieg für mich eine eindeutige Landkarte. Ich bin sogar in Königshofen persönlich gewesen, um die strategische Situation des Tauberübergangs zu prüfen, der leicht von den Bauern zu verhindern gewesen wäre. Ich bin mit offnen Augen von da nach Norden auf dem Fluchtweg nach Würzburg gefahren. Es ist für mich klar, daß der

Hauptmann Geyer in der gegebenen Situation sich ganz bewußt auf den Punkt Schloß Engelstadt festsetzte. Hier mußten die drei gegnerischen Heere zusammenlaufen: das des Truchseß von Süden her, das des Ansbachers über Rothenburg von Osten her und das der Hessischen Pfalzgrafen von Würzburg her. Geyer wollte strategisch die drei Heere binden, für einige Tage nur, bis Pfingstsonntag 1525, um hunderttausend flüchtenden Bauern aus der Schlacht von Königshofen die Möglichkeit zu geben, sich unterdessen vor ihren Henkern zu verkriechen. Das Stück hätte mit verhältnismäßig wenigen Personen gespielt, vielleicht nur zehn; es hätte nur von Sonnabendnachmittag bis Sonntagmorgen gedauert, ohne Szenenwechsel, ohne Pause, ohne Akt, nur ein einziger Ablauf. Ich weiß nicht warum, und es widerspricht jeder Theatererfahrung: ich kann mir seit einigen Jahren ein Drama überhaupt nur als eine ununterbrochene große Passacaglia denken. Die Akteinteilung erscheint mir geradezu als ein kindliches Hilfsmittel. Bitte erklären Sie mir doch dies einmal. Ich will meinen Standpunkt gar nicht verteidigen, ich spüre nur, daß er für mich irgendwie echt und zwingend ist. – Übrigens wird es Sie vielleicht wundern, daß diese beiden letzten Stücke einen ausgesprochen soldatischen Charakter haben. Etwas davon ist wohl in mir, weiß der Himmel woher, da ich von keinem Tropfen preußischen Blutes wüßte. Und ich vermute, daß es der uns umgebende wirkliche Krieg ist, der mich daran gehindert hat, diese schon so weit ausgearbeiteten Pläne fertigzustellen. Ich scheute den Verdacht, diesen oder irgendeinen Krieg zu bejahen, während es mir nur darauf ankam, welche Haltung ein Mensch oder der Mann im einmal von der Natur gegebenen Krieg einzunehmen hat.
Während ich dies niederschreibe, fiebert es in mir, diese drei Stücke wiederherzustellen, wie ich es mit der ›Rotte Kain‹ beabsichtige. Aber welch eine zweifelsfreie geistige Existenz gehört dazu! Nicht etwa nur das, was man Zeit nennt. Ist mir die Möglichkeit zu dieser zweifelsfreien geistigen Existenz nach Verlust meiner Vergangenheit jetzt gegeben? Das ist die Frage.

Was sonst verbrannt ist, scheint mir nicht von Belang zu sein. Kleinere Sachen, vor allem Stöße von Entwürfen und Versuchen, die mich aber nicht bedrängen, jedenfalls bis jetzt noch nicht.
Ich komme zu dem, was gerettet wurde. Zunächst die Gedichte[6], die sich dort bei Ihnen oder im Verlag befinden. Sind sie dort inzwischen abgebrannt oder werden sie dort noch verbrennen? Verhältnismäßig spät habe ich erfahren, daß sich in Hamburg noch ein Duplikat für sämtliche Gedichte befindet, auch solche, die Sie noch nicht kennen und die noch so neu waren, daß ich sie nicht einmal rekonstruieren könnte. Dies ist ein sehr seltsamer Zufall. Wenige Wochen vor dem 24. Juli bat mich ein Freund darum. Meiner Art nach hatte ich ihm nie etwas von mir gezeigt, um das Menschliche nicht durch das Künstlerische zu belasten. Ich konnte aber endlich nicht mehr Nein sagen, weil ich ihn sonst beleidigt hätte. Er hat die Gedichte in literarische Hände weitergegeben, wohl in dem Glauben, etwas für mich zu tun, und auf diese Weise haben die Verse die Katastrophe überlebt. Ich kenne nun die Leute gar nicht, die sie jetzt in Verwahrung haben. Natürlich könnte ich sie jeden Tag abholen, bin aber bis heute noch so abergläubisch, sie dort zu lassen, wo der Zufall sie bestehen ließ. – Was nun die dortigen Exemplare anlangt, so ist die Lage so, wie ich sie aus Ihren Äußerungen verstanden habe: Der kleine geplante Band liegt im Verlag bereit, um ihn zur Genehmigung vorzulegen.[7] Da er viel unerwünschten Zündstoff enthält, muß der richtige Moment für die Einreichung abgewartet werden; denn eine Ablehnung würde mir auch für die Zukunft großen Schaden verursachen. Und betr. des richtigen Momentes verlassen wir uns auf den sicheren Instinkt Herrn Suhrkamps. Dies alles ist klar und wird von mir eingesehen. Ich würde ferner einsehen, wenn durch die Angriffe auf Berlin und die kommenden Ereignisse auch dieser Plan hinfällig wird und überhaupt an Veröffentlichungen und Druck in nächster Zukunft nicht mehr zu denken ist. Was die ›Rundschau‹ angeht, so sind wohl, weil nur noch vier Hefte im Jahr erscheinen dürfen, die

ursprünglichen Pläne – wie etwa vor einem Jahr zu Kleists Todestag die beiden Kleistsonette[8] u. a. – auch hinfällig geworden. Damit muß man sich abfinden, und es fällt auch nicht sehr ins Gewicht. Wenn es allerdings noch andre Gründe haben sollte, so möchte ich Sie bitten, mir diese der Klarheit halber doch nicht zu verheimlichen. Diese Klarheit gehört zur Inventur, irgendwelche Selbsttäuschungen darf ich nicht mit hinübernehmen.

Gerettet sind ferner an dramatischen Arbeiten: außer der erwähnten ›Rotte Kain‹ das Stück, das früher bei Kiepenheuer im Vertrieb war, ›Ilnin‹.[9] Das einzige Exemplar davon befindet sich ebenfalls in Salzburg und mag dort meinetwegen bleiben; wegen seines revolutionären Inhalts ist doch nichts damit anzufangen, auch nichts daran zu ändern. Es ist ein begeistertes und vermutlich begeisterndes Bekenntnis zu etwas, was wir inzwischen in Zweifel ziehen. Ob diese Begeisterung das Stück über das, für was sich darin begeistert wird, erhebt, kann ich schwer beurteilen. Übrigens für alle Fälle: Die Adresse dieses Salzburger Freundes ist: Max Felgitsch, Salzburg-Leopoldskron, Rupert-Kauserstraße.

Weiter existiert von mir je ein Exemplar hier und in Milow bei Ihrem Freunde, ja vielleicht auch noch in Salzburg, von den drei auch Ihnen bekannten Stücken:

›Die Hauptprobe‹
›Über die Freiheit‹
›Der Hessische Landbote‹.

›Die Hauptprobe‹[10] ist mir von den drei Stücken das Liebste, ja, mehr, ich weiß, daß es das echteste und vollgewichtigste ist, was ich von mir gegeben habe. Alle Menschen haben bisher dagegen Einwendungen erhoben, auch Sie. Seltsamerweise macht mich dies nicht irre, und zwar nicht etwa deshalb, weil ich die zähe Liebe wie zu einem mißratenen Kind zu diesem Stück fühle, sondern ich habe irgendwie die bei mir verwunderliche Sicherheit, dies besser zu wissen. Daß die Einstellung des Stückes eine romantische ist, wurde mir beim gemeinsamen Korrekturlesen des ›Gestiefelten Katers‹[11] wieder recht deutlich. Und daß man nur einmal im Leben so etwas schreiben darf, dessen bin ich mir auch bewußt. Ich weiß aber auch, welch ungeheure Dramatik darin steckt und was sich auf der Bühne damit machen ließe, ganz im Gegensatz zu dem romantischen Stück von Tieck. Und schließlich weiß ich auch, daß z. Zt. ebensowenig damit anzufangen ist, wie etwa mit der ›Dreigroschenoper‹. Und damit erübrigt es sich, etwas dafür zu tun oder sich zu ereifern. Es sei denn: für den ersten Tag danach. Dies Wort stammt von Ihnen.

Die ›Freiheit‹[12] hat am wenigsten Eigenes von mir. Es ist bewußt unterdrückt, höchstens daß es hier und da doch durch die Nähte schimmert. Ich wollte damals ein sofort aufführbares theatergerechtes Stück schreiben, um mich in Kurs zu bringen. Das Stück wird dieser Forderung auch völlig gerecht, es ist dramatisch, unbeschwert, kurzweilig und läßt sich ohne viel Umstände in Szene setzen. Obendrein hat es noch geistiges Niveau; die Theaterleute geben zwar nichts darauf, aber es braucht sie in diesem Falle auch nicht zu stören. Insofern ragt es also trotz wenig Eigenem über die Marktware hinaus. Nun gut, ich komme noch darauf zurück.

Den ›Hessischen Landboten‹[13] glaube ich von mir aus tadeln zu müssen als Rückfall in die von mir verdammte Bildertechnik oder das Filmische. Vielleicht ist sogar der Inhalt ein Rückfall von 1936 auf 1926, von mir aus gesehen. Das ist schwer für mich zu entscheiden. Seltsamerweise ist es das Stück, das die Wenigen, die etwas von mir lasen, immer am liebsten mochten. Ich glaube, sie irren sich über mich. Doch wie gesagt, ich kann das nicht entscheiden. Obendrein wird es wegen seines revolutionären Temperamentes heute kaum verwertbar sein. Kurz, ich stehe diesem Büchner etwas skeptisch gegenüber, ich habe es mir zu leicht gemacht. Doch vielleicht irre ich.

13. Dezember 1943

Ich muß die Bilanz für einen Augenblick unterbrechen. Wir hatten heute mittag einen sehr schweren Tagesangriff. Ich glaube, er galt vor allem dem Hafen; doch ich habe sonst noch wenig Zeit gehabt, mich umzusehen, da ich vom eigenen Erlebnis zu sehr in Anspruch genommen war. Ich wundere mich, daß ich noch da bin, ja, ich habe mich vorhin ernsthaft im Spiegel betrachtet, voller Staunen noch dasselbe Bild zu sehen. Es spricht eigentlich alles dagegen. – Nehmen Sie doch bitte zu allen übrigen Erfahrungen die Lehre von mir an, daß all die kleinen Feststellungen und Merkmale, die wir gemacht haben – mögen sie nun akustischer oder optischer Art sein – und auf Grund derer wir uns zu sagen erlauben: Dies ist kein Angriff! Dies gilt nicht uns! Dies sind nur Störflieger oder was sonst, daß auf dies alles kein Verlaß ist. Wir hatten heute eine Viertelstunde Voralarm, daran anschließend bereits eine ganze Stunde Alarm; dann und wann schoß die Abwehr, bald näher, bald ferner, es war auch wohl das Geräusch eines einzelnen Flugzeuges zu hören. Von Natur herrschte starker Bodennebel im Hafen, dazu kam die künstliche Vernebelung, so daß man keine 100 mtr weit sehen konnte. Erst nach so langer Zeit – es stand erfahrungsgemäß alles dagegen, daß es sich um Hamburg handeln würde – griffen die Staffeln ganz unerwartet im Tiefflug an. – Ich war im Kontor und ich war auch oben geblieben im dritten Stock, ja, ich stand sogar gerade am halbgeöffneten Fenster, weil ich hinaushorchen wollte, ob nicht bald Schluß wäre. So sicher fühlte ich mich dem Gehör nach. Und da war es eigentlich schon zu spät, ich sprang nur noch in den Mauerwinkel neben der Balkontür. Die erste Serie Bomben fiel vielleicht 100 mtr entfernt, die nächste 20 mtr, es war wie ein Heranschreiten, und ich dachte, der nächste Schritt gilt dir. Dann war es nur ein Wanken der Mauern, Feuerschein und umherfliegender Schutt. Dann der vierte Schritt 50 mtr hinter mir in den Fleet und auf die Brücken. Ich zog dann scheinbar in aller Ruhe meinen Mantel an und packte ohne Hast meine Aktentasche und ging dann langsam die Treppe hinunter zu einem Ship-Chandler in den Keller. Dort gaben sie mir gleich zwei große Gläser Schnaps. Es soll niemand mit seinen guten Nerven prahlen, wie ich es immer getan habe.

Erst eine Viertelstunde nachher begannen mir die Knie zu zittern und ich habe zwei Stunden gebraucht, um diese feigen Organe wieder in die Gewalt zu kriegen. Dieser Bruchteil einer Sekunde zwischen der zweiten Serie und der dritten war wohl etwas viel, also nicht der Einschlag selber, sondern das, was unmittelbar vorher kommt.
Eigentlich ist es nicht gut, hinterher davon zu reden; es sieht immer etwas nach Prahlerei aus, ich weiß das, verzeihen Sie. Aber es ist auch wieder interessant, sich trotz allem selber zu beobachten. Mit dem Verstande ist aber auch nachher nicht zu fassen, warum ich noch da bin und nicht einmal von indirekter Wirkung beschädigt wurde. Die dritte Serie sitzt genau 1 mtr vor dem Hause, die Kopfsteine des Pflasters sind bis in den zweiten Stock hinaufgeflogen; die ganze Straße war sofort ein rauschender Fluß, weil die Wasserleitung aufgerissen war. Links und rechts brannten die Häuser. – Ich kann es mir nicht anders denken, ich muß zufällig in einem toten Winkel der Druckwirkung gestanden haben. – Fenster und Türen des kleinen Kontorraums, den ich seit Juli benutze, sind nun dahin, die Scheiben haben gerade einen Monat gehalten. Das Hauptkontor, das im ersten Stock liegt und seit Juli noch nicht wieder in Stand gesetzt war, ist nun erst völlig demoliert. Ich weiß noch nicht, was ich morgen mache. Wir haben große Importe aus Holland zu Weihnachten abzuwickeln, aber wie und wo? – Meine Frau ist heute in aller Frühe für zwei Tage nach Cuxhaven gefahren, das ist ein glücklicher Zufall. Das Viertel, in dem ich wohne, blieb verschont. – Ich weiß, was Sie sagen werden: es heißt sein Schicksal versuchen und herausfordern, so dazustehen, wie ich es getan habe. Ich sehe das auch ein, und werde es nicht wieder tun.
Genug davon. Ich will jetzt, vier Stunden danach, versuchen, diese Bilanz weiter nüchtern und klar mit Ihnen zu besprechen und diese äußerlichen Störungen nicht wichtiger nehmen, als sie wert sind.

Eine Handvoll Gedichte und drei Dramen, davon nur eins sofort verwertbar, das ist nicht viel für einen Mann von 43

Jahren. Um ein Gesamturteil zu fällen: Dies Wenige ist mehr, als es mengenmäßig ist, weil es große Möglichkeiten aufweist. Und zugleich weniger, weil das Fertige auch die Gefahr zeigt, daß diese Möglichkeiten sich selber gegenseitig ersticken werden. Oder mit andern Worten: Das, was vorliegt, ist etwas und ist sicher sogar mehr als das Übliche. Aber wenn man so wägt, wie man allein wiegen soll, d. h. wenn man mich und meine Möglichkeiten dagegen in die Waagschale legt, so wiegt das Geleistete viel zu leicht. Ich glaube mich mit diesem Urteil weder zu überheben noch, was mir noch näher liegt, zu unterschätzen.
Ist diese Differenz zwischen Versprechen und Leistung das Unbequeme an mir und meinen Sachen? Ich muß darüber sprechen, es gehört zur Bilanz. Ich habe von jeher folgende Beobachtung gemacht: Wenn ich neue Menschen kennenlerne, interessieren sie sich in den ersten Augenblicken sehr stark für mich. Dann nach wenigen Tagen ziehen sie sich langsam und ohne irgendeinen sichtbaren Anlaß zurück, schließlich halten sie sich ganz fern. Dies hat sich in meinem Leben so oft und so gesetzmäßig wiederholt, daß eine Täuschung darüber nicht möglich ist. Sie können sich denken, daß mich das früher bittere Stunden gekostet hat, wahrscheinlich ist es auch der Grund meiner Ungeselligkeit. – Ich habe viel darüber nachgedacht und bin auf dem Umwege über die Wirkung zu folgendem Schluß zurückgekommen: Ich pflege seit meiner Kindheit so wenig wie möglich über mich selbst und über das, was mich angeht, mit andern zu sprechen. Nicht weil ich dem gesellschaftlichen Gesetz folge, welches das Gleiche vorschreibt, sondern wohl nur aus Scheu und Empfindlichkeit. Trotzdem muß ich stillschweigend und über ganz andre gleichgültige Dinge redend, so anspruchsvoll und als eine so maßlose Forderung wirken, daß ich sofort unbequem werde. So wie ich hier schreibe, würde ich, wenn ich es wüßte, nicht verheimlichen, was ich eigentlich fordere. Aber ich weiß es nicht, also bleiben wir bei dem Worte: Forderung. – Gilt diese gleiche Unbequemheit für meine dichterischen Äußerungen? Ja, sicher, denn die Wirkung ist genau dieselbe, wie die persön-

liche. Jeder, der etwas von mir gelesen hat, Laien und Fachleute, sagen immer wieder im ersten Augenblick deutlich Ja! dazu, dann auf einmal werden sie schweigsam und am Ende ist ein Nein! daraus geworden. Wie ist das nur möglich? Lösen Sie mir doch bitte dies Rätsel, lieber Freund, denn auch Sie gehören ein klein wenig dazu.

Ich spreche nicht zu dem Lektor eines Verlages, sondern zu dem befreundeten Dichter, den ich durch meine Verse kennenlernte, wofür ich Ihnen dankbar sein muß. Etwas Höheres kann es eigentlich nicht geben, als für eine dichterische Äußerung eine menschliche Antwort zu erhalten. Sie können sich auch kaum vorstellen, welche Bereicherung ich dadurch erfuhr, als mir, der ich bislang blind durch mich selber war, plötzlich über Ihr ›Ewiges Dasein‹[14] die Augen für eine Welt aufgingen, die außer mir da war. Eine Welt, die ich jetzt manchmal um mich sehe, die ganz anders ist und mir fremd, die mich aber lockt, weil ich fühle, daß sie im wahrsten Sinne grenzenlos ist, während die meinige überall durch moralische Grenzen beengt bleibt. Wie kommt es nun, daß dieser Freund und Dichter, der so viel unbeengter zu urteilen und gelten zu lassen weiß, der mir über mein bißchen Lyrik mehr sagte, als ich davon wußte, weil ich mich nicht für einen Lyriker hielt und auch heute noch nicht halte, ja also, wie kommt es, daß er mir über meine Stücke nichts zu sagen weiß? Sind sie wirklich so unbequem? Und wie kommt es, daß diese Stücke nicht Ihre Hände verließen? Sei es nur die ›Freiheit‹, von der ich nach wie vor behaupte, daß sie sofort realisierbar ist, sei es das eine oder andre, als Talentprobe, als Versprechen oder wie man es nennen will, um mich für später auch dem Verlag bekannt zu machen. Was die ›Freiheit‹ angeht, so haben Sie allerdings einmal geäußert, daß sie wohl an den Mann zu bringen wäre, aber ein falsches Bild von mir geben könnte, weil zu wenig Eigenes von mir darin ist. Aber trotzdem schwanke ich zwischen folgenden Gründen hin und her:

Sie hielten die Stücke für noch zu unvollkommen.

Sie hielten die Stücke für den Verlag für ungeeignet, auch für den Tag danach.

Der Verlag hatte keine Zeit dafür, aber keine Zeit haben, bedeutet kein Interesse dafür zu haben.
Sie befürchteten, auf eine Animosität Herrn Suhrkamps zu stoßen.

Für mich sind diese Fragen umso schwerer zu entscheiden, weil ich auf der andern Seite ganz genau weiß, daß Sie, auch wenn Sie schweigen, besser mein Interesse wahrnehmen, als ich es könnte. Trotzdem heischt diese Frage eine Antwort. Handelt es sich z. B. um die Animosität Herrn Suhrkamps, so muß erwogen werden, ob sie zu beseitigen ist oder nicht. Sie wissen, daß ich bereit bin zu bekennen, daß ich in einem Augenblick völliger Verwirrung mich ungehörig gegen ihn benommen habe, und mich dafür zu entschuldigen. Ich setze voraus, weil ich selber so denken würde, daß damit die Sache zwischen uns erledigt wäre. Denn im umgekehrten Falle würde ich einen Menschen erst dann verabscheuen, wenn er sich vor mir erniedrigt, weil er sich einmal schwach vor mir gezeigt hat, aber niemals deshalb, weil er schwach gewesen ist. Kurz, es geht jedoch auf keinen Fall, daß eine solche Unklarheit mit in meine neue Existenz geschleppt wird. Es gehört zur Sauberkeit meiner Bilanz und ist notwendig, um den Goodwill meiner Person einwandfrei und ohne Selbsttäuschung festzustellen. In einem Augenblick, wo alles in mir drängt und ich mich daran machen will, diese immer kahler werdende Welt mit Geschöpfen von mir zu erfüllen, die in dieser Kahlheit zu leben wissen, und zwar möglichst auch mit einer Vielheit von Geschöpfen, durch die ich endlich am Leben teilnehmen kann, muß ich wie ein Vater auch an die äußere Existenz dieser Geschöpfe denken. Ja, in dieser Hinsicht werde ich mich seit der Katastrophe völlig gewandelt haben: ich werde nicht mehr wie bisher von vorneherein nur für den Schreibtisch schreiben, sondern ich werde für das, was ich ab Morgen schaffe, auch gleich den Kampf nach Außen hin aufnehmen.

Sei es auch für den Tag danach! Dieses Wort haben Sie anläßlich des Dramas geprägt, das unter Soldaten auf einer norwegischen Insel spielt, sehr geschickt, aber mit etwas all-

zu deutlicher Ibsen'scher Symbolik. Und ich glaube, Sie wissen es genauso gut wie ich, wenn ich Ihnen sage, daß es für mich nicht ausreichen würde, so ein Stück zu schreiben, weder für heute noch für den Tag danach. Übrigens fiel es mir eben ein, als ich von der kahlwerdenden Welt redete, daß es für mich schon seit mehreren Jahren nichts gibt als eine kahle Wand, vor der meine Gestalten zu spielen haben. Können sie davor nicht bestehen, so haben sie keine Existenzberechtigung. Insofern also kommt mir die heutige kahle Welt nur gelegen.
Ob es in den nächsten fünf Jahren noch Bücher, Verleger, Theater, Druckereien etc. geben wird, diese Frage ist dabei so nebensächlich wie die Bombe, die mich wahrscheinlich heute nur deshalb verschonte, damit ich diese Bilanz zu Ende schriebe und Ihnen vorlegte. Wir müssen leider auch Geld verdienen, Essen, Verdauen, Schlafen. Das alles nimmt viel Zeit und ist oft lästig. Jedoch, auf ein wenig mehr oder weniger dieses Lästigen kommt es nicht an. Wichtig ist: auf sich warten zu können, das habe ich getan und bewiesen, auch wenn ich vor Ungeduld manchmal in Verwirrung geriet, wie im Falle Suhrkamp. Ebenso wichtig ist dann, sich im genau richtigen Moment einzusetzen, und hier beginne ich nun. Insofern ist dieser Brief nicht unzeitgemäß. Er ist es höchstens im Hinblick auf Sie, der Sie den Gefahren der Zeit gegenüber in einem andern Stadium stehen. Nehmen Sie deshalb diese Bilanz nicht eiliger als sie ist. Denn ganz gleich, wie die Antwort ausfällt, und das würden Sie mir selber sagen: Das was geschehen soll, wird trotzdem geschehen. Es ist deshalb Pedanterie, solche Bilanz zu machen und andren durch Fragen das Leben zu erschweren. Aber: ich spreche zum Freunde, nicht zum Lektor. Und vielleicht ermuntert es auch diesen Freund, wenn er sieht, wie einer über die Fährnisse der Zeit hinweg mit zornigen Augen in die Zukunft blickt.
Sie haben oft von meinen Minderwertigkeitsgefühlen gesprochen. Gewiß habe ich solche, wie jeder von uns. Und trotzdem war es nicht ganz richtig gesehen. Es war sogar vielleicht etwas Schlimmeres: eine Art Betrug! Oder Mimi-

kry. (Wie schreibt man das Wort? Ich habe keinen Duden mehr!) Also: ein instinktives sich Niederhalten, um nicht zu früh in die kalte Luft zu wachsen. Sie haben ja selbst erlebt, was dabei an Verwirrung herausgekommen ist, als Ihre Hand im August 1942[15] ein klein wenig zu früh die verbergende Hülle beiseiteschob. Um ein Haar hätte es mich samt den Wurzeln ausgerissen. Aber Dank sei Ihnen dafür oder dem Schicksal, das Ihre Hand leitete: es ist gut, daß auch diese Probe bestanden wurde. – Aber was ich sagen wollte: es wird noch der Tag kommen, wo Sie mich vor Überheblichkeit warnen müssen, und ich bitte Sie schon jetzt darum, falls diese Bilanz es nötig macht.

Aber wie schön ist es doch, daß das Leben so gefährlich ist. Ich glaube, nur deshalb dichtet man überhaupt, weil man dabei jeden Augenblick ins Nichts stürzen kann. Was zählt dagegen so eine schäbige Bombe. Nicht einmal zu treffen versteht sie.

In herzlicher Treue Ihr

1 Hans H. König, junger Lyriker, Freund im Hause Kasacks, wo Nossack ihn kennenlernte. Intensive Korrespondenz zwischen Nossack und König in den Jahren 1945–1949.

2 ›Die Rotte Kain‹, geschrieben innerhalb von 8 Tagen im Sommer 1926. Uraufgeführt 1951 in Wiesbaden. Vergl. Bibliogr. Nr. 9, 12.

3 Nossack hatte vor der Zerstörung Hamburgs einige Manuskripte einem Freund in Salzburg zur Aufbewahrung gegeben. Vergl. ›Über das Eigenleben von Manuskripten‹. In: ›Pseudoautobiographische Glossen‹, Bibliogr. Nr. 167, S. 88–90.

4 Nossack hat die im folgenden beschriebene Konstellation wieder aufgenommen im Schluß von ›Nekyia‹ (vergl. Bibliogr. Nr. 7) sowie in dem Prosatext ›Kassandra‹ im ›Interview mit dem Tode‹. Vergl. Bibliogr. Nr. 10.

5 Joseph Conrad: ›Die Rettung‹, Roman. London 1920.

6 So gut wie alle Gedichte von H. E. Nossack stammen aus den Jahren 1941/42. Nossack deutete sie als Résistance-Gedichte.

7 Suhrkamp plante 1943 einen Sammelband von Nossacks Gedichten herauszubringen. Die Zensur verweigerte die Veröffentlichung mit der Begründung »sehr begabt, aber wir haben leider kein Papier«. Einige

Gedichte veröffentlichte Kasack dennoch in ›Die Neue Rundschau‹. Vergl. Bibliogr. Nr. 1, 6.

8 Vergl. Bibliogr. Nr. 6, S. 8 und S. 49 (= S. 110 dieser Ausgabe).

9 ›Ilnin‹, Szenen aus der Russischen Revolution. 1926 vom Bühnenverlag Kiepenheuer in Vertrieb genommen. Nicht erhalten.

10 ›Die Hauptprobe‹, geschrieben 1933. Uraufgeführt 1953 in Wiesbaden. Vergl. Bibliogr. Nr. 42, 50, 58.

11 Nossack half damals Kasack bei der Vorbereitung einer Ausgabe der Werke von Tieck.

12 ›Über die Freiheit‹, geschrieben 1934, nicht erhalten.

13 ›Der Hessische Landbote‹, geschrieben 1936, nicht erhalten.

14 ›Das ewige Dasein‹, Sammlung von Gedichten Kasacks, erschienen 1943.

15 Anspielung auf Nossacks ersten Besuch bei Kasack im August 1942 in Potsdam.

An Hermann Kasack Hamburg, den 20. Dez. 1943

Lieber Herr Kasack,
ich schreibe mit der Maschine aus keinem andren Grunde, weil mein Papier so knapp ist resp. auf dem, was ich noch habe, die Tinte immer durchschreibt. Also verzeihen Sie. – Es kamen heute Ihre beiden Karten an und Ihr Brief vom 17. ds., alle mit günstigen Nachrichten, wofür wir sehr dankbar sind. Von meinen Sendungen scheint dort also alles angekommen zu sein, außer dem zuletzt als eingeschriebener Brief abgesandten Päckchen für Ihre Frau. Auch dies wird sich hoffentlich rechtzeitig und gesund durch die Gefahrenzone auf das Potsdamer Eiland flüchten. Möge es ein Eiland bleiben.
Ich bin in den letzten Tagen nicht zum Schreiben gekommen. Der neue Schlag vom 13. ds.[1] legt mir zunächst doch außerordentliche Lasten auf, wenn auch nur äußerliche. Vor allem ist es diese Kontorlosigkeit. In dem Raum, den ich bisher hatte, ist es bei dem Ostwind nicht auszuhalten; alle Pappen und Bretter nützen nichts, nach zwei Stunden ist einem der Verstand eingefroren. Dabei hätten wir große Weihnachtsabwicklungen vorzunehmen. Es gehört eine eiserne Gesundheit dazu. Diese Kontorhäuser, die sich über eine ganze Straße hinziehen und innerlich zusammenhängen, kommen mir wie das Heidelberger Schloß vor; nur mit dem Unterschied, daß wir noch darin herumkriechen und in irgendwelchen Winkeln eine Schreibmaschine klappert. Sonst können Sie von den Gängen durch die aufgerissenen Mauern links auf die Straße und rechts direkt in den Fleet blicken und fallen. (Heißt es: Der Fleet oder das Fleet? es ist strittig.) Es ist klar, daß diese Häuser einen vierten Schlag nicht aushalten. Von 25 Straßennummern haben nur noch vier ein Dach und ihre alte Stockwerkzahl. Jeden Mittag schon bei Luftwarnung setzt eine Flucht aus dem Hafen ein. Gewiß, wir sind da etwas gefährdet, zumal durch die verrückte Vernebelung, aber wer sagt den Leuten, daß sie in der Stadt sicherer sind. Doch man darf da nicht raten. So sitze ich denn da allein

und man kann nicht weiterarbeiten. Die Leute sind übernervös. Gerüchte laufen um, Flugblätter sollen abgeworfen sein etc. etc. Allerdings gebe ich zu, daß Tagesangriffe schwerer zu ertragen sind als nachts. Das geht allen so; der Grund ist nicht ganz klar, denn die Auswirkungen sind ja meist geringer, aber es ist nun einmal so. – In Harburg ist vor allem die Bahnhofsgegend schwer angeschlagen. Auch der Frankfurter D-Zug wurde getroffen und umgeworfen. Es soll viele Tote gegeben haben, man sagt 200, die man dann aber, weil es wohl nur Reisende waren, in der Hamburger Liste nicht mitgezählt hat. Solcher Kunststücke gibt es ja viele. – Genug davon.
Aus Salzburg traf endlich die ›Rotte Kain‹ hier ein, ich habe mich sofort ans Werk gemacht. Geschrieben habe ich sie derzeit in acht Tagen, die jetzige Redigierung wird wohl nicht so schnell gehen. Das Stück ist brauchbar. Es gilt, die jugendliche Unbesonnenheit beizubehalten und die Sentimentalitäten auszumerzen. Auch sagt man, wenn man jung ist, leicht Dinge, die gar nicht nötig sind, daß sie erst gesagt werden, nur aus Freude über die eigene Klugheit. Da ich dies Stück wie das eines Fremden las, hat mich doch der Barlachsche Ton darin sehr erstaunt. Nachweislich kannte ich damals noch nichts von B. – Gleichzeitig sandten sie mir aus Salzburg ›Ilnin‹, dies früher Kiepenheuersche Stück. Wo soll ich dies einzig noch existierende Exemplar aufbewahren? Im Kontor im Geldschrank, wo sonst noch je eine Kopie der Sachen liegt, die auch in Milow sind? Der Geldschrank steht noch aufrecht, wenn auch unter Schutt. Oder soll ich dies Exemplar direkt nach Milow senden, um Ihnen nicht die Umstände zu machen. Die Adresse habe ich ja.
Lächeln Sie bitte nicht über diese Torschlußpanik. Es fiel mir am vergangenen Montag in diesen etwas überirdischen Sekunden schwer auf die Seele, daß mein früheres Testament im Juli mitverbrannt ist. Ich habe schleunigst ein neues geschrieben, kurz und bündig; für Klauseln und Mätzchen ist jetzt nicht die Zeit. Und Sie werden darin erwähnt, ohne daß ich Sie vorher um Erlaubnis fragte. Anbei

eine eigenhändige Zweitschrift. Bitte, heben Sie das irgendwo auf und sagen Sie nicht Nein. Was Sie später daraus machen, ist Ihre Sache, von den Zeitumständen gar nicht zu reden. Es handelt sich jetzt darum, das Gefühl zu haben, daß jemand da ist, der für Werk und Namen sorgt, soweit es ihm möglich sein wird. Nur dies interessiert meine Frau und mich über unsern Tod hinaus; die vermögensrechtliche Seite ist uns völlig gleichgültig. – Nochmals, lächeln Sie nicht über den Aufwand um Dinge, die das vielleicht noch gar nicht wert sind. [...]

Beeilen Sie sich doch bitte nicht, mir auf meine Bilanz[2] zu antworten. Ich bin froh, daß Sie nicht böse geworden sind. Ich habe mich zu spät gefragt, ob es richtig war, das Ding abzusenden. Es ist doch nur ein Selbstgespräch. Aber daß ich manchmal auch so mit mir spreche, bitte ich mit Güte hinzunehmen.

Ich schreibe keine Weihnachtswünsche. Das wäre doch lächerlich, wo wir uns stündlich ganz andre Dinge wünschen. Es ist auch nicht nötig, sich wegen dieses kleinen 24. Dez. nochmals zu sagen, daß man aneinander denkt. Wissen Sie, das Zugehörigkeitsgefühl meinerseits, dafür gibt es wohl keinen besseren Beweis als den, daß ich mich manchmal ungeduldig zeige und dann auch Dummheiten schreibe. Wenn ich das weiter darf und es Sie nicht allzusehr belastet, so ist das eine große Hilfe für mich.

Vielleicht, wenn Sie dies zornige Gemüt mit Ihren gelasseneren Augen betrachten, fällt hier und da auch ein Bröckchen Weisheit aus dem aufgeregten Schauspiel für Sie ab, und so ist denn das Alles nicht ganz umsonst. Statt Weisheit müßten wir wohl lieber sagen: Kraft. Könnte ich sie nur auch anwenden, um die Bomben von Potsdam abzuwenden.

Ihr

1 Vergl. Brief vom 12./13. 12. 1943 an Kasack, S. 13 dieser Ausgabe.
2 ebd.

An Hermann Kasack Hamburg, den 31. 3. 44

Lieber Herr Kasack,
Ihr langer Brief vom 28./29. ds. traf heute ein, unbestätigt lag die ganze Zeit über Ihr Brief v. 10. ds. auf meinem (oder auch nicht »meinem« möblierten) Schreibtisch. Dazu langte vor 3 Tagen der Dornseiff[1] an und die Woche vorher kamen als größtes Wunder endlich die im Oktober gekauften Betten, – und trotz all dieser Anlässe und Mahnungen habe ich mich bald vier Wochen nicht aufraffen können, Ihnen zu schreiben. Warum?
Eigentlich war es wohl Müdigkeit. Sie schildern selbst etwas Ähnliches. Gut, man kann von Erkältungen, Grippe oder vom Herzen reden, aber das sind m. M. nach schon Folgen und nicht Ursachen. Nicht nur Sie und ich ganz besonders jammern über Gedächtnisschwäche. Auch von ganz anders gearteten Tatmenschen höre ich dasselbe Lied. Bei mir ist es eigentlich mehr eine Angst, etwas zu vergessen, als daß es wirklich geschähe. Ob dies nun Vitaminmangel ist, wie die Ärzte sicher sagen würden, oder ob das Leben unter Trümmern so müde macht oder die ewigen Alarme, oder ob wir alle durch die dauernde Nachbarschaft des Todes gleichgültig werden für das, was uns früher wert war, es im Gedächtnis zu behalten, wer weiß das. Auffallend ist, daß z. B. ich das Gefühl für Zeit als treibende Geißel ganz verloren habe, dies was mich früher vielleicht unangenehm forciert erscheinen ließ aus Angst dahinzugehen, ehe ich mein Wort gesprochen hätte. Und gerade jetzt, wo diese Geißel für uns alle greifbar und nicht nur eingebildet über uns ist, lebe ich wie in der Ewigkeit ganz unbesorgt um Morgen und Altern. – Aber das ist wahr: für den schöpferischen Prozeß gibt es wohl nichts Böseres als diese augenblickliche Gedächtnisschwäche, wenn wir unter Gedächtnis das mühelose Verfügen über die Welt rückwärts und vorwärts verstehen. – Da ich mir selber nicht zu raten weiß, kann ich auch Ihnen nicht raten; denn Ihnen Geduld zuzurufen, der Sie mehr davon haben als ich, wäre absurd. Ja, und Sie erwähnen auch die Gefahren dieses geduldigen

Abwartens für Ihr Werk in einer Zeit wie der heutigen. Es wird für Sie schwieriger sein, morgen da wieder anzufangen, wo Sie gestern aufhörten, als für mich, der ich eine Skizze, die vor 15 Jahren aufgezeichnet wurde[2], ausführe oder als Vorlage benutze. Wobei es mir nach meinem heutigen Standpunkt in der Welt überlassen bleibt, welche der Figuren ich durch stärkere Konturen hervorhebe.
Und ich sehe, daß Ihr Instinkt Sie davor gewarnt hat, daß gute Anerbieten Suhrkamps, sich 6 freie Wochen für Ihre Arbeit zu nehmen, anzunehmen. Tun Sie es bitte nicht! So wie ich Ihre Lage jetzt beurteile, würden Sie vielleicht ohne ein Sie befriedigendes Ergebnis aus den 6 Wochen zurückkehren, und das wäre dann erst besonders schlimm. Lieber greifen Sie darauf zurück, wenn sich ein neues Beginnen bei Ihnen einstellt. Und dann wieder sind auch die alltäglichen Störungen und auch die zweifelhafte Gesundheit gar nicht so wichtig und störend, wie wir in unfruchtbaren Monaten glauben. Ich kenne doch dies furchtbare Warten, um das allein man seine Berufung verfluchen möchte und sich sehnt, ein Mensch wie alle andern zu sein, wie kein Zweiter. Und man darf nicht einmal darüber reden; denn es kommt nicht auf das Warten und Leiden an (»Schamlose Last ist Schwangerschaft und häßlich«), sondern auf das Ergebnis. Wir laufen das Risiko, umsonst zu warten. – Nutzen Sie doch den Vorteil, den Sie mir gegenüber haben: das sind die Menschen, die so zahlreich bei Ihnen aus und ein gehen. Und es sind doch alles Menschen, die etwas zu sagen haben, auch wenn es keine Freunde sind. Nutzen Sie auch den Kummer, der durch die Zeit und von außen her noch dazu getragen wird.
Ich lese in Ihrer Besprechung der Lehmann'schen Gedichte[3] den Satz, daß der Dichter das Namenlose auszusprechen hat. Wovor wir uns hüten müssen: daß wir aus Polemik nicht Dingen, die schon einen Namen in der Zeit haben, eine Verkleidung mit andern Namen geben. Das ist dann kein Deuten und Verdeutlichen, sondern ein Umschreiben, weil uns die Zeit nicht ehrlich zu sein erlaubt. Ich spreche dies eigentlich zu mir, doch vielleicht sind auch Sie manch-

mal in der unterirdischen Stadt hier und da auf den falschen Weg geraten und gerade das hindert Sie heute, wieder einzusetzen. Denn das worin Sie sich ändern können, ist doch nur der Standpunkt, von welchem aus Sie wenn auch noch so versteckte Kritik an der Zeit üben. Was haben Sie aber, mein Lieber, die Zeit zu kritisieren? Was haben die Abgeschiedenen für ein Interesse an der Zeit? Außer vielleicht, sich von den letzten Schlacken der Zeit zu lösen. Was wir aber hier in den Augenblicken oder Ewigkeiten empfinden, wo wir uns außerhalb der Zeit befinden, sei es in der Liebe oder angesichts des Todes, das wird das einzige Gespräch dort drüben sein. Gerade deshalb ist Ihr Thema so wunderbar, weil alles Tun und Reden Ihrer abgeschiedenen Gestalten nicht an die Konventionen des Alltags gebunden zu sein braucht. Geben Sie es deshalb nicht auf, in dieser Stadt umherzugehen, nur – immer vorausgesetzt, daß ich richtig gehört habe – lassen Sie den Haß beiseite, diese Krankheit, von der auch Sie nicht frei sind.

Ich las von einem Karl Scheffler, Insel-Verlag, eine Anekdote über den wiedererweckten Lazarus. Als der Mann nach zwei Tagen zurückkommt, findet er seinen Posten besetzt, um seine Erbschaft einen Streit ausgebrochen und seine Frau in Gedanken an eine Heirat mit dem Nachbarn. Lazarus hängt sich auf. Das alles ist billig und schlecht geschrieben. Aber da ist ein Satz oder ein Gesichtspunkt darin: Der Richter sagt ihm, es gäbe kein Gesetz, einem wiederkehrenden Gestorbenen das wieder zuzusprechen, was schon Erbschaft ist. – Seit dem 24. Juli 1943[4] sehe ich hierin das Namenlose, dem ich für all die andern Hunderttausend, die gleich mir abgeschieden sind, ohne dies so klar zu wissen wie ich, einen Namen zu geben habe. Denn das Furchtbare für die Menschen, die ihr Heim und ihre Habe verloren haben, ist nicht dieser Verlust, sondern daß sie versuchen, mit denen zu wetteifern, die noch alles haben, oder mit dem Maß zu messen, das vorher Gültigkeit hatte. Wenn ich eine Art Strafe nach dem Tode annehme, so kann es nur diese sein. Und auch dies haben Sie in der unterirdischen Stadt weit vorausgesehen.

Aber was geschieht mit Robert[5], wenn er wieder zurückkehrt? Sie werden Ihren Plan haben und es zu wissen glauben. Wissen Sie es heute nicht vielleicht schon anders? Muß nicht die ganze Geschichte nur von diesem Gesichtspunkt aus erzählt werden? Er wird zurückkommen, vielleicht fragt ihn jemand: Was hast Du erlebt? und er wird plötzlich merken, daß er keine Möglichkeit hat, sich verständlich zu machen. Es fehlt noch die Sprache dafür. Vielleicht wird er leichthin darüber reden, vielleicht wird er schweigen. Aber für Sie geht es darum, so zu reden wie er reden möchte, ganz gleich ob er verstanden wird. Lassen Sie doch alles beiseite, was verstanden sein soll.

Ich denke so viel darüber nach, weil es unser aller Thema ist, das Sie begonnen haben und weil ich es um der unendlichen Möglichkeiten willen liebe. Wenn Sie wie wir damals in der Heide unter tausend Flüchtlingen gelebt hätten und die Augen dieser Abgeschiedenen gesehen hätten, oder besser diese unsichtbare Handbewegung, wenn irgendetwas sogenanntes »Wirkliches« erwähnt wurde, die höflich sagte: Wozu? Was haben wir damit zu tun?, dann würden Sie wissen, was ich meine. Vielleicht war meine Frau noch ein wenig von der Art, als sie im Oktober bei Ihnen war. Und schließlich, was Sie in der unterirdischen Stadt vorwegnahmen, schildert diese unsichtbare Geste nur zu genau. Deshalb müssen Sie auch noch weiter darin leben, es hilft alles nichts.

Ich dichte manchmal nachts daran weiter, so nahe geht es mir. Ich will Ihnen auch verraten, woran ich neulich dachte. Halten Sie das Folgende nicht für Spott; es entspringt einer Lust an der Variation, an der Freude, ein schweres Thema in ein luftiges Nichts aufzulösen. Ich dachte an Robert und gleichzeitig an den Robert des Struwwelpeters. Hören Sie doch die Verse, soweit sie mir im Gedächtnis sind:

»Robert aber dachte Nein,
Es muß draußen herrlich sein«
und »Durch die Felder pitschtet er
Mit dem Regenschirm umher«

und dann »An die Wolken stößt er schon«
und endlich »Wo der Wind ihn hingetragen,
Ja, das weiß man nicht zu sagen.«

Dies sind Kinderverse und da sie mit Zeit nichts zu tun haben, darf auch ein Abgeschiedener sich ihrer erinnern, sie haben Gültigkeit hier und dort. Und ich denke zugleich an die Szene am Brunnen und an die weibliche Figur, deren Name mir entfallen ist. Hat sie nicht vielleicht, da ihr Geliebter Robert heißt, diese Kinderverse in ihrem früheren Dasein einmal gesprochen? Dann wird sie sie auch in der unterirdischen Stadt zu ihm sprechen können und vielleicht sogar sprechen müssen. Schon der Gedanke daran, dies leise von dem Brunnen her zu hören, erschüttert mich tief. Erwägen Sie doch diesen Gedanken, aber auch nur, wenn er die Saite wieder bei Ihnen anschlägt, ist es auch schon gut und genug.

Ist nicht der Grundgedanke Ihres Werkes, daß sich die Abgeschiedenen dort in der toten Stadt aufhalten müssen, weil etwas in ihrem vorherigen Leben ungelöst blieb und nun erst langsam gelöst werden muß? Warum haben denn Sie, mein Lieber, dies Thema aufgreifen müssen? Und warum zeigt es sich jetzt gerade, daß Sie glauben, es nicht weiter schreiben zu können? Sehen Sie, dieser ganze Brief spricht doch ebenso wie Ihr Werk eigentlich nur über das, was Sie mir anvertrauen, dies noch Namenlose, dem Sie eines Tages einen Namen geben müssen. Gibt es für die abgeschiedenen Figuren Ihres Romanes eine Möglichkeit, für ein paar Tage in die Zeit zurückzukehren, um das Ungelöste zu lösen? Nein! Nein! Und auch für Sie nicht, so sehr dies Ungelöste Sie rückwärts zerrt und Ihnen Ihr augenblickliches Dasein unerträglich erscheinen läßt. Ach, lassen Sie sich nicht zurückzerren, aus welchen Gründen auch immer, Sie würden das, was daran ewig ist, vernichten. Denken Sie an Ihre Abgeschiedenen, wie Sie sie voraussahen; irgendwie werden sie sich richtig verhalten müssen. Ich sage Ihnen das, weil ich für Sie fürchte, wie ich für mich fürchten würde: wir sehen mit den Augen der einen Welt auf die andre

Welt und tun beiden Unrecht. Dazwischen fließt doch der Fluß, mit dem Ihr Werk beginnt, diese Grenze ist nun einmal da, das dürfen wir nicht vergessen. – Praktisch sage ich Ihnen kein Wort dazu, wie dürfte ich das und wie könnte ich es, auch klänge es mir heute zu bürgerlich. Ist nicht vielleicht das Wort des Dichters die Brücke über diesen Fluss? Und auch die Brücke, die die Einheit wieder herstellt?

Es ist gut, daß Sie sich einmal aussprachen und ich verwahre es in mir. Möglich, daß damit schon alles getan ist und meine Antwort gar nicht so wichtig ist. Ich habe oft so an Sie geschrieben und nachdem der Brief fort war, hielt ich ihn schon für unnötig, so befreiend wirkte es.

Haben Sie Dank für den Dornseiff und halten Sie es nicht für Gleichgültigkeit, wenn ich so karg darüber schreibe. Und danken Sie auch Herrn König wegen der lästigen Betten. Ich wollte ihm schon vor acht Tagen ein paar Worte schreiben, aber die Müdigkeit oder was es ist, hat mir den Mund verschlossen. Sagen Sie ihm das bitte.

Wir haben viel Alarm, manchmal fallen auch ein paar Bomben und zerstören von den restl. 18 % der Häuser noch einige. Wir rechnen für Ende April und Mai hier mit Tagesangriffen vor allem, und wenn das eintritt, wird es zugleich für alle andern ein Zeichen sein, daß eine neue Phase und wahrscheinlich die Endphase des Krieges begonnen hat, ähnlich wie damals im Juli Hamburg ein Fanal war. – Geschäftlich hatte ich letzthin viel trouble mit der Grenzsperrung in Holland und den neuen angeblich nur währungspolitischen Maßnahmen dort. Aber ich bin im Laufe der Jahre klug geworden: Ich sage nicht mehr, diese zeitraubenden Dinge halten mich von meiner Arbeit ab. Das ist eine Selbstlüge; denn wenn man wirklich von seiner Arbeit erfaßt und erfüllt ist, kann man ohne sonderlich gestört zu werden, noch spielend einen Acht-Stunden Alltag nebenher bewältigen. Und umgekehrt nützt keine Freizeit an sich, um etwas zu schaffen. Doch ich beginne mich zu wiederholen.

Ich habe dies heruntergeschrieben, ohne auf Klarheit und

Schrift zu achten. Oder so als säßen wir uns gegenüber. Lesen Sie es bitte auch so, und wenn Sie nur meine treue Verbundenheit herausfühlen, so genügt es und gibt auch ein wenig Hilfe.
Herzlichst Ihr

1 Friedrich Dornseiff: ›Der deutsche Wortschatz nach Sachgruppen‹, 1934.
2 Gemeint: ›Die Rotte Kain‹. Vergl. Anm. 2, S. 30 dieser Ausgabe.
3 Wilhelm Lehmann: ›Der grüne Gott‹, Gedichte, 1942.
4 Zerstörung Hamburgs. Vergl. Brief an Kasack vom 8. 12. 1943, S. 9 dieser Ausgabe, sowie ›Der Untergang‹, S. 113 dieser Ausgabe.
5 Dr. Robert Lindhoff, Hauptfigur in Kasacks Roman ›Die Stadt hinter dem Strom‹.

An Hermann Kasack Hamburg, den 5. April 1944

Lieber Freund, ich wollte Ihnen heute nachmittag zu Ostern schreiben (vor zwei Jahren schrieb ich Ihnen auch einmal und versprach mir viel von den vier freien Tagen, wie weit liegt das hinter uns), – da fand ich Ihren Brief zu Hause vor. – Ich habe mich die letzten Nächte im Zimmer auf und ab laufend nur mit Ihnen unterhalten, und vielleicht ist doch ein Weniges davon zu Ihnen gedrungen. Es wäre wohl gut, wenn wir wieder einmal eine Nacht zusammen sein könnten, oder wie die Engländer, diese Schlingel sagen: »a pipe, a book and no nonsense«. Ich hätte eine große Sehnsucht danach, aber wie all die Dinge liegen, muß es als unmöglich bezeichnet werden. Wenn ich das sage, spricht nicht nur meine Indolenz aus mir. Dazu ist mein Hunger nach einem Mann zu groß. Doch darf man in den nächsten 8 Wochen kaum seinen Platz verlassen; es könnte einem gehen, wie es uns vor dem 24. Juli passierte. Es ist immer noch keine Entscheidung darüber zu treffen, ob diese seltsame und kaum gewollte Abwesenheit ein Glück oder Unglück zu nennen ist. Daß dies überhaupt noch innerlich zur Debatte steht, ist vielleicht klinisch das Wichtigste.
Bei allem, was ich mit Ihnen bespreche, ergibt sich immer wieder ganz zweifelsfrei, daß Sie mit der unterirdischen Stadt ein Thema ergriffen haben, das so glücklich und nur für Sie geeignet ist, daß man sich hinterher, nachdem Sie es gefunden, nur wundern kann, daß Sie es nicht früher fanden. Sie haben sich damit für Jahre eine Basis geschaffen, auf der Sie leben, und was das Gleiche ist, von der aus Sie sprechen können. Der Weg führt über Ihre Gedichte und dann plötzlich ganz scharf über den ›Totentraum‹[1] dahin. Entsinnen Sie sich noch, wie betroffen ich derzeit über den Totentraum war, als ich Ihre Gedichte noch nicht kannte? Mein Instinkt sagte mir also, das sind ganz Sie, wenn ich das auch damals nicht aussprechen konnte oder es nicht wagte. Seien Sie also dankbar, daß Sie nichts in die Irre gehen ließ, auch dankbar gegen sich selbst für all die wahnsinnige Geduld und das Warten, das Sie auf sich genommen

haben. Selbst wenn Ihnen nun Einiges an dem bisher Geschriebenen nicht gefallen sollte, so ändert es nichts an der Tatsache, daß Sie Ihren Fuß einmal in das Ihnen ganz eigene Gebiet gesetzt haben. Notfalls dürften Sie sich nicht weigern, die hundert fertigen Seiten noch einmal zu schreiben, das Episodische bedarf ja kaum einer grundlegenden Veränderung, allenfalls ist Ihre Stimmlage eine andre geworden.
Und wie wichtig dies Werk für Sie ist, wie sehr es mit all Ihren Lebensumständen zusammenhängt, das wissen Sie ja. Ihr letzter Brief, der dies alles schon bejaht, ist mir eine große Freude. Nicht nur Ihretwegen, um es zu gestehen, sondern auch meinetwegen. Denn Sie werden ja selber wissen, wie schwer infizierend eine Not wirkt, wie sie Ihr vorheriger Brief mitteilte. Ich grüble nicht mehr darüber nach, warum uns immer wieder dies unerträgliche Leiden eines Fluchtversuches überkommen muß. Ich weiß nur, daß es kaum ein Mittel dagegen gibt, als ein paar Tage Hinhalten, ohne die Gefahr abzuleugnen. Vor allem sind alle Worte von übel, und wieder vor allem die Worte, die praktisch richtig sind und die Situation vernünftig erklären (Suhrkamp hat in einem ›Zuschauer‹[2] zwar völlig einwandfrei und gerade deshalb unerhört selbstgerecht darüber zu scherzen versucht), gerade diese Worte und Ratschläge sind zu meiden; mich jedenfalls würde diese unerhörte bürgerliche Vernünftigkeit erst recht zwingen, mich in den Abgrund zu stürzen. – Es gibt nur einige Erfahrungen, die man aus früheren Notlagen sammeln kann. Da ist vor allem die eine, die ich wenigstens mir immer wieder vorhalte: Beruf, Stellung und Familie sind nicht der Anlaß. Und wenn wir diese Dinge plötzlich als unerträgliche Last und Bindung empfinden, so ist das ungerecht und erst die Folge davon, daß die uns selbst gesetzten Bindungen zweifelhaft geworden sind. Es mag einige wenige Ausnahmen geben, wo dies nicht zutrifft und wo wirklich durch eine Flucht oder andre Bindung geholfen wäre, für mich steht der vorgenannte Satz unumstößlich fest. Erleichtert wird natürlich durch diese Feststellung nichts, die Gefahr bleibt und viel-

leicht soll es so sein. Wenn man auf dieser schwankenden Brücke über dem Fluß steht, hört man vielleicht auch Vieles, was andre nicht hören. Aber schon zu viel Worte, diese Worte tun erst recht weh. Besser wäre ein schweigendes Beisammensein und »no nonsense«.

Daß Sie nun auch die äußerlichen Behinderungen durch zerstörte Fenster kennenlernen müssen, ist bedauerlich. Ich z. B. bin nicht in der Lage zu ermessen, wie viel mich dieses heimatlose Hausen in fremder unmöglicher Wohnung hemmt. Es wird doch gewiß der Fall sein. Es fehlt irgendwie an der Möglichkeit, ich will nicht einmal sagen, allein zu sein, sondern sich allein zu fühlen. Aber das kann noch viel schlimmer werden, machen wir uns nichts vor, und irgendwie müssen wir es meistern, wenn ich auch noch nicht weiß wie. [. . .]

Warum ich im Augenblick an dem, was ich unter den Händen habe[3], nicht weiterarbeite, wüßte ich selber nicht zu sagen. Es liegen eigentlich gar keine ernsten Zweifel oder Bedenken vor und ich bin auch nicht ängstlich; ich werde mich eines Tages genauso grundlos wieder hinsetzen und die Sache fertig machen. Manchmal führt einen irgendein einziges Wort woanders hin, als es sollte. Man muß es nur finden. Der letzte Satz, bei dem ich aufhörte, ist: »Warum sollen wir unsern Kummer im Zelt verbergen?« Vielleicht ist dieser Satz daran schuld; denn er gehört in irgendein Gedicht und nicht dahin, wo er jetzt steht. Ja, ich glaube, daß irgendeine lyrische Welle mir alles fortschwemmen will. Ihr früheres und von mir sehr akzeptiertes Wort von Disziplinierung verbietet mir, mich dieser Welle hemmungslos hinzugeben.

Wenn es Ihnen nach Reparatur der Fenster wieder gegönnt ist, in Ihrem Zimmer zu leben, denken Sie daran, daß ich dort nachts oft und sehr intensiv anwesend bin, nicht als Wartender und Fordernder, der Sie stört, sondern als Hörender.

Ihr

1 Erzählung von Hermann Kasack, veröffentlicht in ›Die Neue Rundschau‹.

2 ›Der Zuschauer‹, Artikelserie von Peter Suhrkamp in ›Die Neue Rundschau‹, 1942/43.

3 Vermutlich ›Nekyia. Bericht eines Überlebenden‹. Vergl. Bibliogr. Nr. 7.

An Hermann Kasack Hamburg, den 19. Sept. 1945

Lieber Freund [...], ich möchte Ihnen heute einiges über das hiesige geistige Leben nach dem Zusammenbruch berichten; ich halte es für notwendig, daß wir uns so schnell wie möglich auf unsern eigentlichen Beruf besinnen und den alltäglichen Nöten wie Hunger und Kälte etc. nicht zu großes Übergewicht zubilligen. Allerdings ist das leicht gesagt, und wenn ich mich selber ansehe, so bin ich ein schlechtes Vorbild. Erschöpfung durch Unterernährung verbietet die Nachtarbeit, es fehlt an Büchern und an einem eigenen Zimmer vor allem, in dem man allein sein kann. Tägliche neue Enttäuschungen und Aufregungen stumpfen das Gehirn ab, und man läuft in einem schmerzlich beschämenden Zustand von Dumpfheit umher. Glücklicher sind die Menschen, die sich um ein geistiges Ergebnis unsres Schicksals keine Gedanken machen, sondern einfach darauflos räubern, wo es etwas zu räubern gibt. Ich sah von Neher[1] zwei Skizzen, die er, wie mir seine Frau sagte, sich gewaltsam aufraffend malte, ›Prometheus‹ und ›Europa‹. Nicht daß sie malerisch etwas sagten, aber die in ihm wühlende und uns verwandte Problematik berührte mich sofort, und ich warte brennend darauf, daß er zurückkehrt, um mit ihm zu sprechen. Mein Gefühl sagt mir, daß es für uns beide von Nutzen sein kann.

Doch nun zu Hamburg im Allgemeinen, soweit man hier von einem geistigen Leben reden darf. Um damit zu beginnen: So sollen die Kirchen gut besucht sein. Ich selbst kann darüber nicht urteilen und lege dem auch kein allzugroßes Gewicht bei. Ich zweifle daran, daß von der protestantischen Kirche noch irgend etwas Nennenswertes zu erwarten ist. Äußerungen von Niemöller, die hier über Radio und Zeitung bekannt gegeben wurden, muß man als negativ und im tiefsten Grunde unreligiös ablehnen, leider. Möge es nur an der Berichterstattung liegen. Dagegen möchte ich einen Brief von Pastor Bodelschwingh, der über Radio London verlesen wurde, als durchaus positiv erwähnen. Wenn er vor allem betonte, daß wir nicht an Rache und

Vergeltung zu denken hätten, sondern an Hilfe und Aufbau, so läßt sich dies auf alle geistigen Gebiete übertragen. Mir kommt oft der Vers Ihres verstorbenen Freundes[2] in den Sinn: ›Was du verachtest hüte dich zu hassen.‹ Aber wie viel gibt es zu verachten.

Das Theater begann mit ›Jedermann‹, in einer kleinen Kirche gespielt. Kein schlechter Griff. Ich habe es nicht selbst gesehn, was ich auszugsweise davon über den Rundfunk hörte, war gut gesprochen und gefiel mir. Leute, die die Aufführung mit ehemaligen Reinhardtschen Inszenierungen in Salzburg verglichen, äußerten sich abfällig über das hiesige Niveau. Ich möchte aber doch sagen, daß der Maßstab für diesen Augenblick zu hoch gegriffen ist. Demnächst soll der ›Widerspenstigen Zähmung‹ im Gewerkschaftssaal gegeben werden. Es wird viel von Shakespeare-Bühne und davon, aus der Not eine Tugend zu machen, geredet. Warten wir ab, ich sehe skeptisch und wittere Schlendrian. Von irgendeiner Gruppe Jüngerer, die sich ohne große Worte über alles hinwegsetzt und neu und frisch anfängt und für die es sich lohnte, Stücke zu schreiben, etwa in der Art wie ›Le Rideau des Jeunes‹ in Paris, ist mir nichts zu Ohren gekommen. Dagegen höre ich von Eifersüchteleien der Hiesigen, die ängstlich bedacht sind, die zahlreichen hierhergeflüchteten Künstler und darunter Prominente nicht aufkommen zu lassen. Da haben Sie Hamburg, statt sich über neues Leben zu freuen, ist man vor frischer Zugluft besorgt. Hilpert beabsichtigt, in die Schweiz zu gehen, wie man mir sagte, und denkt an eine Wanderbühne.[3] Ich habe ihn nicht persönlich gesprochen.

Wir haben hier eine Zeitung, über die bislang nichts zu berichten wäre. Ferner seit August monatlich je eine englische und eine amerikanische Rundschau (ohne Verlag und Druckort). Die letztere befaßt sich mit rein amerikanischen Problemen, das Niveau erstaunt uns immerhin, die wir nicht verwöhnt sind. Die englische Rundschau hat mehr erzieherische Tendenz für Deutschland. Sie begann mit einem Auszug aus Schillers Abhandlung über Lykurg, brachte das Gedicht von Kästner ›Wenn wir den Krieg gewonnen hätten‹ usf.

Ein Interview mit Prof. Jung über Deutschland, vom psychoanalytischen Gesichtspunkte aus gesehn, gab zu denken. Ich habe nichts für die Psychoanalyse übrig, aber wenn gesagt wird, daß es darauf ankäme, sich frei und mutig schuldig zu bekennen, um die Krankheit zu überwinden, so ist das wahr. Aber wie weit sind wir davon entfernt. Statt dessen versucht nur Jeder in schäbigster Weise sein Alibi nachzuweisen und gerade sich von der Schuld auszunehmen. Von irgendeiner Verantwortlichkeit für das Ganze spürt man nichts. Vielleicht werden Sie mich wegen dieser Worte wieder einen Moralisten schelten.

Bleibt als Wichtigstes zu erwähnen, was der Rundfunk bietet. Über Musik nur soviel, daß sich der Wasserspiegel entschieden gehoben hat. (Übrigens gibt es hier auch zahlreiche Konzerte, die Kartenbeschaffung ist so schwierig wie immer.) Was uns vor allem interessiert, ist: Was wird getan und versucht, um den geistigen Horizont der Deutschen wieder aufzulichten, und um es gleich vorauszuschicken: die Bemühungen der BBC London auf diesem Gebiete können nur dankbar anerkannt werden. Es wäre zu billig, an einzelnem herumzukritteln. Die Gefahr lag anfangs nahe, daß das Pendel zu weit nach der Gegenseite ausschlug, und sie wird auch nicht immer vermieden. Schließlich sind nicht alle Bücher deshalb gut und notwendig, weil sie aus rassischen oder politischen Gründen in den zwölf Jahren unsrer Knechtschaft verboten waren. Ebensowenig wie ein Mensch deshalb hervorragend ist, weil er im KZ saß oder emigrieren mußte. Doch diese Übertreibungen werden sich von selber geben und haben sich schon teilweise gegeben. Kurz: es wird eine Unzahl von Anregungen gegeben, so in Buchbesprechungen und Vorträgen über geistige Probleme, und das aus der Fülle heraus. Eine verärgernde pädagogische Tendenz wird dabei neuerdings tunlichst vermieden, sondern das Urteil dem Hörer überlassen. Gewiß werden manche Dinge nicht richtig gesehen. Aber wie kann man das verlangen, wenn auch unsrerseits nichts getan wird, damit die Dinge richtig gesehen werden können. Und vergessen wir nicht, die Schwierigkeit, die Deutschen wieder zu

einer selbständigen geistigen Haltung heranzubilden, ist gar nicht zu ermessen. Wir sind so verfälscht, auch wir, daß es im Augenblick vielleicht besser ist, still zuzuhören, als selbst schon den Mund aufzutun. Natürlich kommt mir oft der Gedanke, daß wir wohl auch eine Rolle dabei zu spielen hätten. So am letzten Sonntag bei einer Morgenfeier unter dem Titel: Wir suchen den Frieden, in der – unter übrigens kläglicher Musikbegleitung – Gedichte von Matthias Claudius, von Klabund und Abschnitte aus Büchners ›Hessischem Landboten‹ vorgetragen wurden. Das eine oder andre Ihrer Gedichte – etwa der ›Sybille‹ – und wohl auch irgendein Vers von mir hätten sich nicht schlecht darunter ausgemacht. Soll man sich nun dazudrängen? – Übrigens hörte ich auf diesem Wege kürzlich den Wortlaut der Ansprache von Ernst Wiechert, die er 1936 vor den Münchener Studenten hielt, und die der Anfang seiner Verfolgung wurde. Alle Hochachtung!
Wie verhält sich nun der Durchschnitt des Publikums dazu? Leider durchaus ablehnend und mißtrauisch. Beginnt so eine Sendung, stellen diese Leute den Apparat ab mit den Worten: Wozu sollen wir uns von denen da schlecht machen lassen? Vielleicht wird auch von Heuchelei geredet, und wenn z. B. zufällig über Stefan Zweig geredet wird, beginnen sie über die Juden zu schimpfen. Wenn es sich hier um einen echten Stolz handelte, so könnte ich das verstehen. Auch mir hat es schon manchmal in den Fingern gezuckt, an die BBC London zu schreiben. Was mich daran hindert und immer wieder hindern wird, ist das Gefühl, daß wir unsre schmutzige Wäsche zu Haus zu waschen haben, und daß es schamlos und unmännlich ist, einen siegreichen Machthaber zu Hilfe zu rufen. Aber von diesem echten Stolz ist bei den Leuten nichts zu finden. Sie verharren ganz einfach im Bisherigen und warten zu gleicher Zeit, daß ihnen geholfen wird, und schimpfen, wenn sich die Lage nicht von heute auf morgen bessert, ohne an die zwölf Jahre Mißwirtschaft, an der sie zum mindesten als Opportunisten mitschuldig sind, zu denken. Ich erlebe das täglich bis zum Erbrechen, und zwar bei Leuten mit guten Hamburger Na-

men, die früher eine führende Rolle im Wirtschaftsleben spielten. Schließlich kommt man dahin, daß uns nichts andres übrigbleibt, diese ganze Generation abzuschreiben, und alles von der richtigen Erziehung der kommenden zu hoffen. Möglich aber auch, daß der Fehler bei uns liegt, indem wir nicht nur mit Wenigen rechnen, sondern überhaupt versuchen, diesen Durchschnitt als geistig interessiert mit einzusetzen. Da aber das Gewicht der Masse uns in dies Unglück gezogen hat, wie können wir anders als versuchen und immer wieder versuchen, auf diese Masse bildend einzuwirken. Wir müßten uns sonst lieber gleich aus Europa ausschalten. Es bleibt immer das schmerzlichste Kapitel für mich zu erkennen, wie tief die Unbildung der Gebildeten ist. Sie sagen alle: Wir sind betrogen worden, und glauben auch weiter betrogen zu werden, wie sie es gewohnt waren; ich habe noch nicht einen sagen hören: Ich habe mich betrügen lassen.

Genug für heute. Möge Ihnen mit diesem oberflächlichen Bericht gedient sein. Möge er vor allem in Ihnen den Eindruck hervorrufen, daß es möglich ist, sich positiv zur Entwicklung der Dinge einzustellen. Und hoffentlich ist das in irgendeiner Weise auch bei Ihnen möglich. Es ist nun bald zwei Monate her, daß Sie Ihren letzten Brief schrieben. Wie gern hätte ich neue Nachrichten von Ihnen. Verlieren Sie den Mut nicht, es darf nicht sein. Meine Frau und ich sind oft in Gedanken bei Ihnen Beiden und grüßen Sie in herzlicher Treue.

Ihr

1 Rudolf Caspar Neher, Maler und Bühnenbildner, gehörte (wie Brecht) seit 1924 zum Bekanntenkreis Kasacks. Über ihn seit 1945 mit Nossack befreundet.

2 Oskar Loerke.

3 Heinz Hilpert, Nachfolger von Max Reinhardt am Deutschen Theater in Berlin, war nur kurze Zeit in Hamburg, bevor er ans Schauspielhaus Zürich ging. Nossack hatte nur indirekt über R. C. Neher Kontakt mit ihm.

An Peter Suhrkamp Hamburg, den 29. Okt. 1945

Lieber Herr Suhrkamp, vor zehn Tagen schrieb ich Ihnen und ließ den Brief auf zwei verschiedenen Wegen an Sie abgehn. Von dem einen Boten wurde mir inzwischen berichtet, daß er unterwegs umgekommen wäre. Ich weiß nicht, was daran wahr ist und ob der Brief Sie erreicht hat. Daher und um mich nicht wiederholen zu brauchen, lege ich hier die Kopie bei. Es wäre auch dem, was ich darin berichte, nicht viel Neues hinzuzufügen.

Gestern abend teilte mir Neher mit, daß über den Rundfunk der Suhrkamp-Verlag erwähnt wurde als der Einzige, der in der britischen Zone Berlins die Genehmigung zu Veröffentlichungen erhalten habe.[1] Ich schrieb das sofort König, der in seinem verlassenen Drentwede kein Radio besitzt, und der sich genau so darüber freuen wird wie ich. Lassen Sie mich statt aller Glückwünsche zu diesem Erfolg bitte gleich die Frage stellen: Was können wir auf unsern Außenposten, wie ich ihn im anliegenden Briefe zu schildern versuchte, unsrerseits weiter dazu tun? Oder wozu können Sie uns in diesem Augenblick gebrauchen?

Nicht nur in mir und König drängt alles, so verschieden wir sind, zur Aktivität. Ich sehe das z. B. auch an Neher auf seinem Gebiete, der mit unheimlicher Geschwindigkeit ein Bild über das andere aus sich herauswirft, während er sich äußerlich mit dem Theater festzulaufen droht. Aus uns will das zwölf Jahre lang Zurückgestaute heraus, die verfälschende Maske gelang es uns endlich im Laufe der vergangenen Monate abzuwerfen, und es gilt nun, nicht ins Leere zu stoßen. Dazu wird es wohl vor Allem nötig sein, wieder guten Kontakt mit Ihnen und dem Verlag zu bekommen, Ihre Pläne zu kennen, damit wir Ihnen zur Seite treten können. [...] Doch um nun von mir zu reden und Ihnen damit die Möglichkeit der Beurteilung zu geben, was aus mir herauszuholen wäre:

Z. Zt. bemüht sich Neher hier mit Gedichten von mir, um Schauspieler für Rezitationszwecke zu interessieren, evtl. auch im Rundfunk. Möglich, daß es gelingt. Alle meine

Gedichte sind wohl kaum Lyrik, sondern nur Bruchstücke nicht geschriebener Dramen. Darin liegt ihre Schwäche und Stärke, von welchem Standpunkt aus man es beurteilt, ich bin mir sehr klar darüber. Die Stärke liegt, auch für einen Vortragenden, in der direkten und sehr bekennerischen Ansprache an die heutige Zeit, die Schwäche in der Form, die den lyrischen Gesetzen nicht entspricht. Was ich nicht beurteilen kann, ob nicht gerade in dieser direkten Einsprache auf einen Hörer etwas heute besonders Wirksames liegen könnte. Ich denke an meine Kleist-Gedichte oder z. B. an das, was mit den Worten beginnt: ›Ich weiß, daß man mich eines Tages braucht‹[2] ... u. a. Doch das ist nicht das Wichtigste.

Ich habe mich inzwischen durch Restaurierung der verbrannten Manuskripte rückwärts wieder selber zu mir hindurchgegraben und stehe nun wieder gerüstet da. Ich habe dabei Manches gefunden trotz meines hindernd allzu kritischen Verstandes, für das es lohnt, zu den Waffen zu greifen, als wäre es nicht von mir, sondern von irgendeinem. Es liegen z. Zt. fertig vor:

1. Die Hauptprobe, eine tragödienhafte Posse, entstanden 1933
2. Über die Freiheit, ein Lustspiel, entstanden 1934
3. Der Hessische Landbote, ein Trauerspiel, entstanden 1936

Ein viertes Stück, ›Die Rotte Kain‹, ist augenblicklich in Bearbeitung. Es ist etwas mehr daran zu tun, als Restaurierung, jedoch zwei Drittel dürften fertig sein und der Rest in ein paar guten Stunden und bei nicht allzukaltem Zimmer bald zu erledigen. – Was die drei vorerwähnten Stükke angeht, so liegen die ursprünglichen Exemplare in Milow/Havel bei Kasacks Freund. Es wird wohl schwer sein, jetzt dorthin zu kommen, und so bleibt die Frage, wie ich Ihnen die Stücke von hier aus zukommen lasse. Soviel ich weiß, sind sie Ihnen nie zu Gesicht gekommen, vielleicht durch die Ungunst der Verhältnisse, vielleicht auch wegen

meines dummen Benehmens Ihnen gegenüber. Der ›Hessische Landbote‹ steht mir selber am fernsten. ›Über die Freiheit‹ wurde von mir geschrieben, um die Bühnen damit zu ködern, d. h. ich bewege mich darin bewußt in traditionellen Formen und habe mich bemüht, einmal ein Stück zu schreiben, das die Leute nicht von vorneherein vor den Kopf stößt. ›Die Hauptprobe‹ wurde von mir geschrieben im Hinblick auf unsre Verarmung; man kann das Stück auf einer Rampe billig und ohne äußere Hilfsmittel geben. Ich habe mich nur um 12 Jahre verrechnet, heute sind wir so weit. Das Werk ist mehr, als ich selber bin, mit Verwunderung stehe ich davor. – Meine Prosaversuche sind mir alle verbrannt. Viel mehr als Versuche waren es auch nicht. Prosa ist ein ungelöstes Kapitel für mich. Ich sagte Ihnen schon 1942, daß ich wahrscheinlich nie einen Roman oder Ähnliches schreiben würde, es sei denn so etwas wie ›Henri Brulard‹[3], und das wäre ja mehr autobiographisch, und dafür ist heute weder die Zeit noch habe ich Zeit dafür. Aber vielleicht eines Tages kleinere Artikel, ich denke viel und zornig darüber nach. Ich müßte erst den Ansatzpunkt finden. Möglich, wenn ich die ›Rundschau‹ wieder vor mir sehe, daß es dann von selber geht. Übrigens bekam ich neulich zwei Jahrgänge ›Rundschau‹ von 1922/23 in die Hände. Welch ein Leben, mag man auch zu Einzelnem heute stehn, wie man will. Möge es doch wieder so werden, und wir daran teilnehmen dürfen.
Was ich hier schreibe, fassen Sie es bitte nicht als hausiererisches Anpreisen meiner Ware auf. Nicht darum handelt es sich, gedruckt zu werden oder aufgeführt, sondern sich als Mitarbeiter an dem neuen Gesicht der Zeit zu fühlen. Wenn ich also von mir spreche und dem, was ich habe, so nur, damit Sie danach ermessen können, wo ich hinzustellen bin. Soviel ist mir klar, wenn ich nicht jetzt auftauche, so geschieht es nie, und um einiges wenige, etwa die ›Hauptprobe‹ und ein paar Verse, wäre das wohl schade. Übrigens werde ich auch Geld verdienen müssen, denn das, was einst da war, ist sehr zweifelhaft geworden.
Über diese schriftstellerischen Angelegenheiten hinaus

bitte ich Sie immer wieder, auf mich zurückgreifen zu wollen, wenn Sie sonst irgend etwas in Hamburg durch einen Vertrauensmann zu erledigen haben. Heute ist so etwas manchmal nötig. [...]
Wie steht es mit Ihrem Kommen nach Hamburg? Das wäre für uns alle eine große Auffrischung, und was sich mühsam in einem Briefe sagen läßt, wäre mit ein paar Worten erledigt. Wenigstens mögen Sie den Eindruck aus meinen Zeilen gewinnen, daß wir hier nicht zu schlafen und abzuwarten gedenken, sondern daß alles in uns fiebert, endlich einzugreifen.
Gestatten Sie mir, Ihnen weiter einfach so zu schreiben wie dies. Ziehen Sie aber bitte die Kälte dabei in Rechnung, sie verändert sicher Stil und Gedankengang.
Inzwischen empfehlen Sie mich bitte Ihrer Frau Gemahlin und seien Sie bestens gegrüßt von Ihrem

1 Am 4. 10. 1945 erhielt Peter Suhrkamp als erster Verleger in Berlin von der Britischen Militärregierung eine Lizenz für die Veröffentlichung von Büchern unter der Firma Suhrkamp Verlag vormals S. Fischer Verlag, Berlin.

2 Vergl. ›Gedichte‹, Bibliogr. Nr. 6, S. 8, 49, 55.

3 ›Vie de Henri Brulard‹, autobiographischer Roman von Stendhal.

An Hermann Kasack Hamburg, den 30. Nov. 1945

Lieber Freund, gestern trafen Briefe vom 18., 22. ds. und das restliche Manuskript ein. Der Einschreibebrief hat 4 Tage länger gebraucht als der gewöhnliche Brief aus Zehlendorf. Dies ist wichtig zu bedenken. Eine Kopie dieses Briefes geht nach Zehlendorf. Wenn Sie es für nötig erachten, mir eingeschrieben zu schreiben, tun Sie das bitte immer an meine Firmenadresse: H. E. Nossack i. Fa. Eugen Nossack, Hamburg-11, Sandthorquai 1. Zu Hause kommt die Post, wenn sowohl meine Frau wie ich unterwegs sind. Wir müssen dann bei den beschränkten Verkehrsverhältnissen den Brief über eine Stunde weit abholen, das kann man sich heute nicht leisten. – Ich versprach Ihnen, einmal etwas persönlicher zu schreiben. Aber ich komme kaum dazu. Bedenken Sie bei all meinen Briefen, unter welch abnorm schweren Umständen sie geschrieben werden. Meine Angestellten sitzen um mich herum und wollen Antwort, Telefon und Maklerbesuche unterbrechen mich. Vor allem ist da aber die Kälte, die Gedanken verwirren sich darüber, man vergißt das meiste, und ein vielleicht vernünftig begonnener Brief verläuft im Sande. Es ist kaum zu schildern und eigentlich auch nicht nötig, was wir im November schon unter der Kälte auszustehen hatten. Auch Nehers. Heizmaterial kommt nicht zur Verteilung, vielleicht einmal ein Hektoliter Holz, aber was ist das schon. Die meisten Menschen laufen mit geschwollenen Fingern und offenen Wunden umher, und es lähmt alle Tätigkeit. Zum Überfluß hatten wir schon Frost und Schnee, im Augenblick ist es allerdings wieder etwas wärmer geworden. – Unser Tag beginnt um 1/2 6 Uhr, wir werden dann durch unsre Mitbewohner geweckt, die, ohne es nötig zu haben, vor lauter Übermut um diese Zeit aufstehn. Von 8 bis 3 Uhr halte ich im Geschäft aus, – erst ab 3 Uhr gehn die Verkehrsmittel wieder, – bin dann aber auch so erfroren, zumal ich nur zwei Scheiben trocknes Brot mitnehmen kann, daß ich kaum mehr gehn kann. Und dann beginnt ein harter Kampf um die U-Bahn. Inzwischen hat meine Frau morgens Stunden gegeben, eilt mittags eine Stunde weit, um das Essen aus der Volksküche zu holen, worauf wir mangels Gas, Elektrizität und Kochgelegenheit angewiesen sind, obwohl die meisten Lebensmittelmarken dabei draufgehn, und die notwendigsten Besorgungen sind erledigt. Gegen 3 Uhr macht sie auf der Brennhexe unser Essen warm, dadurch wird das Zimmer ein wenig verschlagen. Nach dem Essen gibt es für mich immer zu handwerkern oder Holz zu verkleinern etc. Zwischen 5 und 6 Uhr versuche ich zu schlafen, um einen Vorhang vor den bisherigen Tag zu ziehen und die fehlenden Kalorien gleichzeitig zu ersetzen. Später nehmen wir noch etwas Teeartiges oder einen kleinen Imbiß zu uns, und sitzen uns dann, wenn nicht gerade Besuch verabredet ist, arbeitend bei 15 Watt-Kerze gegenüber. Um 10 Uhr heult die Sirene drei mal, um 10¼ zweimal und um 10½ einmal; dann ist, wie es heißt, »curfew«, also Ausgehverbot. Ich selber sitze meist in Decken gehüllt bis 1 Uhr auf, um dann erfroren ins Bett zu kriechen. Für einen Mann, der gewohnt ist, beim Schaffen im Zimmer auf und ab zu wandeln, sind diese Decken ein ärgerliches Problem. Da haben Sie ein Durchschnittsleben. Es geht auch anders. Z. B. unsre Mitbewohner beginnen morgens buchstäblich mit Kaffee und ham and eggs. Nachmittags duftet die Wohnung von Gebratenem und Gebacknem, der Ofen glüht und der Duft von Zigarren steigt zur Decke. Dafür kriechen die Leute vor Erschöpfung genau um ½ 9 Uhr ins Bett. Sonntagnachmittag spielen sie Skat. Dagegen wäre nun nichts einzuwenden und wir würden trotz ham and eggs nicht mit ihnen tauschen wollen. Nur daß sie uns als diebische Hungerleider empfinden und soviel Kraft durch ihre gute Ernährung haben, daß sie sich dauernd mit uns zanken müssen – ein besonderer Punkt ist mein langes Aufbleiben wegen des Lichtverbrauchs, obwohl wir genau darauf achten, unser mageres Kontingent nicht zu überschreiten, und uns eher die Augen verderben, – ist fatal und eine Last. Die Erklärung für ihre Lebensart ist übrigens: *mercado negro* und daß sie RM. 5000,– im Monat ausgeben können. Wenn Sie dazu in der Lage sind, brauchen Sie hier auch nicht zu darben. – Dies alles nur zur Illustrierung der hiesigen Situation. An sich ist es unsrer nicht würdig, auch noch in Briefen unsre Zeit damit zu vertun, diese Nöte zu erwähnen, die jeder in Deutschland selber kennt. Kartoffeln haben wir seit zwei Monaten keine gesehn. Gemüse seit Mai nicht, außer hin und wieder einen Kohlkopf und jetzt Steckrüben. Es ist ein grausames Hungerleben, das darf ich Ihnen versichern. Wenn also die Leistungen nachlassen, so dürfen wir uns nicht verwundern. Doch genug davon. [. . .]

Grüßen Sie Ihre Frau recht herzlichst von uns beiden. Sie müßte längst einen Brief von uns haben, aber was müßte man nicht alles noch tun, der hetzende Alltag erlaubt einem nicht, dem Herzen zu folgen.

Und finden Sie weiter den Weg zu sich zurück, zu dem, der auch ohne Vergangenheit leben und wirken kann.

Ihr

An Peter Suhrkamp Hamburg, den 7. Dez. 1945

Sehr geehrter Herr Suhrkamp, ich weiß nicht, ob meine letzten Briefe vom Oktober das Glück hatten, in Ihre Hände zu gelangen. Ich nehme es an und auch, daß ein weiterer kurzer Bericht über hiesige Verhältnisse für Sie von Interesse ist, zumal wenn ich an den einstigen ›Zuschauer‹ denke. Auch wir sind immer froh, aus den anderen Zonen zu hören, um uns daran zu orientieren und den Zusammenhang zu erhalten. Die vielen Gerüchte lassen uns sonst nur zu leicht die gegenseitige Lage falsch einschätzen, und wir verlieren den Überblick. Ich weiß eigentlich nicht aus welchem Grunde, aber ich erwartete in den letzten Wochen immer, daß Sie eines Tages vor meiner Tür stehen würden, und eine kurze Stunde Zusammensein würde wohl mehr Richtungweisendes ergeben, als es noch so lange Briefe tun können. Doch es ist zu früh zum Reisen und jetzt zumal bei einsetzendem Frost ganz unmöglich. Aber ich gebe die Hoffnung für das Frühjahr nicht auf.
Ja, inzwischen hat der Kampf mit dem Winter in ganzer Härte begonnen und nimmt den besten Teil unsrer Kräfte in Anspruch. Man kommt kaum zu dem zehnten Teil dessen, was man am Tage erledigen möchte; immer wird man, um nur das Dasein einigermaßen zu fristen, vom Eigentlichen durch Alltagsforderungen dringendster Art abgerufen. So denke ich denn heute über die von mir angeklagte Lethargie der Hamburger auch verzeihender. Der Elan, mit dem ich und andere noch im Oktober an die Dinge herangehen wollten, ist erheblich herabgedämpft. Und wo ich dies Nachlassen nicht an mir ermessen kann, sehe ich es z. B. an Neher, mit dem ich oft zusammen bin; er hat das Malen wegen der Kälte und andrer Schwierigkeiten ganz aufgeben müssen, und das belastet die Stimmung sehr. Auch da, wo Neher für das Theater arbeitet (Aufbau des Bühnenhauses der Staatsoper und Entwürfe für ›Antigone‹ in der Hölderlin-Übertragung), gibt es nur Unerfreuliches. Hilpert hat sein Permit für die Schweiz immer noch nicht erhalten. Sein Hauptplan ist nach wie vor der ›Grüne

Wagen‹. Ein Artikel darüber in der ›Neuen Hamburger Presse‹, die neuerdings krampfhafte Versuche zu einem Feuilleton macht, lautete ›Zurück zur Anonymität‹. Dies klingt alles sehr gut und so begeisternd, daß man Haus und Hof dafür im Stich lassen könnte. Aber ich vermute leider, daß auch in diese ursprünglich so echten Pläne schon viel verfälschendes Wasser gelaufen ist.
Am 9. Dezember wird auf der Ohnsorg-Bühne ›Der Tote Tag‹[1] gegeben. Ich wage nicht hinzugehn, da ich dies Stück allzusehr liebe und nicht enttäuscht werden möchte. Ich gedenke dabei meiner Korrespondenz mit Barlach, die mir wie alles Übrige verbrannte. Ich sandte ihm gleichsam widmend 1934 meine ›Hauptprobe‹, weil mir ein hiesiger Kritiker sagte, sie wäre barlachsch. Er antwortete mir in seiner gütigen Art, ich brauchte mir keine Gedanken zu machen, er wäre nicht der Großvater, und ich sehe heute, wo ich mit Abstand darüber urteilen kann, daß er Recht hatte. Trotzdem fällt der Name Barlach für mich immer mit den Begriffen »Vater und Güte« zusammen, wie ich dies auch in meinem bekennerischen Gedicht 1942[2] auszusprechen versuchte. Den ›Toten Tag‹ nun heute aufzuführen, ist eine gute Tat, aber ich zweifle daran, daß sie gelingt. Wenn ich an andere heutige Aufführungen denke (Shakespeare oder was sonst), so möchte ich zusammenfassend sagen: es fehlt den Schauspielern am Glauben an ihre Rolle. Vielleicht am Glauben überhaupt, und das wiederum ist wohl das, was allen fehlt: Glauben an sich, Glauben an die Aufgabe oder auch an Gott, wenn Sie wollen. Ich hatte eine Zeitlang den Plan, mit einem andern hiesigen Schriftsteller[3] zusammen ein Buch zu schreiben, und zwar in Briefform, worin wir zu all diesen Fragen Stellung genommen hätten. Ich schlug den Titel ›Bekennen und Begeistern‹ vor und hatte auch schon einige Entwürfe dafür gemacht. Inzwischen haben wir den Plan wieder fallenlassen, weil wir beide zu stark mit andern Werken beschäftigt sind, vielleicht auch aus Angst, ins Polemische und damit ins Negative zu verfallen. Die beiden Worte des vorgeschlagenen Titels sind von jeher für mich richtungweisend.

Ich verstehe darunter, um bei Ihnen nicht in den Verdacht allzu großer Jugendlichkeit zu geraten: Das, was man an Persönlichkeit ist, ohne falsche Bedenken hinzugeben und dadurch andere zur Stellungnahme zu zwingen und anzuregen. Daß ein solches Buch notwendig ist und in der Luft liegt, sehe ich aus Ihrem Plan eines ›Taschenbuches für junge Menschen‹[4], der mich sehr anspricht und worüber ich gern Näheres wüßte. [...]
Der Zwiespalt im sozialen Leben ist größer denn je. Die meisten frieren, hungern und verproletarisieren. Aber es gibt doch auch wieder genug Menschen, die mehr haben als je, die im Auto mit ihren Damen in luxuriösesten Pelzmänteln umherfahren, und man braucht wohl nicht zu glauben, daß die Genehmigungen für diese Fahrten alle nach Notwendigkeit erteilt wurden. So ist das äußere Bild der Stadt verwirrend, und dort wird es wohl kaum anders sein. Es wird etwas mit viel Betriebsamkeit angefangen, nach einer Woche bleibt es wieder liegen, und nicht nur buchstäblich, sondern auch im übertragenen Sinne möchte ich sagen: Der Trümmerschutt wird unter großem Aufwand von einer Ecke in die andre geschleppt. Die Verkehrsverhältnisse sind menschenunwürdig, aber wie man sagt, immer noch besser als anderswo. Politisch ist der Durchschnitt völlig uninteressiert, jedenfalls was die neuen Parteien angeht. Zu meinem Kummer beobachte ich aber in den Gemütern eine zum mindesten psychologische Nazi-Reaktion. Die allgemeine Not macht in den nichtdenkenden Köpfen Propaganda dafür. Es wird einfach argumentiert: Damals bekamen wir so und so viel zu essen, und heute so wenig. Also! Dagegen nützen keine Erklärungen. Der völligen geistigen Unselbständigkeit, zu der die zwölf Jahre die Masse erzogen haben, wird man sich erst jetzt richtig bewußt. [...]
Ich selbst bin mit der Fertigstellung der ›Rotte Kain‹ beschäftigt, und habe alles übrige aus meinem Gehirn hinausgeworfen. Abgesehn davon, daß dies Stück irgendetwas mit der Zeit zu tun hat – dies fiel mir gleich nach der Hamburger Katastrophe im Juli 1943 auf, als ich mit den unzähligen Flüchtlingen in der Heide zusammenkam –, so drängen

mich auch die wenigen, die das Fragment kennen, wie etwa Neher oder Noller, es zu beenden, so daß ich es beinahe als Auftrag auffassen muß. Der Mangel an einem eignen Raum macht sich leider bei der Arbeit noch schwerer bemerkbar als Kälte, Hunger und Zeitmangel. Trotzdem glaube ich es schaffen zu können. – Machen Sie sich, der Sie diese Andeutungen lesen, bitte keine Sorge um eine Antwort oder Stellungnahme. [...] Ich habe warten gelernt und konnte es vielleicht deshalb lernen, weil in allen Stunden des Zweifels doch immer eine unveränderliche Gewißheit in mir blieb und auch heute ist, daß ich eine Bestimmung habe und daß sie erfüllt wird, wenn die Zeit da ist. Ein heutiges Forcieren bei den völlig unübersehbaren Verhältnissen würde doch eigentlich bedeuten, daß ich oder meine Sachen auf den schwarzen Markt geraten. Ich glaube, daß ich meinem Schicksal zu danken habe, daß es mich vor einem frühen Scheinerfolg bewahrte, und so sage ich denn auch weiter zu meinem Schicksal Ja. Die Entsagungen, die das Warten und die Stummheit um mich herum mir auferlegt, zählen dagegen nicht.
Während ich einen objektiven Bericht geben wollte, ist dieser Brief nun persönlicher geworden als ich wollte. Nehmen Sie vorlieb. Vielleicht liegt es an meiner These »Bekennen und Begeistern«. Da ich nicht weiß, wie lange die Post braucht, und die Kälte einem nicht erlaubt, Briefe zu schreiben, wann und wie oft man es möchte, sende ich Ihnen schon heute meine Wünsche zum Jahreswechsel. Verlieren Sie über alle Not und Ungewißheit nicht den Glauben an sich und Ihre Aufgabe und bleiben Sie ein geistiger Sammelpunkt, nicht nur für die ziellose Menge, sondern auch fur uns, die wir im Eifer manchmal in Gefahr sind, von unserm eigentlichen Wege abzuirren.
Mit herzlichem Gruß bleibe ich Ihr

1 ›Der tote Tag‹, Drama von Ernst Barlach, 1912.
2 Vergl. S. 109 dieser Ausgabe. Über die besondere Bedeutung Ernst Barlachs für H. E. Nossack vergl. auch dessen ›Bekenntnis zu Barlach‹

in ›Pseudoautobiographische Glossen‹, Bibliogr. Nr. 167, S. 41–45.

3 Hans H. König. Vergl. Anm. 1, S. 30 dieser Ausgabe.

4 ›Taschenbuch für junge Menschen‹, Berlin 1946. Darüber Peter Suhrkamp am 26. 11. 1945 an Josef Pieper: »Als erste Publikation möchte ich nicht mit etwas Zufälligem kommen, obgleich dafür manches Halbfertige bereit läge. Es soll die Bekundung eines bestimmten Willens sein ... Da die Situation der jungen Menschen im Augenblick wohl die schlimmste von allen ist, will ich mich zuerst entschieden ihnen zuwenden.«

An Peter Suhrkamp Hamburg, den 2. Jan. 1946

Sehr geehrter Herr Suhrkamp, auch im neuen Jahre, das Ihnen und uns allen hoffentlich Besseres bringt als das vergangene, möchte ich die Gewohnheit nicht aufgeben, Ihnen über die hiesigen Verhältnisse Bericht zu erstatten. Mag er auch noch so persönlich gefärbt sein, so hilft Ihnen das vielleicht doch ein wenig, wenn Sie sich ein Bild über die Gesamtlage machen wollen. Allerdings gibt es über Geistiges fast nichts zu berichten; die allgemeine Not absorbiert alle Kräfte. Ungefähr genau vierzehn Tage vor Weihnachten setzte, ich weiß nicht aus welchen Gründen, eine scharfe Verknappung aller notwendigen Waren ein. Die Preise auf dem schwarzen Markt, den man ja leider als Wertmesser nehmen muß, stiegen um 100 % und mehr, und die allgemeine Atmosphäre erreichte einen Tiefstand, wie er kaum zu schildern ist und dem sich keiner stimmungsmäßig entziehen konnte. Alles ging schief und mißlang, und zwar auf eine Weise, wie sie auf keine Weise zu berechnen war. Das war bei Kleinigkeiten so und bei ernsten Dingen, ein wenig wie im Strindbergschen ›Inferno‹, zwischen dem Lächerlichen und Tragischen schwankend. Ich hatte wirklich den Eindruck, als wehe irgendein böser Wind, und es hülfe nichts, als sich ein wenig zu ducken, bis er vorüber wäre. Es gehörte viel dazu, die Fassung zu bewahren und nicht zu verzweifeln. Der Kummer war am Weihnachtsabend wohl überall zu Gast. Aber wie der Mensch nun einmal ist und obwohl der härteste Teil des Winters noch vor uns liegt, so glaubt man, mit einer neuen Jahreszahl auch schon viel gewonnen zu haben, und das ist gut so. – Vor einigen Tagen erhielt ich aus Berlin von privater Seite einen ausführlichen wirtschaftlichen Bericht, zur Hauptsache über die Nahrungsmittelindustrie. Der Bericht war ziemlich optimistisch, soweit es die Wiederbelebungsversuche der einzelnen Fabriken betraf. Ich kann nicht beurteilen, ob diese optimistische Beurteilung wirklich begründet ist oder nur an der persönlichen Einstellung des Schreibenden liegt. Mir will danach scheinen, als wirke eine gewisse Rivalität, die durch dortige Aufteilung in vier Zonen hervorgerufen wird, belebend. Möglich aber auch, daß nur Scheinblüten dadurch entstehen. Wenn wir allerdings hören, daß es dort bereits zehn verschiedene Zeitungen gibt, so können wir nur neidisch staunen, die wir uns hier mit einem Nachrichtenblatt provinziellster Natur behelfen müssen. Jedenfalls läßt sich eine optimistische Auffassung der wirtschaftlichen Situation von hier aus gesehn in keiner Weise rechtfertigen. Von August bis Oktober gab es ein fieberhaftes Aufflakkern des Geschäftes, dann stellte sich ziemlich plötzlich alles als unecht heraus und stockte völlig. Es kamen größtenteils nur Rest-Partien der Fabriken oder aus Heeresbeständen auf den Markt, aber kaum bis zum letzten Verbraucher. Diese Partien wechselten nur die Hände des Handels und waren schließlich um 400 % überteuert. Vielfach werden sie jetzt zurückgehalten mit dem Gedanken, sich dadurch gegen eine Geldabwertung zu sichern. Es ist schwer einzusehn, was sich die Leute dabei vorstellen; denn die Kaufkraft des Publikums würde dann doch entsprechend nachlassen, und durch die Überteuerung der Ware ist jede Abwertung schon diskontiert. Alles in allem scheinen mir gewisse Gebrauchsgüter nicht so knapp zu sein, wie es den Anschein hat. Die kaufmännische Moral ist in stetigem scharfen Absinken, nicht nur bei Schwarzhändlern, sondern auch bei namhaften Firmen, von denen man es nicht erwartet hätte. Ich will nichts dagegen sagen, daß man nur etwas bekommt, wenn man etwas zu liefern hat; das ist vielleicht ein gesunder Selbstschutz. Aber daß selbst auf dieser Basis getroffene Vereinbarungen nicht eingehalten werden, sondern jeder nur versucht, und zwar offen und rücksichtslos, wie er den andern übertölpeln kann, ist bedauerlich. Das dadurch hervorgerufene Mißtrauen läßt keine echte Unternehmungslust aufkommen. Vielleicht wäre es überflüssig, Ihnen hiervon überhaupt zu berichten, aber irgendwie läuft das geistige Leben parallel mit dem wirtschaftlichen, und man kann das eine durch das andere deuten. Unecht, unreell und schwarzhändlerisch scheinen mir beide Seiten zu sein. [. . .]

Inzwischen wird hier stark beschlagnahmt für die Flüchtlinge, Kleidung, Decken etc. Wie immer zeigen sich die, die bereits ihr Hab und Gut verloren haben, in diesem Punkte verständnisvoller und hilfsbereiter als die, die zufällig alles retten konnten. Laut jammern hört man eigentlich nur diese Letzteren, es ist ein ziemlich übles Kapitel. Die sozialen Unterschiede vergrößern sich immer mehr. Wenn ich sehe, wie diese Leute von ihrer gierigen Sorge um ihr Gerettetes verzehrt werden, so bin ich beinahe froh und empfinde es als einen Vorsprung, schon seit Jahr und Tag zu den Besitzlosen zu gehören. Auch dies läßt sich wieder auf Geistiges übertragen. Man braucht nicht gerade so rigoros gegen die eigenen früheren Werte zu sein wie ich, aber irgendwie ist es falsch und unecht, vom gestrigen Vorrat leben und ihn als heutige Münze weitergeben zu wollen. Das wissen wir doch alle, und daher sind wohl auch die Besten schweigsam aus Verantwortungsgefühl. Das schwarzhändlerische Stimmengewirr ist auch viel zu laut und aufdringlich, als daß die leise echte Stimme der großen Not gehört und schon heute wiedergegeben werden könnte. Man muß wie ein Stein im Fluß liegen, vielleicht unmittelbar vor einem Katarakt. Eines Tages werden sich die allzu wilden Fluten verlaufen haben, der Stein wird wieder auftauchen und die Wasser als ein Mal zerteilen. Doch wie gesagt: es bleibt schwer, das Rechte zu tun; wir sind alle sehr in Gefahr, aus augenblicklicher Verzweiflung in die Irre zu gehn, und ein duldendes Abwarten ist das Schwerste.

Über die zahlreichen Berliner Flüchtlinge müßte auch eigentlich einmal ein Wort gesprochen werden. Sie erleiden das typische Emigrantenschicksal. Vielleicht bereuen sie ihre Flucht; ob mit Recht oder Unrecht bleibe dahingestellt, doch Flucht bleibt immer Flucht. Daß sie sich hier nicht wohlfühlen, ist zu verstehen, aber daß sie allzusehr zur Schau tragen, daß es für sie eine Plage ist, in der Provinz zu leben, und für Hamburg ein Vorzug, daß sie hier sind, ist ein Fehler. Dem durchschnittlichen Hamburger will es scheinen, als nähme der Berliner sein Schicksal, das

sich in keiner Weise von dem Millionen andrer Menschen unterscheidet, viel zu wichtig und geradezu als persönliche Beleidigung, daß ihm als Berliner so etwas geschehen konnte. Ich stelle dies nur fest, ohne zu werten, aber die meisten werten natürlich allzu rasch, und so heißt es: Sollen sie doch nur zurückkehren. Auffallend ist, daß man auf der Straße oder in der U-Bahn einen Berliner oder eine Berlinerin sofort an der besseren Kleidung erkennt. Ich persönlich kann nur anerkennen, daß die Berliner, mit denen ich hier in Berührung kam, durchaus wendiger sind als wir und geschickter im Ausnutzen von Beziehungen, so daß ihr augenblickliches Dasein hier besonders bezüglich Unterkunft besser ist, als das anderer Flüchtlinge und sogar das des durchschnittlichen Hamburger Ausgebombten. –
Ich bin unversehens in die Lage geraten, täglich so etwas wie eine geistige Sprechstunde zu halten. Es handelt sich um einen jungen Angestellten. Er ist 28 Jahre alt, verheiratet und hat bereits zwei Kinder. Sehr selbständig, weil er seine Eltern früh verlor. Kein Nazi, gute Gymnasialbildung, aber seitdem nichts als HJ und Wehrmacht. Vielleicht typisch für viele Hunderttausend. Er hat nie etwas anderes gehört als die Phrasen der letzten zwölf Jahre und nie etwas andres erlebt als den Raubbau, der mit allen menschlichen Kräften getrieben wurde und der von einem jungen Menschen, der keine nüchtern fleißigen Zeiten kennt, als Zeichen von Energie und Kraft aufgefaßt werden muß; das um so mehr, wenn er es mit dem heutigen ziellosen Geschwätz und der allgemeinen Erschöpfung vergleicht. Es ist schwer, einem jungen Menschen klar zu machen, daß diese Erschöpfung eine Folge des skrupellosen Raubbaus ist. Er wird Ihnen mit »Führerprinzip« antworten, er zweifelt nicht daran, daß die Nazis eine Stadt wie Hamburg in zwei Jahren wieder aufgebaut haben würden, weil sie einfach den Befehl dazu gegeben hätten, ja, er bricht in den Ruf aus: Gebt der Jugend eine Idee und sie wird nachfolgen!, ohne auch nur zu ahnen, was er damit an tragischer deutscher Unselbständigkeit ausspricht. So ein junger Mensch ist heute mißtrauisch gegen alles, was gesagt

und gedruckt wird; er wittert überall, daß man ihn für dumm verkaufen will und daß irgendein unechtes Geschäft dahintersteckt. Und nicht ganz mit Unrecht. So betrachtet er mit höhnischem Unwillen das plötzliche Kirchengelaufe und weist mit Abscheu auf Pastor Niemöller hin, oder quält sich mit dem faden Zeitungsgefasel über Demokratie ab. Sie sollten nur seinen angeekelten Mund sehn, wenn er mir sagt: »Da reden sie nun überall: Der Mensch! Der Mensch! Was ist denn das? Man braucht doch nur auf die Straße zu sehn.« Ich habe zu Anfang ein paar Worte an ihn gerichtet, weil es mich interessierte, wo so ein junger Mensch steht und wo der feste Punkt in ihm ist; ich tat es, um meinerseits zu lernen und mich zu korrigieren. Dabei habe ich Fragen in ihm aufgeregt, die mir nun täglich bei Geschäftsschluß gestellt werden und die wie Fragen über Gott und Vorsehung im Grunde unbeantwortbar sind. Kurz, ich fühle, wie er etwas Richtunggebendes von mir wissen möchte, den er für weiser hält, und wie ich verantwortlich für ihn bin. Es ist kein leichter Stand, manchmal soll ich sogar aufs Glatteis geführt werden. Aber ich möchte Ihnen ein erschütterndes Wort sagen, das vielleicht dem Problem näher führt. Als wir neulich über einige menschliche Dinge sprachen, entfuhr es diesem jungen Feldwebel plötzlich: »Ich darf nicht zu viel darüber nachdenken, denn dann werde ich untüchtig und komme mir wie ein Lügner vor, wenn ich den Leuten Ware aufhängen will, von der ich nicht überzeugt bin.« Dürfen wir diesen Satz verallgemeinern und daraus schließen, daß der naßforsche Kommißton dieser Jungen und ihre höhnische Skepsis gegen alle ernsten Worte, die je einmal gesprochen wurden, nur eine ganz äußerliche Fassade sind, um die innere Unsicherheit zu verbergen und den eingebildet festen Boden nicht unter den Füßen zu verlieren? Ich glaube, es ist so. Ich schreibe Ihnen darüber, weil ich annehme, daß das Problem der jungen Menschen Sie als Verleger und ›Zuschauer‹ genau so brennend interessiert wie mich und andre. Ich bin nun persönlich denkbar ungeeignet zum Lehrer und weisen Meister; sondern eher selber Schüler und Suchender. Aber vielleicht ist diese Einstellung den Jungen gegenüber jetzt gerade die richtige. Indem man sich stellt und ihnen zeigt, daß man von ihnen lernen wolle, regt man Fragen in ihnen an und erzieht sie zur selbständigen Überprüfung ihrer Position, was wichtiger ist als scheinbar fertige Antworten zu geben oder Thesen aufzustellen. So könnte ein Sucher einen Suchenden leiten, und aufs Suchen kommt es schließlich an. Möglich daß ich diesen meinen Fall für zu typisch nehme, aber ich halte es für richtig, daß wir unsre Erfahrungen auf diesem Gebiete austauschen.

Meine persönliche Arbeit ist durch körperliche Erschöpfung ins Stocken geraten; das Gehirn oder welches Organ für die Phantasie zuständig ist, will nicht mehr funktionieren. Es war wohl auch früher unsere Gewohnheit, unfruchtbare Perioden billig mit äußeren Störungen zu entschuldigen. Doch jetzt liegt es anders. Es erbittert mich sehr, so abhängig von dem Körper und ein wenig Hunger und Kälte zu sein. Aber es ist so. Täglich acht Stunden im ungeheizten Kontor zu sitzen bei einer Außentemperatur von 5 Grad Minus, dann sich noch um Holz- und zeitraubende Lebensmittelbeschaffung kümmern zu müssen, überanstrengt wohl doch zu sehr. Alles, was uns am Herzen liegt, muß darüber liegenbleiben und ist in Gefahr abzusterben. Am 1. Weihnachtstag, als ich mittags unser Essen von der Volksküche holte, auf das wir angewiesen sind, sah ich mit Kreide in großer Schrift auf dem Asphalt das Wort »KAIN« geschrieben. Es bewegte mich tief, der ich gerade mit der ›Rotte Kain‹ beschäftigt bin und sie nicht fertigstellen kann. Und daß ich überhaupt solch abergläubische Erwägungen anstelle, möge Ihnen andeuten, wie nah ich einem Zustand wie dem Strindbergschen ›Inferno‹ war oder noch bin. Ziehen Sie dies bitte auch bei Lektüre dieses Briefes in Betracht, so wie alle Schreib- und Stilfehler den äußeren Umständen, unter denen ich schreibe, zur Last zu legen sind. Wenn trotzdem noch das eine oder andre positive Wort für Sie in diesen Zeilen zu finden ist, sollte es mich freuen.

Die Leute reden hier plötzlich alle von einem milden Winter. Sie weisen auf die Maulwürfe hin, die sich nicht eingegraben haben sollen, auf das Verhalten der Singvögel und der Bienenvölker. Möge es so sein für uns Alle. Indem ich Ihnen wünsche, daß wir bald den Frühling erleben dürfen, bleibe ich Ihr

An Peter Suhrkamp Hamburg, den 5. März 1946

Sehr geehrter Herr Suhrkamp, erwarten Sie keinen Bericht von mir, die Zeit reicht nicht dazu aus oder besser gesagt, die Kraft des Gehirns. Dies soll nur ein Lebenszeichen sein, damit Sie nicht denken, der Winter habe mich zur Strecke gebracht. Es ist eigentlich der Bericht eines O. B. Lomow über Hamburg, der Anfang Februar unter der Überschrift ›Bürger und Wölfe‹ im dortigen ›Kurier‹ erschien und mir erst jetzt vor Augen kam, der mich an meine Pflicht gemahnte, Ihnen über hiesige Verhältnisse dann und wann zu erzählen. Der Mann geht von einem Gespräch aus, das er in der überfüllten U-Bahn mit einem großen Verleger mit kupferfarbenem Rotweinteint und weißer Löwenmähne (wer mag das sein?) geführt haben will und der ihn fragte, ob der Hamburger nicht vielleicht nur äußerlich als Tarnung die Haut eines Menschen trage. Das ganze literatenhafte Geschwätz gibt ein schiefes Bild. Daß die Menschen in diesen Zeiten nicht gerade von Güte und Hilfsbereitschaft triefen, ist keine typisch Hamburger Erscheinung, und das wird überall noch schlimmer werden, je größer die Not wird. Im übrigen spricht er vom Standpunkt eines gekränkten Emigranten, der es als Vorzug für die Provinz betrachtet, daß er hier lebt, und dies nicht genug anerkannt sieht. Ich könnte als Hamburger viel Schlimmeres über die Hamburger sagen. Z. B. die Schmach, die man Hilpert angetan hat, indem man hier ihn als Regisseur ablehnte mit dem Hinweis: Wozu denn, wir haben ja selber genug Regisseure. Das ist typisch hamburgisch und eine katastrophale Dummheit.

Aber ich kann über ein sehr positives Erlebnis berichten und das darf man nicht hoch genug werten. Ich meine die Aufführung der ›Antigone‹ in Hölderlins Übertragung. Das Stück wurde im Saal des Gewerkschaftshauses auf der kleinen Bühne, eigentlich nur eine Rampe, gegeben. Wie erquickte es mich, der ich die Rampe so liebe und den Guckkasten so hasse, diese meine Einstellung durch die nahe und große Wirkung der Figuren wieder einmal bestätigt zu fin-

den. Der Anteil Nehers am Gelingen dieser Aufführung ist nicht hoch genug einzuschätzen; denn durch seine Entwürfe zwang er Regie und Schauspieler in eine ganz bestimmte Richtung. Wenn ich früher ›Antigone‹ sah, war es doch immer mehr ein unbefriedigendes Kuriosum; das lag an der Griechelei, anders kann ich die zu den Trägern nicht passende Verkleidung nicht nennen. Neher hatte nur drei Türen angedeutet und lediglich die Mitte der Bühne war durch zwei Stufen erhöht, auf denen zwei Bänke standen. Der Chor bestand nur aus fünf Personen, die gottlob einzeln sprachen. Sie sahen aus wie eine Gruppe von Hirten mit einem Poncho als Umhang, in Grau. Die übrigen Personen trugen eine Art praktischer Uniform, etwas wie Fallschirmjäger oder was sonst. Die Beinkleider ähnlich wie Trainingshosen in weißen Stiefeln steckend, eine fest anschließende Joppe auf der Brust durch Lederstreifen gehalten und ein gleichfarbiger Umhang. Jedoch die Farbe war die Hauptsache. Kreon zinnoberrot, Haimon in Gelb und die Wächter in Weiß. Antigone trat anfänglich in langem schwarzen Gewande mit roten Borten auf, später nach dem Todesurteil ganz in Weiß wie eine Braut. Ismene taubengrau, lila abgesetzt. Der Eindruck war überwältigend. Werner Hinz gab den Kreon und Maria Wimmer die Antigone. Die schwere Hölderlinsche Sprache wurde völlig gemeistert. Ich möchte sagen, daß diese Nehersche Übertragung der Hölderlins ebenbürtig war. Es ist nicht so, daß dies Stück vielleicht nur auf mich als Kenner und Liebhaber so tief wirkte, sondern auch das durchschnittliche einfache Theaterpublikum folgte der Aufführung atemlos. Es ist eine Freude, so etwas berichten zu dürfen.
Das ist aber auch das einzig Positive, wenn ich nicht privat hinzufüge, daß ich stark an einer längeren Erzählung arbeite. Nichts hätte mir zu gelegenerer Zeit kommen können, als die Beschäftigung damit, und ich muß es als Geschenk für mich betrachten. Denn so werde ich vor den überwältigenden Sorgen des Alltags abgezogen, indem ich die Kraft, die mir bleibt, auf dies Werk konzentriere. Trotzdem, es fertigzustellen, bleibt ein wahrer Wettlauf

mit dem Schicksal. Für einen göttlichen Zuschauer muß es ein erheiterndes Schauspiel sein, und um es noch kurzweiliger zu gestalten, wird am Ende des Winters noch eine große Kälte gesandt, geht der Holzvorrat zu Ende, ohne Möglichkeit andres zu beschaffen, und werden von heut auf morgen die Brot- und Nährmittelrationen auf die Hälfte gekürzt. Ich weiß nicht, wie Menschen mit weniger geistigem Schwergewicht das ertragen wollen. Die Stadt ist seit einigen Tagen nahe der Verzweiflung. Schon bei den bisherigen Zuteilungen sind eine ganze Anzahl meiner Bekannten zusammengebrochen, und was nun jetzt erst. Ich glaube nicht, daß es prinzipiell eine Fahnenflucht ist, so zu handeln wie ich, d. h. die Not der Zeit schon als überwunden zu betrachten und ans Werk zu gehen. In dies Werk, wenn es nur echt ist, wird ja diese ganze Not mit hineinfließen, und es bedarf so nicht der direkten Hinwendung an die Ratsuchenden. Ich sehe doch an Anderen, wie diese direkte Hinwendung und dies Reden über Begriffe zu nichts führt als zu neuen Debatten. [. . .]
Aber bitte weisen Sie mich zurecht, wenn ich hier fehl gehe. Und wie leicht ist es, jetzt fehl zu gehen. Wir bedürfen immer der gegenseitigen Korrektur. Gut wäre es, wenn wir Sie hier einmal in Hamburg sehen und sprechen dürften. In müden Stunden sind wir manchmal Zweifler und bedürfen der Erneuerung unsres Glaubens durch Gegenwart.
Doch dazu ist vor allem nötig, daß Ihre Gesundheit sich bessert, und daß Ihnen das Schicksal nach so vielem Ungemach das gewährt, hofft von ganzen Herzen Ihr

1 ›Nekyia. Bericht eines Überlebenden‹, begonnen 1942, durch die Ereignisse vom 24. Juli 1943 unterbrochen, im Winter 1945/46 wieder aufgenommen, erschienen 1947. Vergl. Bibliogr. Nr. 7. Vergl. Brief an Kasack vom 18. 9. 1946, S. 88 dieser Ausgabe.

An Peter Suhrkamp Hamburg, den 14. Mai 1946

Verehrter lieber Herr Suhrkamp, zur Erklärung, warum ich von der mir selbstauferlegten Pflicht, Ihnen wenigstens einmal im Monat über hiesige Verhältnisse zu berichten, abweichen mußte: Meine rechte Hand ist schon seit vier Wochen nicht zu gebrauchen, mußte schon zweimal operiert werden, und da sie schon wieder anschwillt, vielleicht auch noch ein drittes Mal, ich muß täglich zur Klinik laufen etc. etc. Jeder fünfte Mensch hat hier so etwas; man braucht nur einen kleinen Kratzer zu haben, gleich bilden sich schwere Abszesse etc. Das Blut allein schafft es nicht mehr, auch Vitamintabletten helfen nichts. Dies jedoch nur zur Erklärung meines Schweigens. Ich will auch jetzt nichts über Hamburg schreiben, denn wegen dieses zusätzlichen Ungemachs sehe ich doch alles in Grau.
Anliegend zwei kleine Plaudereien[1], nur zum Zeichen, daß das Gehirn noch nicht völlig versagt. Zu mehr reicht es nicht, zumal ich gewohnt bin, mit der Hand zu schreiben. Ich habe die Sachen für Zeitungen geschrieben. Ja, ich versuche meine Taktik in dieser Hinsicht bewußt zu ändern. Ich weiß, daß Sie dies Drängen nach Veröffentlichung in Zeitungen und Rundfunk mißbilligen. Ich verachte es auch. Theoretisch wäre es besser, sich ganz exklusiv zu halten und höchstens in guten Zeitschriften, die es z. Zt. nicht gibt, zu veröffentlichen. Trotzdem, ich muß etwas für meinen Namen tun, wenn auch widerwillig. Übrigens drängen sich die Zeitungen nicht nach meinen Sachen, sie sind wohl nicht journalistisch genug, und daran kann ich nichts ändern und will es auch nicht. Gestern war ich auch bei Dr. Werner[2], der, wenn es glückt, vielleicht nächste Woche für 5 Tage nach Berlin fährt und Sie auch sehen wird, um über Verwertung meiner Gedichte im Rundfunk mit Ihnen zu sprechen. Warten wir ab, ob etwas daraus wird. Hier ist in den nächsten Tagen auch eine Hamburger Dichterwoche. Da ich seit vier Wochen keine Zeitung in die Finger bekam, erfahre ich erst jetzt davon. Ich hätte mich aber auch sowieso nicht danach gedrängt, es ist eine zu provinzielle

Angelegenheit, die mich anekelt. Vielleicht bin ich zu hochmütig und tue einzelnen Leuten Unrecht. Aber ich kann mir nicht helfen. Aus beruflichen Gründen habe ich bisher ja Hamburg ganz vermieden. Doch an sich will ich darin meine Taktik ändern. Nehmen Sie nur ein Beispiel. Ich verhandelte neulich mit dem Wohnungsamt. Ich muß nämlich dringend meine Wohnung wechseln. Die Verhältnisse in der jetzigen, selbst wenn man die heutigen Zustände des Zusammenhausens fremder Menschen in Rechnung stellt, sind untragbar geworden. Obendrein kann das ganze Haus jede Minute von der Besatzung beschlagnahmt werden. Ob ich nun überhaupt ein andres Zimmer bekomme, ist die Frage, aber als Kaufmann bekomme ich nur 1 Zimmer, ich weiß nicht von wie wenig Quadratmetern, während ich als Schriftsteller Aussicht habe, 1½ oder 2 Zimmer zu bekommen. Wie soll ich nun den Leuten beweisen, daß ich schriftstellere? Soll ich ihnen etwa erzählen, daß der Suhrkamp-Verlag ein Stück von mir in Vertrieb hat und vielleicht einmal ein Gedichtbändchen oder was sonst von mir herausgeben wird? Die Leute glauben doch nur, was sie gedruckt sehen, also müssen sie allmählich den Namen kennenlernen. Trotzdem, was können Sie in dieser Hinsicht für mich tun? Ich meine, was für ein Papier können Sie mir ausstellen als Beweis, daß ich dazugehöre. Ich habe nichts, die Leute denken ich fasele und lachen mich aus. Das ist unhaltbar. Zum mindesten könnte doch schon ein Kontrakt hier sein, daß Sie die ›Hauptprobe‹ in Vertrieb nahmen. Daß ich Sie meinerseits dadurch nicht binde, wissen Sie sowieso. Es handelt sich hier nicht um gewöhnliche Autoren-Ungeduld, sondern die Not brennt mir unter den Fingern. (Sogar tatsächlich, wie es meine Hand beweist, und nicht nur bildlich.) Wenn selbst ein so zäher Bursche wie ich von diesen Hungerkrankheiten gepackt wird, für wen soll man dann noch garantieren? Sehen Sie doch also bitte, was sich machen läßt. Irgendein Papier, das ich den Leuten unter die Nase halten kann. Verzeihen Sie den burschikosen Stil, den mir der Unmut eingibt. Verzeihen Sie überhaupt diese Ungeduld, die ausgerechnet mich erfaßt hat, der ich alle schimpfenden ungeduldigen Autoren immer zur Geduld und zum ruhigen Arbeiten zu ermahnen pflege.

Neher kam vor ein paar Tagen zurück. Er war am Bodensee und 4 Wochen in der Schweiz, wohin er sich für nächsten Winter verpflichtet hat. Da gab es viel für uns Märchenhaftes aus der Schweiz zu berichten. Trotz Schmerzen und Schreibunfähigkeit versuche ich schnell, die ›Rotte Kain‹ fertigzustellen. Vielleicht kann Neher, der das Stück so liebt, in der Schweiz damit etwas anfangen. Man sollte ihm auch die ›Hauptprobe‹ mitgeben. Ein sattes Land hat doch mehr Gelegenheit zu Experimenten. [. . .]

Dies alles klingt ein wenig wie ein Notruf und ist es auch. Seien Sie nicht böse darüber, daß ich meine Nöte ein wenig zu sehr in den Vordergrund schiebe, aber es geht einmal nicht anders. Seien Sie versichert, daß ich trotz allen persönlichen Unmuts mit Verehrung an Sie und mit Sorge an Ihre Gesundheit denke.

Mit herzlichem Gruß Ihr

1 ›Orpheus und . . .‹, zuerst unter dem Titel ›War es Eurydice?‹ in ›Sie‹, dann in ›Interview mit dem Tode‹ (vergl. Bibliogr. Nr. 2 und Nr. 10) und ›Bericht eines fremden Wesens über die Menschen‹, zuerst unter dem Titel ›Bericht eines Marsbewohners über die Menschen‹ im ›Wiesbadener Kurier‹, dann in ›Interview mit dem Tode‹. Vergl. Bibliogr. Nr. 5 und Nr. 10 sowie S. 163 dieser Ausgabe.

2 Dr. Bruno E. Werner, der spätere Feuilletonchef der ›Neuen Zeitung‹, München.

An Hermann Kasack Hamburg, den 24. Mai 1946

Verehrter Meister, ich schrieb Ihnen vor ein paar Tagen und warte nun darauf, Ihre Stimme am 29. ds. im Rundfunk zu hören. Ich habe keine Antenne, deshalb ist ausgerechnet Berlin schlecht zu empfangen, wenn das Wetter ungünstig ist; hoffentlich haben wir Glück.
Dr. Witt vom hiesigen Rundfunk sagte mir, daß dort die ›Deutsche Rundschau‹ unter Plesch[1] (ist der Name richtig?) wieder erschiene. Stimmt das und wie ist die Adresse? Vielleicht ist das die Zeitschrift für den ›Pegasus‹[2], wenn er sich im ›Tagesspiegel‹ oder der ›Neuen Zeitung‹ nicht bringen läßt. Wie stehe ich vor Neher da, daß dieser alte Artikel immer noch ungedruckt herumliegt und eigentlich schon veraltet ist. Meine Absicht war nämlich, Neher auch als Maler hervorzuheben. Er hat das psychisch nötig, er ist mehr als nur der prominente Bühnenbildner, ja, er ist auch ein gut Teil Dichter, sonst würde er solche Bilder nicht malen können. Daher meine Polemik.
Der ›Bericht eines fremden Wesens‹[3], den ich Ihnen wohl auch einsandte, erscheint zuerst im ›Wiesbadener Kurier‹. Aber ich werde ihn natürlich auch an andere Zeitungen in den andern Zonen geben. Dies Herumhuren macht mir wenig Spaß, doch abgesehen davon, daß andere es auch tun, meine finanzielle Lage ist so katastrophal, daß ich nichts unterlassen darf, um zu verdienen oder wenigstens meinen Namen so bekannt zu machen, daß es mir später leichter wird, darauf aufzubauen. Der Verlag tut ja nichts für mich, er schläft oder will nicht oder was sonst. Ich habe Sie in letzter Zeit vielleicht etwas viel mit meinen Nichtigkeiten belästigt, ich weiß das, aber auch das wird anders werden. Geben Sie mir Adressen von Zeitungen oder auch den Namen des maßgebenden Redakteurs dazu, damit etwaige Einsendungen auch gelesen werden, und dann falle ich Ihnen nicht weiter zur Last. Ich weiß doch von mir selber, daß man kaum mehr Kraft für das Eigene hat, also nicht noch zusätzlich von anderen belästigt werden darf. Sie sind doch der Einzige, der selbstlos etwas für mich getan hat

und mich schwimmen lehrte, das muß immer wieder dankbar festgestellt werden. Aber was den Verlag angeht ...
Es soll mir doch keiner erzählen, daß die ›Hauptprobe‹ nicht anzubringen wäre. Der ›Gerstenberg‹[4] von Ambesser wird inzwischen auf verschiedenen Bühnen mit allergrößtem Erfolg gegeben. Das Stück, ich habe es mir aus Unmut nicht angesehen, liegt doch in derselben Linie, Aufhebung von Raum und Zeit, Thornton Wilder usw. Die ›Hauptprobe‹ wäre also schon gar kein Experiment mehr. Sie hätte längst gegeben werden können. Neher und ich hätten es vielleicht auch hier oder anderswo schon angebracht, wenn wir nur vervielfältigte Exemplare hätten. Aber der Verlag schläft und denkt, einem Autor, dem das Messer an der Kehle sitzt, genügt es zu hören: »Ja, mit diesem Stück will ich den Anfang machen«, dazu ein freundliches Lächeln und kein Wort jemals mehr darüber.
An der ›Rotte Kain‹ arbeite ich, sie ist zunächst wichtiger als die Erzählung[5]. Sie wird natürlich ein Leckerbissen werden, wenn sie fertig ist. Das könnte dem Verlag so passen, bis dahin die Hände in den Schoß zu legen und auf die Taube zu warten, die ihm ins Maul fliegt. Leider arbeite ich nicht fieberhaft daran, dazu bin ich zu verhungert. Das ist ein großer Ärger, denn das Stück läßt sich nicht verstandesmäßig erledigen. Doch immerhin.
Eine andere Unterkunft haben wir auch immer noch nicht gefunden, obwohl wir Himmel und Hölle in Bewegung setzten und unser Letztes dafür hergeben würden. In dieser Wohnung geht meine Frau zu Grunde, sie wird geschlagen, daß ihr das Blut über die Stirn läuft. Die Mitbewohner sind so ausgefressen. Wenn ich die abgemagerten Kinderärmchen meiner Frau sehe, möchte mich die Verzweiflung über den ungnädigen Himmel oder meine Untüchtigkeit packen. Obendrein sitzt uns die Beschlagnahmekommission Tag und Nacht auf dem Halse. Wie soll man dabei Dichter bleiben?
Im Rundfunk werden also im Juni 5 Minuten Lyrik von mir rezitiert, wahrscheinlich die Gedichte ›Rief da ein Mann?‹, ›Das Stifterpaar‹, ›Haben wir doch Erbarmen‹,

›Kleists Totenmaske‹ und ›Der Sohn‹.[6] In letzterer Ballade arbeitete ich die vorletzte Strophe um, weil eine Unklarheit darin war. Es ist das Gedicht, von dem Sie nach dem ersten Anhören sagten, daß es in den nächsten fünfzig Jahren in jeder Anthologie stehen würde. Sollte das ein Lob sein? Und wo sind die Anthologien? Haben wir Geduld. – Vielleicht wird darüber hinaus am Fronleichnamstage noch ›Tod und Mädchen‹ von mir rezitiert. Das sind klägliche Anfänge, aber immerhin ein Anfang. Übrigens habe ich das auch Ihnen zu verdanken, ich vergesse das nicht. Ohne Dr. Werner wäre das wohl kaum so schnell zustandegekommen. – Hier war eine Hamburger Dichterwoche, eine eklig provinzielle Angelegenheit, an der ich nicht teilnahm. Besser nicht. – Man rät mir, in den ›Schutzverband deutscher Autoren‹[7] einzutreten. Ich gehörte ihm übrigens vor 1933 an. Was halten Sie davon? Oder gibt es dort so etwas nicht? Ich bin ja ein Feind von all dieser Vereinsmeierei, aber irgendwo muß man doch angeschlossen sein. – Haben Sie nicht in Ihrem Loerke-Artikel[8] das Wort »Anreichern« gebraucht? Halten Sie das wirklich für erlaubt? Ich dachte, es wäre ein Wort aus der Nazizeit, aber ich kann mich irren. Es interessiert mich aber, von Ihnen zu hören.

Wir sind in der 4. Woche der Kartenperiode, kein Brot mehr und nichts. Noch drei Tage müssen wir aushalten. Die ganze Stadt taumelt in dieser Woche eigentlich nur, außer den paar Schiebern. Ich erwähne das als Erklärung meines zornigen Briefes und der Angst, die mir im Genick sitzt. Trotzdem, was ich über den Verlag sage, besteht zu Recht. Nehmen Sie es mir nicht übel.

Beenden Sie Ihren Roman, das ist das Wichtigste, und dann denken Sie an das neue Buch, das ich Ihnen einmal andeutete und das nur Sie schreiben können. Gehen Sie sofort ans Werk, wir haben keine Zeit mehr zu verlieren. Eines Tages liegen wir mit heraushängender Zunge im Straßengraben. Bis dahin aber ... herzlichst, Ihr

1 ›Die Deutsche Rundschau‹, herausgegeben von Rudolf Pechel, 1942 verboten, seit 1946 wieder erschienen.

2 ›Der Tod des Pegasus‹, Aufsatz von Hans Erich Nossack über ein Bild von Rudolf Caspar Neher. Vergl. Bibliogr. Nr. 4 sowie Nr. 167, S. 84–87.

3 Vergl. diese Ausgabe S. 163 bis 166 sowie Anmerkung 1, S. 75.

4 Axel von Ambesser, ›Das Abgründige in Herrn Gerstenberg‹, Komödie, uraufgeführt am 5. 3. 1946 in Hamburg.

5 ›Nekyia‹. Vergl. Anmerkung 1, S. 72 dieser Ausgabe.

6 Alle Gedichte entstanden 1941/42 und erschienen gesammelt 1947. Vergl. Bibliogr. Nr. 7 sowie S. 99 bis S. 110 dieser Ausgabe.

7 Der ›Schutzverband deutscher Autoren‹, dessen Präsident zuletzt Arnold Zweig war, wurde 1933 aufgelöst, nach dem Krieg unter Günter Weisenborn wieder eingerichtet. Nossack trat ihm nicht bei.

8 Kasack hat sich nach 1945 um die Verbreitung des Werkes von Oskar Loerke bemüht und in diesem Zusammenhang zahlreiche Artikel über Person und Werk dieses Autors verfaßt.

An Peter Suhrkamp Hamburg, den 28. Mai 1946

Verehrter lieber Herr Suhrkamp. Gestern war ich in der Ausstellung ›Die Wegbereiter‹. Es war mehr als eine Freude, Barlach und Nolde zu sehen, auch Schmitt-Rotluff und Hofer. Ferner machte eine Selbstporträt-Skulptur 1945 der Sintenis tiefen Eindruck. Dagegen fiel zu meinem Erstaunen Franz Marc mit blauen Pferden etc. völlig ab, von Feininger und Klee nicht zu reden. Obwohl ich sehr verhungert und schwindelig war, begeisterte mich das Positive so, daß ich nach Hause eilte, um an meine Arbeit zu gehen. Denn es lohnt sich wohl, für solche Meister weiterzuarbeiten. – Ein Stück von Brecht, ›Mutter Courage‹, das mir Neher im Manuskript gab und das wohl in Konstanz gegeben werden soll[1], enttäuscht dagegen leider. Vor allem ist es kein Drama, sondern eine dialogisierte Erzählung, eine Art weiblicher Soldat Schweick. Auch sprachlich scheint es mir nicht stark, sondern mehr aus der Routine heraus geschaffen. Es ärgert mich, so etwas sagen zu müssen.
Aber nicht deshalb schreibe ich an Sie, sondern es gibt mir eigentlich nur den Anstoß, etwas mit Ihnen zu besprechen, was seit Wochen in mir nagt. Es wird mir nicht leicht, denn es entspricht nicht meiner Natur. Ich habe nie einen Hehl daraus gemacht, daß ich Sie sehr verehre und damit ist eigentlich alles für mich erledigt. Auch daß andere Autoren mich mit ihrer Unzufriedenheit anzustecken versuchen, ändert nichts an meiner Einstellung, im Gegenteil, es erregt meinen Widerspruch. Trotzdem muß etwas besprochen werden. Ich habe Kasack deswegen schon wiederholt zornig knurrend angeschrien, aber das ist im Grunde unanständig gegen Sie, und es muß direkt gesagt werden. Und ich helfe mir, indem ich Ihre Person vom Verlag abtrenne.
Um es gleich heraus zu sagen, es ist so weit mit mir gekommen, daß ich mir überlege, ob ich Ihnen die ›Rotte Kain‹, wenn sie fertig ist, überhaupt noch anbiete. Dieser Zustand ist untragbar und muß geklärt werden. Mit andern Worten: ich habe das Gefühl, daß vom Verlag aus nicht das für mich getan wird, was jetzt getan werden könnte und müß-

te, selbst wenn man die abnorme Zeit und die Schwierigkeiten in Betracht zieht. Ich habe vom Verlag nur ein Schreiben in Händen, ich glaube von 1944, in welchem von einem Gedichtband, der, sobald es möglich ist, herauskommen soll, geredet wird, wogegen ich mich zu verpflichten hätte, dem Verlag meine drei nächsten Arbeiten anzubieten. Das ist alles. Es verpflichtet moralisch, nicht rechtlich, mich wenigstens, und so sollte es auch umgekehrt sein, ich nehme das wenigstens als selbstverständlich an. Sonst hieße es ja nur, einen Mann künstlich hinhalten und daran zu hindern, zu einem andern Verleger zu laufen.
Meine drei Stücke, die Sie jetzt haben[2], sandte ich 1943 an Kasack. Dann gerieten die Manuskripte wegen der Angriffe etc., wohl nach Milow. Pech! Inzwischen ist über ein Jahr seit Kriegsende verlaufen, und es ist nichts weiter geschehen. Bei Ihrem Besuch sagten Sie mir, daß Sie mit der ›Hauptprobe‹ einen Anfang machen wollten. Ich erwarte nicht, daß Sie dies Stück von heute auf morgen unterbringen, aber ich habe nicht den Eindruck, daß über dies Ihr Wort hinaus vom Verlag überhaupt etwas in meiner Angelegenheit getan wurde. Sonst hätte ja zum mindesten schon eine schriftliche Bestätigung seitens des Verlages oder ein Vertriebsvertrag in meinen Händen sein müssen, wenn dem Verlag wirklich daran liegt, mich als Autor zu haben. Inzwischen wird z. B. das Stück vom Ambesser, das nach Allem, was ich darüber höre, stark in der Thornton-Wilder-Art liegt, auf verschiedenen Bühnen mit größtem Erfolg gegeben. Die ›Hauptprobe‹ zu geben, wäre also schon gar kein neues Experiment mehr. Und ich sehe, daß ich ganz einfach Zeit und Gelegenheiten verpasse. Ferner verläßt uns Neher hier bald, und auch diese Gelegenheit ist verpaßt; denn wenn wir nur Vervielfältigungen hier hätten, würde das Stück wohl durch ihn schon angebracht sein. Nun geht Neher in die Schweiz, und auch da ließe sich vielleicht etwas machen, nur eben, daß ein Verlag hinter mir stehen muß, der auch etwas dafür tut.
Ich überschätze mich weiß Gott nicht – man kann kaum unzufriedener mit seinen Leistungen sein als ich.

Auch gehöre ich nicht zu den ungeduldigen Menschen, die sich durchaus gedruckt oder aufgeführt sehen wollen. Mehr Geduld als ich kann man kaum beweisen, allerdings habe ich sie aus Instinkt geübt, indem ich auf mich selber wartete. Aber ich sehe doch auch, was sonst geliefert wird, und an dem gemessen, habe ich wohl auch ein kräftiges Wort mitzureden. Glauben Sie mir, daß es mir Spaß macht, bei den Zeitungen und dem Rundfunk mit kleinen Sachen herumzuhuren, um meinen Namen bekannt zu machen? Gut, es gelingt und muß vielleicht sein, aber der Verlag soll doch nicht vergessen, daß ich auch ihm damit Vorarbeit abnehme. Um es noch einmal zu wiederholen: Nicht, daß ich bis jetzt noch nicht herausgebracht wurde, kränkt mich – es mögen da Hindernisse sein, die ich nicht so beurteilen kann –, sondern daß ich das Gefühl haben muß nach dem bisherigen Verhalten des Verlags, daß er nicht voll hinter mir steht, das ist unhaltbar. Vor allem kann ich es mir nicht mehr leisten; es wäre unverantwortlich gegen mich gehandelt, länger darüber im Unklaren zu bleiben. Man kann jeden Tag verhungern, meine bürgerlichen Verhältnisse, was Wohnung und Finanzen angeht, sind so miserabel, daß jeden Tag ein Zusammenbruch erfolgen kann. Ich muß daher nach dem Meinigen sehn. Ich muß das verläßliche Gefühl haben, daß ein Verlag für meine fertigen Arbeiten treu sorgt, während mir nichts andres zu tun bleibt, möglichst gute Sachen zu schaffen, solange mir noch zu atmen vergönnt ist. Das ist schon schwer genug bei dem fettlosen Gehirn, und in der Vollkraft meiner Jahre durch die Ernährung und äußere Umstände gehindert zu sein, erbittert mich. Jedenfalls dürfen dazu nicht noch geschäftliche Unklarheiten kommen.
Fassen Sie dies nicht als lächerliche Drohung auf, von einem Fuß auf den andern zu wechseln. Es ist ja gar nicht gesagt, ob ich dabei gewinnen würde. Sie sehen, wie ehrlich ich bin. Obendrein entspricht es, wie gesagt, nicht meiner Natur, besonders wo Sympathien mitsprechen. Aber ich bin gezwungen, diese Sympathien vom Realen zu trennen, und muß klar sehen. Ich bitte Sie daher, dazu Stellung zu

nehmen, genauso offen wie ich es tue, und dadurch den Mißton, der in mir klingt, zu beseitigen. Denn mir liegt vor Allem daran, daß unser persönliches Verhältnis nicht Schaden durch diese Unklarheiten leidet.
In herzlicher Treue Ihr

1 Brechts ›Mutter Courage und ihre Kinder‹ war am 19. 4. 1941 am Züricher Schauspielhaus uraufgeführt worden. Das Stück wurde tatsächlich im Mai 1946 in Konstanz gegeben. Nossacks heutiger Kommentar zu seinem damaligen Urteil über das Manuskript: »Ein erstaunliches Fehlurteil.«

2 Gemeint sind ›Die Hauptprobe‹, ›Über die Freiheit‹ und ›Der Hessische Landbote‹. Vergl. den Brief vom 29. 10. 1945 an Suhrkamp, S. 51 dieser Ausgabe.

An Peter Suhrkamp Hamburg, den 12. Juni 1946

Verehrter lieber Herr Suhrkamp, in einem Augenblick der Ermattung und um mir wenigstens diese Sache neben meinen andern Nöten vom Halse zu schaffen, unterschrieb ich am 7. ds. das mir gesandte Formular betr. des Vertriebes der ›Hauptprobe‹ und sandte dasselbe an Sie ab. In den Pfingsttagen jedoch kamen all die Bedenken, die seit Monaten in mir gären und gewaltsam von mir unterdrückt wurden, zur Reife, so daß ich mich heute entschloß, Ihnen zu drahten: Widerrufe meinen Brief vom 7. Juni mit unterzeichnetem Formular. Da dies Telegramm eher in Ihren Händen sein wird als der fragliche Brief, werden Sie es nicht gleich verstehen können, und ich muß für diese Inkorrektheit um Verzeihung bitten.

Zur Erklärung dieser nur äußerlich plötzlichen Sinnesänderung habe ich Folgendes zu sagen: Seit langem geht es mir so, daß ich einem verwunderten Stillschweigen, wenn nicht sogar einem bedauernden Kopfschütteln begegne, wenn ich sage, daß ich dem Suhrkamp-Verlag angehöre. Dabei handelte es sich nicht etwa um Feinde von Ihnen; denn auf solche hätte ich nicht gehört oder wäre ihnen gebührend über den Mund gefahren. Auch nicht um Konkurrenten und nicht einmal um unzufriedene Autoren des Verlages, die ja immerhin ein schwer zu behandelndes Volk sein mögen; wenn es mich natürlich im letzten Falle auch stutzig machen mußte, allzuviele übereinstimmende Äußerungen zu hören und daß noch kürzlich mir einer Ihrer älteren Autoren sagte, daß er nur bei Ihnen bliebe, weil er schon zu alt zum Wechseln wäre, aber zweifelte, ob er einem jüngeren Autor mit gutem Gewissen zum Suhrkamp-Verlag raten dürfe. Wenn Sie meine Briefe seit Weihnachten noch besitzen sollten, so werden Sie sehen, daß ich dies alles mehr oder weniger deutlich durchblicken ließ. Ich habe offne Fragen an Sie gestellt, z. B. über Ihre Produktions-Pläne, die Aussichten und Möglichkeiten. Und es geschah nicht meinetwegen oder aus Neugierde, sondern um für Sie und damit für meinen Verlag einzutreten. Sie hätten nicht nötig

gehabt, mir Ihre Geschäftsgeheimnisse zu verraten, aber überhaupt keine Stellung dazu zu nehmen, das ist doch nicht nur beleidigend für mich, sondern war auch unklug von Ihnen, denn schließlich sind auch die Autoren in der Lage, etwas für den Verlag zu tun, und nicht nur umgekehrt. Und weiß Gott, ich wäre gerade mit Ihnen durch dick und dünn gegangen, wenn ich nur die leiseste Andeutung von Ihnen gehabt haben würde, warum z. B. keine Filiale in andern Zonen möglich ist, warum die Wiedervereinigung mit Bermann-Fischer bislang scheiterte, warum Sie dort bezüglich Papierbeschaffung den Verlegern der andern Zonen gegenüber ins Hintertreffen geraten mußten usw. usw. Es wäre dann nur eine Frage der Anständigkeit und der Treue der Autoren gewesen, sich zu gedulden, wenn Sie das dazu nötige Vertrauen in ihnen wach gehalten hätten. Sie haben aber diese lauten oder leisen Fragen immer geflissentlich überhört, selbst bei Ihrem persönlichen Hiersein, so daß Sie sich nun nicht wundern dürfen, wenn das Mißtrauen von Tag zu Tag wuchs und nun offen zum Ausbruch kommt.
Was mich persönlich als Autor angeht, so stehe ich seit 1942 mit Ihnen in Verbindung. Wir sind seitdem nicht um einen Schritt weitergekommen. Aus Gründen, die gewiß immer sehr plausibel klangen, mochte es sich nun um Goebbels oder um Papierknappheit handeln. Obwohl ich sehen mußte, daß trotz dieser Schwierigkeiten Papier für Andre da war, nahm ich es hin, hauptsächlich wohl aus einer gewissen Skepsis heraus, die ich gegen meine eigene Produktion hege. Es wäre die Frage, ob es von Ihnen als Verleger nicht klüger gewesen wäre, oder psychologisch richtiger, mich durch irgendeine kleine Veröffentlichung mir selbst gegenüber zu verpflichten. Gut, es ist nicht geschehen, und es wird in diesem Sinne auch nie geschehn. Seit der Kapitulation geht das nun so weiter, ohne ein klares Ja oder Nein. Sie haben mir auf mein zorniges Drängen hin endlich einen Vertragsvorschlag für die ›Hauptprobe‹ gesandt. Was will das schon sagen? Sie haben über den Gedichtband geschrieben, daß er erscheinen solle, sobald die Papierlage sich ge-

bessert habe. Wann wird das schon sein? Unterdessen veröffentlichen andere Verleger trotz dieser Schwierigkeiten, und werden Stücke gegeben, die weit problematischer sind als die ›Hauptprobe‹. Ich aber verliere Zeit. Für mich geht es hier um etwas Schicksalhaftes. 1926, als ich bei Kiepenheuer war, hat mir die Politik fünf Minuten vor 12 Uhr einen Strich durch die Rechnung gemacht.[1] 1933 kamen die Nazis, als ich zum zweiten Male so weit war, und ich mußte mich wieder ducken. Es soll keiner glauben, daß ich, weil ich zwanzig Jahre mit scheinbarer Ruhe auf meine Chance wartete, aus Eisen bin. Ich darf die Dinge nicht mehr wie bisher gehen lassen, sondern muß mich meinem Schicksal stellen. Die paar Jahre, die mir bleiben, müssen genutzt werden, und dazu ist es notwendig, daß die äußeren Verhältnisse klar sind. Ich kann alle Schwierigkeiten verstehen, die die heutige Zeit bringt, ich kann aber nicht länger ertragen, ohne klares Ja und Nein – und leider bin ich ja nicht der einzige Ihrer Autoren, der darüber zu klagen hat, – hingehalten zu werden. Mit andern Worten: Ich habe nicht mehr das Vertrauen, daß ich bei Ihnen als bei einem Verlage aufgehoben bin, der aus Liebe zur Sache und mit dem notwendigen Elan das selbstverständliche Risiko auf sich nimmt, einen vielleicht problematischen Autor in Kurs zu bringen.

Es tut mir weh, Ihnen dies schreiben zu müssen. Es ist wie eine erste Liebe, von der man sich gegen den körperlichen Willen trennen muß, und wobei immer ein Stück Fleisch hängen bleibt. Doch es ist besser so. Es würde nur ein jahrelanges unfruchtbares Hin und Her geben, und dazu habe ich keineswegs die Kraft mehr bei den zahlreichen Sorgen, denen jeder von uns sonst ausgesetzt ist. Ich habe immer ohne Vorbehalt und ohne jede geschäftliche Taktik mit Ihnen gesprochen. Auch bis zu diesem Augenblick, seien Sie versichert, habe ich keinerlei Verhandlungen mit einem andern Verlag aufgenommen. Ich schwebe also, indem ich mich jetzt von Ihnen trenne, mehr in der Luft als vorher. Doch noch einmal: Es ist besser, ohne Verbindung zu sein, als durch eine unklare gelähmt und gequält.

Ob Sie nun Wert darauf legen und es glauben oder nicht, lieber Herr Suhrkamp, meine persönliche Verehrung für Sie wird durch diese meine schmerzliche Absage an den Verleger um nichts gemindert. Das klingt wie eine wohlgedrechselte Schlußphrase, oder vielleicht gar, als wollte ich mir dadurch eine Tür offen lassen. Aber bei einiger Menschenkenntnis und wenn Sie an mein bisheriges, teils sehr törichtes und sicher sehr argloses Verhalten Ihnen gegenüber denken, werden Sie einsehen, daß es sich hier um Ernsteres handelt als um schöne Worte, um die wahre Herzensmeinung Ihres

1 Anspielung auf die Zeitgebundenheit des ›Ilnin‹-Dramas, das der Bühnenverlag Kiepenheuer 1926 angenommen, aber nicht herausgebracht hat.

An Hermann Kasack Hamburg, den 18. Sept. 1946

Lieber Freund und Meister Kasack! Ich habe Ihnen für drei gute Briefe zu danken. Daß es so spät geschieht, liegt daran, daß ich Sie auf Reisen vermutete, und jetzt zuletzt, weil mich die Beendigung meiner Prosa[1] ganz in Anspruch nahm. Wie niederträchtig vom Schicksal, daß es Ihnen diese so lange und genau geplante Reise nicht gegönnt hat, die Ihnen nicht nur Ausspannung, sondern auch andere Anregungen gebracht haben würde. Es bleibt einem nichts als Fatalismus, worin Sie mir ja weit überlegen sind, der ich immer noch viel Kraft mit dem Hadern gegen solche dämonischen Verhinderungen vergeude. Auch ich sehe, daß alle Welt im August und September vom Fieber ergriffen wurde und teilweise darauflos reiste. Ich fluchte im Herzen: Währenddessen soll ich Sachen schreiben, damit ihr im Winter was zu lesen oder auf der Bühne zu sehen habt. Und dann meckert ihr noch, wenn es nicht ganz nach eurem Geschmack ist. Aber durch meinen doppelten Beruf liege ich in doppelten Ketten. Ich zweifle daran, daß Sie sich eine Vorstellung von meinem abgehetzten Dasein machen, das kaum zum Erfolg hat, daß ich meine Frau und mich satt bekomme. Ich muß mir jede Stunde zum Schreiben ablisten. Dabei läßt sich natürlich nie etwas völlig Abgewogenes zustandebringen, wie es meine Sehnsucht wäre. Ich muß es herauspressen, und damit gut und auf die nächste Arbeit los. Doch genug davon. – Unliterarische Bekannte berichteten mir mit Interesse aus Berlin über Ihren Roman. Es freut mich, daß dies Werk einschlägt, und ich hoffe mit Ihnen, daß es ein internationaler Erfolg wird. Noch mehr freut mich, daß Sie schon von neuen Prosaarbeiten reden. Ich halte das immer für das Wichtigste, daß man sich von einer langwierigen Arbeit sofort nach Beendigung Anderem zuwendet. Ich pflege schon nach 14 Tagen kein Verhältnis mehr zu meinen Sachen zu haben, und wenn dann jemand kommt und will mit mir darüber reden oder rechten, möchte ich am liebsten sagen: Wozu so viel Geschwätz über das dumme Kinostück. Dies nur unter uns; denn dem

Laien gegenüber müssen wir ja ein wenig das Gesicht wahren. [...]
– Gestern nacht, wie gesagt, beendigte ich meine Erzählung. Vorläufiger Titel: ›Nekyia. Bericht eines Überlebenden‹. Vielleicht macht jemand einen besseren Vorschlag. Es ist jene Erzählung, die mit den Worten anfängt: »Es regnete noch immer. Oder schon wieder ...«. Ich begann sie 1942 und sandte Ihnen die jetzt wiedergefundenen ersten Seiten. Sie forderten mich damals zu einem Wettstreit in Prosa auf[2], da Sie gerade mit Ihrem Roman begannen. Inzwischen kam bei mir die Hamburger Katastrophe als ein scheußliches Plagiat.[3] Erst im letzten Winter arbeitete ich daran weiter und stellte das Zeug nun fertig. Ich schätze ca. 150 Buchseiten. Sehr surrealistisch. Wie soll ich es Ihnen mit einem Satz sagen: Ich deute es irgendwo an. Man spricht immer nur von der Spanne Leben zwischen Geburt und Tod. Diese Spanne kann man eine Liebesgeschichte nennen. Was aber beginnt nach Kuß und Umarmung, dem Ziel der Liebesgeschichte? Ich rede also von der Spanne Leben zwischen Tod und Geburt.[4] Da haben Sie's. Da haben Sie den Unterschied in der Haltung oder Anschauung Ihrem Roman gegenüber. In einem einzigen Falle werden Sie mich vielleicht gegen den Vorwurf eines Plagiats in Schutz nehmen müssen. Als ich im Frühjahr bei Ihnen das Motiv mit dem Verband um die Pulsadern las, wollte ich es bei mir streichen. Bei mir handelt es sich um einen Mann und um einen Kopfverband. Ich laß es aber doch stehen. Hauptsache, daß wir es wissen, und damit gut. Ich bin nicht allzu eingebildet auf diese Prosa, ein erster Versuch und vielleicht sehr lesbar. Zu kompakt und zu dramatisch. Ich mache mich gleich an etwas Neues.[5] Vielleicht bekomme ich es noch vor Einsatz der Kälte fertig. Ich möchte etwas Impressionistisches schreiben, mir selbst zur Erholung. Aber was ich schon impressionistisch nenne! – Ich schreibe bei Kerzenlicht. Die Elektrizität funktioniert in unserm Stadtteil wieder nicht, resp. es sind wieder Sperrstunden eingeführt. Wir sind in den letzten Monaten auf allen Gebieten ein starkes Stück zurückgegangen, statt vorwärts.

Machen wir uns nichts vor. – Die Manuskripte aus Milow – haben Sie erneut Dank für die Rettung! – werden wir vernichten müssen, damit keine Konfusion entsteht. Ich habe sie ja hier alle restauriert und dabei verändert und angeblich verbessert. [...] Nun, die Seite ist zu Ende. Herzlichst Ihr

1 ›Nekyia. Bericht eines Überlebenden‹. Vergl. Anm. 1, S. 72 dieser Ausgabe.

2 »Uns beschäftigte damals dasselbe Thema, nämlich das der zerstörten oder gestorbenen Stadt ... Aus dem Wettstreit ist nie etwas geworden, und wenn, dann hätte Kasack ihn gewonnen.« Vergl. Bibliogr. Nr. 167, S. 50.

3 Nossack hatte die ersten 30 Seiten von ›Nekyia‹, die die totale Zerstörung einer Stadt zum Thema haben, geschrieben, bevor diese literarische Fiktion mit der Zerstörung Hamburgs historische Wirklichkeit wurde.

4 Vergl. Bibliogr. Nr. 86, S. 128 f.

5 Vermutlich ›Dorothea‹, die Titelgeschichte der zweiten Auflage von ›Interview mit dem Tode‹. Vergl. Bibliogr. Nr. 17.

An Hermann Kasack Hamburg, den 21. Aug. 1947

Lieber Freund Kasack! Die große Hitze hat mich zu einem nachlässigen Briefschreiber gemacht, man meint, eine beginnende Versteppung des Gehirns wahrzunehmen. [...] Ich habe die Feder beiseite geworfen, nachdem ich eine Handvoll Erzählungen, die zusammen ungefähr ein Buch von 250 Seiten ergeben, fertiggestellt habe.[1] Ich bin nicht sehr eingebildet darauf. Ich wollte mir beweisen, daß ich zur Not schnell ein Buch schreiben kann, wovon man leben kann (1 Jahr lang wenigstens). Das Experiment ist vielleicht gelungen, aber man ist in Gefahr, sich dabei zu verplempern. Das übertriebene Lob einiger Zeitschriften-Redakteure hat mich stutzig gemacht. Man muß sich hüten, in eine Manier zu fallen und allen Abstempelungsversuchen aus dem Weg zu gehen versuchen; sonst ist es mit der Freiheit vorbei. Ich sehne mich danach, etwas zu schaffen, wovor Verleger und Redakteure erschrocken weglaufen, weil sie es für unmöglich halten. Das sieht vielleicht etwas bokkig aus, aber Sie werden schon verstehen, wie ich es meine. – ›Nekyia‹ ist immer noch nicht heraus[2], die Herstellungsverhältnisse sind hier in der Zone die allerschlechtesten und werden immer schlechter trotz aller großen Worte. Stromsperren in Bielefeld und was dergleichen mehr. Machen wir uns nichts vor, es geht immer noch bergab, wirtschaftlich jedenfalls. Wie dem auch sei, das Buch ist im Druck und wird nun wohl im September endgültig erscheinen. Wann aber kommt Ihre ›Stadt hinter dem Strom‹ in Buchform heraus?[3] Das müßte doch auch bald der Fall sein. Überhaupt, was hat der Suhrkamp-Verlag in letzter Zeit an Gutem herausgebracht? Gern wüßte ich es und hätte es auch, wenn es von Interesse ist. Vielleicht kann man ein Austauschverfahren organisieren.
Herr Krüger[4] erzählte mir allerhand von Berlin, wo er während der Verlegertagung war. Er nannte die Atmosphäre »hektisch« und Berlin eine Insel oder eine Falle. Mit Neid lesen wir hier in den Zeitungen über den Sturz der Preise für Cigaretten etc. Oder ist es nur Geschwätz,

und Sie können dort gar keine kaufen? Meistens ist es ja so.
Meiner Frau und mir geht es unberufen gesundheitlich gut. Wir haben sogar an Gewicht zugenommen, das ist erstaunlich. Liegt es an der Hitze oder an einigen Amerika-Paketen?[5] Wie dem auch sei, man kann nicht genug körperliche Vorratswirtschaft treiben. Wir leben nach wie vor abgeschlossen. Es ist nun einmal meine Art, oder es ist notwendig, um den doppelten Beruf einigermaßen zu meistern. Sowie ich in Literaturkreise hineingezogen werden soll, schrecke ich instinktiv zurück und verstumme. Manche Leute halten es für Hochmut, aber das stimmt nicht. Es ist Angst, abgelenkt zu werden. Es ist nicht viel mehr an mir zu ändern. Diese Zeiten haben aber die Gefahr, daß man, genauso wie es finanziell der Fall ist, seine wenige Substanz aufbraucht. Es kommt nichts Rechtes mehr dazu, oder es »fällt nichts mehr an«, um diesen traurigen Ausdruck zu gebrauchen. Wenn Berlin hektisch ist, so wird Hamburg immer lethargischer, so liegen die Dinge.
Freund Neher traf ich gestern zu meiner Überraschung auf dem Alsterdampfer. Er ist für drei Wochen hier, nach Beendigung der Salzburger Festspiele, um hier zwei Stücke einzurichten. Dann geht er wieder in die Schweiz. Vor zwei Jahren war er so begeistert von Hamburg, ich warnte ihn damals, nun ist er bekehrt und meint, daß sich überall besser leben ließe als hier. Vor allem in Süddeutschland. Es liegt am Menschenschlag. Hamburg ist für alles Künstlerische immer lähmend gewesen. Trotzdem, ist eine Entwurzelung nicht noch schlimmer?
So, dies muß für Heute genügen, wenn es auch nicht viel mehr als Geschwätz ist. Wann kommen wir wieder einmal zu einem ernsthaften Gespräch? Ich sehne mich sehr danach.
Bleiben Sie gesund und tatkräftig, grüßen Sie Ihre Frau von uns und seien selber herzlichst gegrüßt von Ihrem

1 Gemeint sind die Erzählungen, die z. T. in Zeitungen und Zeitschriften vorabgedruckt waren und die Nossack unter dem Titel ›Interview mit dem Tode‹ zusammengefaßt hat. Vergl. Bibliogr. Nr. 10.

2 Vergl. Bibliogr. Nr. 7.

3 Vergl. Anm. 4, S. 12 dieser Ausgabe.

4 Wolfgang Krüger, der damalige Verleger von Nossacks Arbeiten.

5 Vergl. Bibliogr. Nr. 167, S. 53–56.

An Peter Suhrkamp Hamburg, den 3. Juni 1955

Sehr geehrter Herr Dr. Suhrkamp!
Die Verhandlungen, die Sie letzthin mit Jahnn[1] betr. der sogenannten ›Neuen Reihe‹ führten, aber noch weit mehr eine Unterhaltung mit Herrn Saucke[2], die ich vor einer Stunde mit ihm hatte, lassen mich an Sie schreiben. Mein Freund Jahnn weiß übrigens nichts von diesem Brief; mir ist alles literarische Gerede zuwider, daher darf ich auch Sie um vertrauliche Behandlung bitten. Ich nehme an, daß diese Schweigsamkeit auch in Ihrem Sinne ist, und sei es nur, um uns jede Unverbindlichkeit zu erhalten. Zugleich aber bitte ich Sie, mir zu gestatten, vorbehaltlos – oder meinetwegen, wie mir der Schnabel gewachsen ist, – zu sprechen; es erleichtert das Verständnis für beide Teile.
Zur Sache: ich bin seit einem Jahr ohne Verleger (praktisch etwa seit drei oder vier Jahren). Von Krüger habe ich mich gelöst, die Gründe bedürfen hier keiner Erwähnung.[3] Ich habe sogar versucht, auch meine alten Rechte wieder in die Hand zu bekommen, doch vorläufig wird noch zu viel Geld dafür verlangt; ich habe daher die Sache zunächst fallen lassen, da mir, soweit ich höre, diese Rechte nach einer gewissen Zeit sowieso wieder zufallen würden. Doch dies nur nebenbei und nur um Ihnen zu zeigen, daß ich einen klaren Strich zu ziehen wünsche.
Allen Angeboten und Verlockungen von verlegerischer Seite bin ich im letzten Jahr strikt aus dem Weg gegangen. Zum Teil, weil ich nicht noch einmal einen Fehler begehen möchte; der letzte hat mich mindestens vier Jahre gekostet. Ich bin nicht einmal so sehr traurig deswegen, jetzt nachträglich wenigstens nicht. Da ich so viel Zeit verloren habe, kommt es auch jetzt für mich nur darauf an, Lehre und Gewinn aus meiner asketischen Kompromißlosigkeit zu ziehen, von der ich auf keinen Fall abzugehen denke. Ich habe also die Herren, die mich besuchten, damit vertröstet, dass ich mich wieder melden würde, wenn ich ihnen ein brauchbares Angebot machen könnte. Auf Versprechungen, auf Hoffnungen und Zukunftsaussichten, die bei einem ange-

henden Autor sehr wohl ins Gewicht fallen, möchte ich mich nie mehr einlassen, und zwar um weder den Verleger noch mich moralisch zu binden. Das Objekt Nossack muß greifbar vorliegen, es ist dann Sache des Verlegers, ob es ihm konkretisierbar erscheint, nicht mehr meine.

Oder mit andern Worten: ich wollte, ohne gehetzt zu sein, einen Roman fertig haben, von dem ich annehme, daß er leichter zu verkaufen ist als mein sonstiges Zeug. Die Reinschrift dieses Romans habe ich nun in der letzten Nacht beendet.[4] Ich bitte nochmals, darüber zu schweigen; Sie sind der erste, der es erfährt. Das Buch ist leicht lesbar, von einer Frau erzählt und vermutlich etwas für Frauen; es wird nicht reflektiert, und wenn ein Pferdefuß darin ist, so merkt man ihn jedenfalls nicht gleich. 250 Buchseiten, vorläufiger Titel: ›Spätestens im November‹. (Andere Titelmöglichkeiten: ›Revision verworfen‹ oder: ›Francesca und Paolo‹ oder auch ganz reißerisch: ›Gleich, mein Herz, gleich!‹) Dies nur am Rande. Um es ganz obenhin neben Ihre Publikationen einzureihen: Gewichtiger als ›Doting‹[5] und weniger anspruchsvoll und daher vielleicht folgerichtiger als ›Stiller‹[5]. Verzeihen Sie, soweit man sich selber zu beurteilen vermag, muß ich hinzufügen. Ich rede von der Katze im Sack, ganz bewußt sogar, *denn*:

Es geht mir nicht im geringsten darum, dies Buch herauszubringen. Das dürfte für keinen Verleger eine Schwierigkeit sein, vermutlich werden sich sogar die Pocketbook-Leute darum reißen, da ihnen ja die Titel ausgehen. Nein, das sei ferne von mir. Kein noch so großartiges Angebot wird mich je dazu verleiten, diesen Roman zu solchen oberflächlichen Bestseller-Zwecken herauszugeben. Lieber mag er liegenbleiben, so wie ich alle meine Sachen ca. vier Jahre ablagern lasse.

Woran mir einzig liegt, ist: Ein Verleger, der das Objekt Nossack ein für alle Mal übernimmt, und selbstverständlich muß dieser Verleger dann auch die evtl. Gewinnchance, die der neue Roman verspricht, haben. Mit andern Worten: ich würde den Roman nur an einen Verleger geben, der sich mit Verantwortungsgefühl auch um meine anderen Sachen kümmert, die nicht schlechter sind, im Gegenteil, sondern allenfalls den Nachteil haben, daß man sie nicht innerhalb von sechs Monaten in zehntausend Exemplaren durchhetzen kann, sondern etwa in drei oder vier Jahren, sagen wir, 5000 Stück. Da ist z. B. eine Reihe Erzählungen, die auf verschiedener Ebene alle das gleiche Thema (das der ›Loslösung‹ von der Vergangenheit) behandeln, und die ich geschlossen mit dem Untertitel ›Roman einer schlaflosen Nacht‹ herauszubringen beabsichtige.[6] Fast sämtliche Erzählungen sind inzwischen in Zeitschriften, Anthologien etc. hier und in Frankreich erschienen und haben, das darf ich wohl sagen, Aufsehen erregt. Ferner liegt eine weitere Kapitelreihe ziemlich fertig da, aus der sich eine Art Roman zusammenstellen lassen wird.[7] Doch all das ist jetzt nicht einmal wichtig, es könnte sogar ein verkehrtes Bild von dem Objekt Nossack geben, vor dem ich, damit es keinerlei Enttäuschungen gibt, gewissenhaft zu warnen weiß. Zunächst: es ist keineswegs meine Absicht, ad infinitum Romane zu schreiben. Im Gegenteil, ich werde mich voraussichtlich wieder der Bühne zuwenden. Zweitens: ich bin zu keinen modischen Publikumskompromissen bereit; ich werde das schreiben, was ich schreiben muß oder was zu schreiben mir Spaß macht, und damit gut. Drittens: ich schreibe nicht für Tagespresse und Rundfunk, ich hasse das Haschen nach publicity, die Geschaftlhuberei und dergleichen, und fürchte den »Verzehr« wie Gift. Viertens: ich kämpfe nicht um meine Sachen. Kurz, ein unbequemes Objekt für den Verleger insofern, als er keinerlei Reklamebemühungen von seiten des Autors erwarten darf. Am liebsten würde ich anonym veröffentlichen, doch es geht leider nicht. Möglich, daß ich noch den einen oder andern unbequemen Punkt vergessen habe. Es spielt auch nicht die Rolle, ich nehme an, daß das Objekt in seinen Umrissen sowieso bekannt ist.

Und auch noch dies: ich habe in den letzten Jahren mit Redakteuren etc. selber verhandelt, schlecht und recht, wahrscheinlich mehr schlecht bei meiner Wurschtigkeit. Z. B. habe ich jetzt in Paris an Paulhan eine Erzählung für die

›nrf‹ verkauft, eine andere an die Leute der ›Nouvelles Lettres‹[8]. Eine dritte wird in Zürich von einem reichen Mann bibliophil gedruckt, 200 Exemplare.[9] Usw. Das ist nicht meine Aufgabe. Welch ein Zeitverlust für mich! Meine Aufgabe ist, möglichst gute Sachen zu schreiben, weiter nichts, und mich im übrigen für alle Zeiten, und sogar über meinen Tod hinaus – ja, ich rechne durchaus über meinen Tod hinaus, verzeihen Sie den Hochmut, aber sonst würde ich mir nicht erst die Mühe machen, ein einziges Wort zu schreiben – auf meinen Verleger zu verlassen, daß er mit meinem Zeug nach bestem Wissen und Gewissen – und zwar nicht allein mir, sondern auch der Literatur gegenüber – verfährt. Sind diese Voraussetzungen erfüllt, ja, dann habe ich den Treuekomplex, sogar zu meinem Schaden.
Entschuldigen Sie, daß ich so selbstsicher die Fronten abzustecken versuche. Ich halte es für richtig, damit es Ihnen um so leichter wird, mir zu antworten, Ihr Verlagsprogramm sei für die nächsten Jahre so überbesetzt, daß es Ihnen ganz unmöglich wäre, das Objekt Nossack in Betracht zu ziehen. Bitte, ich lege Ihnen diese schöne Antwort direkt in den Mund. Ich habe genügend hanseatische Luft geatmet und verstehe, nüchtern zu denken.
Auf der andern Seite scheue ich mich nicht zu bekennen, daß Sie als Einzelgänger für mich Einzelgänger der einzige noch überlebende Verleger sind. Oder soll ich sagen, Persönlichkeit? Aber bleiben wir nüchtern: mit schönen Worten läßt sich ein, jedenfalls für mich, so wichtiges Unternehmen nicht unter Dach und Fach bringen.
Sie waren, wie ich von Herrn Saucke höre, am 6. Mai in Hamburg. Da war ich gerade in Paris, sonst hätte es dieses langen Briefes nicht bedurft. Ich erwog einen Moment, nach Frankfurt zu fahren, um die Angelegenheit mit Ihnen durchzusprechen, aber . . . ich halte zunächst einen Brief für unverbindlicher. Und zwar für beide Teile. Mein Gott, ich bin sehr skeptisch geworden, leider, darum erwähne ich diese Unverbindlichkeit unhöflicherweise immer wieder.
Kurz, fassen Sie dies alles bitte als eine grundsätzliche Fra-

ge auf, ob Sie das Objekt Nossack usw. usw . . ., auf die ich lediglich Ihre ebenso grundsätzliche Antwort erwarte, bevor ich andere Schritte unternehme. Und nochmals, bitte vertraulich!
Zum Schluß bleibt mir noch, Ihnen meine besten Wünsche für Ihre Gesundheit auszusprechen.
Mit aufrichtiger Verbundenheit Ihr

1 Hans Henny Jahnn, Schriftsteller, Orgelbauer und Hormonforscher, mit Nossack seit 1945 befreundet. Vergl. Bibliogr. Nr. 55, 75, 79, 83, 84.
2 Kurt Saucke, Hamburger Buchhändler.
3 Nach anfänglicher Unterstützung durch Wolfgang Krüger, bei dem Nossacks erste Bücher verlegt wurden (Bibliogr. Nr. 6, 7, 10, 12), hatte sich Nossack durch den Verleger, der Texte wie ›Der Neugierige‹ und ›Unmögliche Beweisaufnahme‹ als nicht publizierbar abgelehnt hatte, nicht mehr vertreten gefühlt.
4 ›Spätestens im November‹. Vergl. Bibliogr. Nr. 51.
5 Max Frischs 1954 bei Suhrkamp erschienener Roman.
6 ›Spirale. Roman einer schlaflosen Nacht‹. Vergl. Bibliogr. Nr. 56.
7 ›Der jüngere Bruder‹. Vergl. Bibliogr. Nr. 69.
8 ›Begegnung im Vorraum‹ (Rencontre dans le vestibule). In: ›Les lettres nouvelles‹, S. 67–73, Paris 1955.
9 ›Die Begnadigung‹, bibliophil ›Kurt Bösch-Presse‹. Vergl. Bibliogr. Nr. 54.

Gedichte
1941–1942

Der Angeklagte hat das Wort

Mein Anfang war, ich wurde ausgespien.
Man hat mich zwar – sonst hätt ich ganz geschwiegen –
Verlornen Sohn genannt; doch das sind Lügen.
Ich stelle fest: Mein Anfang war kein Fliehn.

Was vor mir geschah, dafür bin ich nicht schuldig.
Sie waren wohl nicht glücklich, und man wollte
Vielleicht, daß ich es besser machen sollte.
Aber mein Anfang machte mich ungeduldig.

Denn die Bewegung dieses Von-sich-Speins
Wie schlechten Geschmack ward meines ganzen Seins
Bewegung, meine Schwäche – meine Kraft.

Denn ausgespien – ich spreche nicht als Dichter –,
Spei ich mich aus. Versteht es, meine Richter:
Ich rechte nicht, ich gebe Rechenschaft.

Der Abfall

Sie saßen bei Tisch. Da ging ich heimlich fort.
Nur meinen Namen ließ ich ihnen dort.
Der saß auf meinem gewohnten Platz und sollte
Antworten; jedem, was er hören wollte.
Denn das genügte wohl. Und es wäre
Nie aufgekommen, wenn er nicht vergaß
Zu lachen. Als sie wieder lachten, fraß
Ihr Lachen dort sich, wo ich nicht mehr saß,
Ins Leere.
Was sie mit meinem Namen machten,
Als sie es merkten, und was sonst geschah?
Sie saßen bei Tisch und sitzen jetzt noch da.
Vielleicht daß sie nur etwas lauter lachten.
Wie ich sie kenne, dachte keiner durch die Lücke
Seiner Unsterblichkeit hinter mir her
Ins Namenlose. – Weitab ihrem Glücke
Steh ich und höre sie nicht mehr.

Der Gefangenenwärter

1

Ich halte Worte in mir eingegittert,
Zum Mord bereiten, unerhörten Fluch.
Tief, tief in mir. Wer weiß, ob tief genug?
Geht rasch vorbei, daß nicht die Brut erbittert

Nach einem unbewachten Ausweg such,
Wenn sie erst eure dumpfe Neugier wittert.
Seht, wie die Wand schon meines Schweigens zittert,
Daran ich mühsam sie in Fesseln schlug.

O ewige Gefahr! Ich leg mein Ohr
Besorgt an mich und hör die Worte höhnen:
An uns gefesselt bist du, feiger Wärter!

Laß uns doch frei, dann bist du's selber, Tor!
Geht weiter, rasch! Und ich schließ unter Stöhnen
Sie tiefer ein und binde mich noch härter.

2

Vor mir auf Wache geh ich auf und ab.
O daß sie endlich ihre Macht verlören,
Die Worte und dies nagende Zerstören,
Die mir mein Schicksal zu bewachen gab.

Ich singe manchmal, um sie zu beschwören:
Komm, süßer Tod, und löse mich doch ab,
Du Einziger, von dem ich Hilfe hab!
Ich singe manchmal, um mich selbst zu hören.

Das Wort

Wo weilte es, eh es von mir gesprochen,
Das Wort? In welchem stillen Garten blühte
Die Blume, eh am Beet ich niederkniete
Und zum Geschenk sie für dich abgebrochen?

Und dann, wenn es mit meinem Sinn beschwert
Manchmal nicht ohne Mühe zu dir flieht,
Wer weiß denn, was ihm unterwegs geschieht
Von mir zu dir, eh du das Wort gehört?

Ich sage: Heimat, und ich denke: meine.
Du hörst mich Heimat sprechen und meinst: deine.
Aber das Wort? Was ist mit ihm geschehn?

Vielleicht entfloh es uns sekundenlang
In seine Heimat und ward wieder Klang.
Und diese eine ist's, die wir verstehn.

Der Sohn

Ich bin es, Mutter. Nein, rühr mich nicht an.
Tu so, als schliefest du, damit es den Mann,
Der da im Bett neben dir schläft, nicht stört.
Er würde zu uns sagen .... Mutter, darum
Sag keinem, daß ich hier war und warum! ....
Denn er hat recht, weil es sich nicht gehört.

Denn daß ich tot bin .... Mutter, sei doch still!
Das weißt du ja auch ohne mich. Ich will
Was andres sagen. Aber sag niemals: Tot!
Zu ihm da. Sage ihm nur: Gefallen
Läge sein Sohn an der Grenze mit allen
Die mit ihm fielen, wie man es gebot.

Das ist nun so .... Ja, ja, ich liege gut,
Sorge dich nicht. Daran zu denken tut
Nicht weiter not. Nicht deshalb kam ich her.
Vielleicht hätt ich es lieber schreiben sollen
Im nächsten Brief. Aber es blieb beim Wollen.
Das ist nun so, auch jetzt wird es mir schwer.

Denn es gehört sich nicht, ich geb ihm recht.
Sag ihm doch einfach, wenn er nach mir frägt,
Ich hätte nichts als meine Pflicht getan.
Mehr nicht. Das ist ein Wort, gewiß, doch es reicht
Für ihn und auch für mich wohl. Aber vielleicht
Mutter, ich weiß, für dich nicht, und was dann?

Da ist noch Eine. Ja, ich kenne sie.
Oder wie nennt man das? Du weißt schon, wie.
Sie hat es mir erlaubt. Und, Mutter, ich meine
Du brauchst nicht neidisch sein; denn nicht zu ihr
Bin ich von dort gekommen, nur zu dir.
Doch wenn du willst, geh du zu ihr und weine.

Sie wohnt .... Mutter, ich höre ihren Schritt
Ganz klar, zwei Straßen weit. Gib acht, damit
Du sie daran erkennst. Denn das ist wichtig.
Sie heißt ... Ganz gleich, ich will nicht, daß sie denkt
Ich hinge noch an ihr und sich an mich hängt.
Ihr wißt das besser und ihr macht es richtig.

Ihr, die ihr lebt. Ich geh auch wieder fort;
Ich störe nur. Mich aber stört ein Wort.
Ich möchte .... Ach, nicht um dich aufzuregen,
Kam ich zu dir. Doch er, wenn er es wüßte,
Nie darf es sein, weil er sich schämen müßte.
Denn Mutter, denn .... es ist ja meinetwegen.

Er denkt von mir .... Wenn es ihm so gefällt,
Sag ihm doch dann und wann, ich sei ein Held.
Doch nicht zu laut, nur um ihm Kraft zu geben.
Du aber .... ja, ich muß es sagen .... Schnell!
Vater wacht auf, nun wird es wieder hell:
Mutter, ich möchte furchtbar gern noch leben.

Rief da ein Mann?

Zur Nacht, weil alle Menschen schliefen,
Rief da ein Mann? O wie er rief!
Zweimal! Zwei Rufe, die mich riefen.
O Trägheit, daß ich weiter schlief.

Vom Flusse her ein wildes Klingen
Zweimal, und dann war wieder Nacht.
Und ich verschlief das Hilfebringen
Zweimal und bin nicht aufgewacht.

Bin nicht vom Lager aufgesprungen
Zur Tür und fragen, was es sei.
Ich schlief, ich schlief, bis es verklungen.
O der du nach mir riefst, verzeih!

Heut morgen kommen sie und fragen:
Wer rief und hat die Nacht gestört?
Rief man nach Gott? Und ich muß sagen:
Ich schlief und habe nichts gehört.

Es war nicht Gott, dem es gegolten,
Ich war es, den ein andrer rief.
Zwei Rufe, die zum Bruder wollten
Vom Bruder, und der Bruder schlief.

Es rief, damit es mich erwecke,
Zur Nacht zweimal vom Flusse her:
O Mensch, wie liebst du deine Decke,
Dein Bett und deinen Schlaf so sehr.

Wie dumpf und stumpf ist dein Gewissen,
Wie satt und matt du im Erhörn!
Ach, daß erst Schüsse fallen müssen,
Aus deinem Schlaf dich aufzustörn.

Ja, ich bin träg und taub geschaffen
Und ließ dich letzte Nacht allein.
Heut nacht werd ich gewiß nicht schlafen;
Denn heute muß ich selber schrein.

Barlach

Als sich die matte Zeit von ihrem Vater
Wehklagend abwandt, um den kleinen Harm
Wie ein gestraftes Kind im Mutterarm
Sich auszujammern, warst du mein Berater.

Ein armer Vetter galt ich aller Welt,
Ich Findling, der ich mutterlos geboren;
An meiner Echtheit zweifelnd ganz verloren,
Eh du mir meinen toten Tag erhellt.

Ich ward dein Sohn, weil ich dein Wort verstand.
Ich ward dein Sohn, weil in der Sintflut schwand,
Was Sohn in mir vom Weibe und Geblüte.

Denn mehr als unsres Leibes Zwang und Wonne
Versöhnt uns innig, wie die Abendsonne
Stets über Alles, Vater, deine Güte.

Kleists Totenmaske

Dies ist die Frage: Hätt ich dich erkannt
Hinter der Maske? Hätt ich dich gehört,
Als du gelebt, und mich bereit erklärt,
Zu leben und zu sterben dir verwandt.

Denn hinterher ists leicht, dich Bruder nennen.
Während die Menschen um den Toten jammern,
Verzweifeln Lebende in ihren Kammern.
Die Frage ist: Würd ich dich heut erkennen?

Nicht ob ich helfen konnte, nützt zu wissen,
Daß ich, ja, ich, dir hätte helfen müssen
Und heute wieder, wenn mich einer ruft, –

Denn: ihm war nicht zu helfen, sagt sich leicht.
Hast du dem Lebenden die Hand gereicht?
Das ist die Schrift auf deiner Züge Gruft.

Prosa
1943–1975

Der Untergang

Im allgemeinen sprachen sie wenig über ihre Vergangenheit, sie erzählten nicht gern und bemühten sich, wie es schien, nicht an das Frühere zu denken.

Dostojewskij, Aus einem Totenhaus

Ich habe den Untergang Hamburgs als Zuschauer erlebt. Das Schicksal hat es mir erspart, eine Einzelrolle dabei zu spielen. Ich weiß nicht, warum, es läßt sich nicht einmal entscheiden, ob ich es als Bevorzugung nehmen soll. Ich habe viele Hunderte von denen gesprochen, die dabei gewesen sind, Männer und Frauen; was sie erzählen, wenn sie überhaupt davon sprechen, ist so unvorstellbar grauenhaft, daß es nicht zu begreifen ist, wie sie es bestehen konnten. Aber sie hatten ihre Rolle und ihr Stichwort und mußten danach handeln; und was sie zu berichten wissen, mag es als Einzelnes noch so erschütternd sein, ist immer nur der Teil, der mit ihrem Stichwort zusammenhängt. Die meisten wußten ja gar nicht, als sie aus ihrem brennenden Hause ins Freie liefen, daß die ganze Stadt brannte. Sie glaubten, es wäre nur ihre Straße oder höchstens ihr Stadtteil, und das war vielleicht ihre Rettung.
Für mich ging die Stadt als ein Ganzes unter, und meine Gefahr bestand darin, schauend und wissend durch Erleiden des Gesamtschicksals überwältigt zu werden.
Ich fühle mich beauftragt, darüber Rechenschaft abzulegen. Es soll mich niemand fragen, warum ich so vermessen von einem Auftrag rede: ich kann ihm nicht darauf antworten. Ich habe das Gefühl, daß mir der Mund für alle Zeiten verschlossen bleiben würde, wenn ich nicht dies zuvor erledigte. Auch drängt es mich, es jetzt schon zu tun; es sind zwar erst drei Monate seitdem verflossen, aber da es der Vernunft niemals möglich sein wird, das, was damals

geschah, als Wirklichkeit zu begreifen und dem Gedächtnis einzuordnen, fürchte ich, daß es sich wie ein böser Traum allmählich verwischen wird. –

Am 21. Juli 1943, es war ein Mittwoch, fuhr ich frühmorgens nach Horst bei Maschen, einem Heidedorf mit Wochenendsiedlungen ungefähr 15 Kilometer genau südlich des Hamburger Stadtrandes. Misi war einen Tag früher gefahren und hatte mich am Abend vorher angerufen, daß es ihr endlich gelungen sei, eine kleine Hütte für vierzehn Tage zu mieten; nach wie vielen vergeblichen Versuchen und Bitten die Wochen vorher! Und auch jetzt nur, weil sie als Gegenleistung ein Viertel Pfund Kaffee anbot. Seit fünf Jahren war es das erste Mal, daß ich Hamburg zur Erholung verließ. Es gibt keine Erklärung dafür, warum ich nicht auch diesmal Nein sagte; denn es stand alles gegen diese Ferien, und wenn nichts anderes, so meine krankhafte Abneigung, die Stadt und mein Zimmer zu verlassen, um, wie ich es zu nennen pflegte, irgendwo Zeit zu vergeuden, bevor ich es zu etwas Greifbarem gebracht hätte.

Misi holte mich vom Autobus ab. Sie trug ein rotes Leinenkleid und ein weißes Kopftuch. Sie freute sich über mein Kommen und war zugleich verwundert, daß ich gekommen war. Auf dem Wege zur Hütte versuchte sie mir rasch alles zu schildern, damit ich nicht enttäuscht wäre. Wir hatten noch zehn Minuten zu gehen. Da wir uns selbst verpflegen mußten, war mein Gepäck ziemlich schwer, und ich stöhnte lauter als nötig. Wir haben oft daran gedacht; wäre es uns möglich gewesen, nur vier Tage weiter zu sehen, hätte ich gern das Dreifache ohne Murren geschleppt. Wir sind diese Strecke, einen breiten, schönen Heideweg mit vielen sandigen Fahrrinnen, zwei Monate lang mehrere Male am Tag gegangen und haben schwere Lasten hin- und hergetragen. Einmal sogar sieben Zentner Briketts auf einem kleinen Handkarren.

Die Hütte lag rechts vom Wege auf einem Hügelrücken zwischen Birken, Kieferngebüsch und einem ganz verwahrlosten Gemüsegarten versteckt. Nur das spitze rote Dach ragte darüber hinaus. Nach Norden war der Blick offen in eine baumlose Heidemulde, die wiederum sanft von einer andern Hügelwelle abgeschlossen wurde. Dahinter senkte sich die Landschaft leise bis zur Elbe und nach Hamburg hinab. Bei klarer Luft konnte man wohl die Türme der Stadt sehen.

Der Eigentümer, ein Maurermeister, hatte sich die Hütte selber aus Ziegeln erbaut. Man trat durch eine kleine Glasveranda ein, nicht ohne Mühe, da sie mit allerlei Gerät verstopft war, gelangte dann zunächst in die Küche, neben der ein etwas größerer Wohnraum lag und an diesen, offenbar später angebaut, ein winziges Kämmerchen, in dem gerade das Bett stehen konnte, in dem ich schlafen sollte. Von der Küche führte eine Treppe zum Giebelraum, wo ein zweites Bett stand, in dem Misi schlief. Die Räume schienen noch kleiner, als sie waren, weil man sie mit ganz ungeeigneten, kleinbürgerlichen Möbeln vollgestellt hatte. Unter der Treppe war ein Verschlag, in dem eine kleine braune Feldmaus lebte. Wenn wir am Tisch saßen, steckte sie manchmal ihr Köpfchen durch den Ritz und prüfte mit klugen Augen die Lage. Doch das wichtigste: in der Küche befand sich eine Falltür mit einem Eisenring. Hob man sie, so konnte man sich auf einer steilen Stiege in ein Kellerloch hinabzwängen. Kalt war es dort und roch nach feuchter Erde. Die Falltür und der Keller erinnerten uns sofort an den »Toten Tag« von Barlach.

Es gab kein Licht, wir hatten uns den Rest einer dicken Altarkerze mitgebracht. Wasser mußten wir uns sehr weit weg vom Brunnen des Nachbarn holen. Holz und Tannenzapfen sammelten wir täglich im Walde. Der Herd zog sehr schlecht und verschluckte große Mengen davon; man brauchte eine Stunde, um Wasser zum Kochen zu bringen. All diese Mängel störten uns damals nicht, es gehörte sich so in den Ferien. Jedesmal, wenn ich Feuer angemacht hatte, rannte ich ins Freie, um mir mit großer Lust den Rauch anzusehen, der aus dem eigenen Schornstein quoll.

Die ersten beiden Tage verliefen unter Kopfschmerzen wie immer in der Heideluft; dann gewöhnten wir uns ein. Außer wenn wir ins Dorf gingen, um einzukaufen, sahen wir

kaum einen Menschen. Die nächste Behausung lag allerdings nicht sehr weit entfernt, eine völlig verwahrloste Kate. Die Leute, die dort wohnten, hatten einen schlechten Ruf; man erzählte, daß der Mann sich an seiner Tochter vergangen und deshalb im Zuchthaus gesessen habe. Sämtliche Kinder waren wegen Prostitution und Diebstahl in Erziehungsanstalten interniert. Nach der Katastrophe wurde die eine Tochter für etliche Tage nach Hause gelassen. Man hörte sie wie ein Tier in der Heide singen, wenn sie einen Mann in der Nähe witterte. Die Mutter stand abends manchmal einen Augenblick an unserer Gartenpforte, wenn sie zum Grasschneiden ging. Mit der schrillen Stimme einer Irren rief sie uns dann etwas zu, was wir nur halb begriffen. Einmal schenkte sie uns eine Gurke, wir wußten nicht warum. Vor einen Blockwagen gespannt, wartete ihr großer schwarzer Hund und betrachtete uns aufmerksam. Nachts bellte er uns oft aus dem Schlaf. Während der Zeit des Grasschneidens ließ die Frau ihre beiden Zicklein frei umherlaufen; eines davon verirrte sich immer in unseren Garten und schrie wie ein Kind. Einmal trat auch ein Bock in Erscheinung von erschreckend vorweltlicher Größe.
Wenn uns unser primitiver Hausstand nicht in Anspruch nahm, saßen wir im Freien und lasen die Abenteuerromane, die wir in der Hütte vorfanden; wir hatten uns keine Bücher mitgenommen, auch das gehörte zu den Ferien. Wir waren mit unserem ältesten Zeug bekleidet, vor allem hatten wir alle guten Schuhe zu Haus gelassen; das Heidekraut verdirbt das Leder sofort. Diese Vorsicht ist uns später zum Unglück ausgeschlagen.
Wir beobachteten die Meisen, wie sie an den Stengeln des abgeblühten Mohns hingen und die Kapseln öffneten. Einem andern Vogel machten wir die Himbeeren und letzten Kirschen streitig, die er vom Baume auf den Steinpfosten der Gartentür trug, um sie dort zu entkernen; der Pfosten war ganz blutig vom Saft. Am Himmel standen Habichte, und die Häher keiften in den niedrigen Eichen. Abends schrie eine Kuh von einer fernen Weide, anklagend und hilflos.

Es war das erste Sommerwetter in diesem Jahr, aber damit setzte auch jene Hitze ein, die das Verderben Hamburgs mit verursachte, wenn sie auch den obdachlosen Flüchtlingen dann wieder zugute kam. Die Heide fing gerade an zu blühen. An den Wegrändern standen kleine Büschel mit Glockenblumen. In der Mulde, auf die wir blickten, hatte sich zwischen das Heidekraut noch eine andere Pflanze ausgesät, deren Namen wir nicht kannten. Sie blüht in rosa Dolden und trägt nachher einen Roßschweif weißer Baumwolle. Da sie fast einen Meter hoch wird, schwebten ihre Blüten wie ein rosa Nebel über der Mulde. Alles Schwere verhüllte sich hinter lieblicher Unwirklichkeit.

Wir lieben die Heide, wir gehören irgendwie dorthin, vielleicht sind wir vor Zeiten dort geboren. Andere fühlen sich dort krank und werden schwermütig. Sie können nicht ohne Zeit leben; denn die Heide ist ohne Zeit. Sie wollen es nicht wissen, daß wir einem Märchen entstammen und wieder ein Märchen werden.

Wir begannen den Krieg zu vergessen. –

Ich habe dies Idyll an der anderen Seite des Abgrundes so genau geschildert, weil sich vielleicht einmal von dort aus ein Weg in die verlorene Vergangenheit zurückfinden läßt.

In der Nacht vom Sonnabend auf Sonntag weckte Misi mich. Sie rief von oben: »Hörst du es gar nicht? Willst du nicht lieber aufstehen?« Ich hatte den Alarm verschlafen; in der Heide hört man die Sirenen, die irgendwo in fernen Dörfern wie Katzen durcheinanderheulen, nur, wenn die Windrichtung günstig ist. Außerdem hatten wir uns die ganzen Jahre daran gewöhnt, nicht schon bei Alarm das Bett zu verlassen, sondern erst, wenn stärkeres Abwehrfeuer einen tatsächlichen Angriff vermuten ließ; eine Gewohnheit, die viele das Leben gekostet hat.

Ich wollte auch diesmal eine unwillige Antwort geben und mich auf die andere Seite drehen, da hörte ich es. Ich sprang auf und rannte barfuß ins Freie, in dies Geräusch hinein, das wie eine drückende Last zwischen den klaren Sternbildern und der dunklen Erde schwebte, nicht da und nicht dort, sondern überall im Raume; es gab keine Flucht davor.

Im Nordwesten zeichneten sich die Hügel diesseits und jenseits der Elbe vor der schmalen Dämmerung des vergangenen Tages ab. Lautlos duckte sich die Landschaft an den Boden, um nicht gefunden zu werden. Nicht weit entfernt stand ein Scheinwerfer; man hörte Kommandorufe, die sofort jeden Zusammenhang mit der Erde verloren und im Nichts zerflatterten. Nervös tastete der Scheinwerfer den Himmel ab, manchmal traf er sich mit anderen Zeigern, die gleich ihm in weitem Ausschlag pendelten; dann bildeten sie für einen Augenblick geometrische Figuren und Zeltgerüste, um erschrocken wieder auseinanderzufahren. Es war, als söge dies Geräusch zwischen Himmel und Erde ihr Licht auf und machte sie sinnlos. Aber die Sterne leuchteten wie im Frieden durch das unsichtbare Unheil hindurch.

Man wagte nicht, Luft zu holen, um es nicht einzuatmen. Es war das Geräusch von achtzehnhundert Flugzeugen, die in unvorstellbaren Höhen von Süden her Hamburg anflogen. Wir hatten schon zweihundert oder auch mehr Angriffe erlebt, darunter sehr schwere, aber dies war etwas völlig Neues. Und doch wußte man gleich: es war das, worauf jeder gewartet hatte, das wie ein Schatten seit Monaten über all unserm Tun lag und uns müde machte, es war das Ende. Dies Geräusch sollte anderthalb Stunden anhalten, und dann in drei Nächten der kommenden Woche noch einmal. Gleichmäßig hielt es sich in der Luft. Gleichmäßig hörte man es auch dann, wenn sich das viel lautere Getöse der Abwehr zum Trommelfeuer steigerte. Nur manchmal, wenn einzelne Staffeln zum Tiefangriff ansetzten, schwoll es an und streifte mit seinen Flügeln den Boden. Und doch war dies furchtbare Geräusch wieder so durchlässig, daß auch jeder andere Laut zu hören war: nicht nur die Abschüsse der Flak, das Krepieren der Granaten, das heulende Rauschen der abgeworfenen Bomben, das Singen der Flaksplitter, nein, sogar ein ganz leises Rascheln, nicht lauter als ein dürres Blatt, das von Ast zu Ast fällt, und wofür es im Dunkeln keine Erklärung gab.

Das Geräusch trieb mich sofort zurück. Ich weiß nicht

mehr, ob Misi mich etwas fragte und welche Antwort ich gab. Es ist möglich, daß wir uns von oben nach unten etwas zuriefen, aber es werden nicht viele Worte gewesen sein; denn dies Geräusch machte alles Reden zur Lüge und drückte die Worte wehrlos nieder. Es war eine halbe Stunde nach Mitternacht. Die Fenster der Hütte waren nicht zu verdunkeln, wir kleideten uns im Finstern an und stießen in der ungewohnten Umgebung an die Möbel. Dann kam Misi mit den beiden Koffern die Treppe hinunter. Ich hob die Falltür hoch, zwängte mich durch die Öffnung die Stiege hinab, bis nur mein Kopf noch oberhalb war; Misi reichte mir die Koffer und ich weiß nicht, was sonst noch, und ich trug alles hinunter. Dabei stieß ich im Keller an ein Bord; eine Glasschüssel, die uns nicht gehörte, fiel zur Erde und zerbrach. Auch im Keller war dies Geräusch schon, ja, vielleicht noch stärker; die Wände vibrierten davon, der Heideboden trägt die Geräusche sehr weit. Wir zündeten die Altarkerze an, die wir in einen kleinen Blumentopf gestellt hatten. Ich glaube, Misi löschte sie bald wieder aus, um sie zu sparen. Ich überhörte die Bitte, die in Misis Frage lag: Willst du nicht auch lieber unten bleiben? Ich ließ sie allein dort unten sitzen, auf einem kleinen Fußschemel, in Decken gehüllt. Ich stieg wieder nach oben und schloß die Falltür über ihr. Oder vielleicht schloß Misi sie auch selber in dem Glauben, dann sicherer zu sein. Aber sicher wovor? Und wie weit trennten wir uns voneinander durch die dünnen Bretter dieser Falltür! Dies alles ist sinnlos, und wenn man daran denkt, erfaßt einen unendliches Mitleid mit jeglicher Kreatur, und man verstummt, weil die Worte in Schluchzen überzugehen drohen. Wir können heute noch keine Musik hören, wir müssen aufstehen und weggehen. Wenn ich Musik sage, meine ich so etwas wie das Air von Bach oder ähnliches. Es liegt etwas Tröstendes darin, aber gerade dieser Trost läßt uns fühlen, daß wir nackt und hilflos einer Macht ausgesetzt sind, die uns vernichten will. Ich ging in jenen Nächten auf und ab auf dem schmalen Streifen zwischen dem Gemüsegarten und dem Drahtgitter, das das Grundstück einzäunte; dort war der Blick nach

Norden frei. Manchmal stolperte ich über einen Maulwurfshügel; einmal fiel ich hin, weil sich mein Fuß im Himbeergebüsch verwickelt hatte.
Was es für die Augen zu sehen gab, war wenig und immer das gleiche. Es ist auch nicht das wichtigste. Über Hamburg standen zahlreiche Leuchtschirme, die der Volksmund Tannenbäume nennt. Manchmal zehn Stück, manchmal nur zwei oder einer, und wenn einmal keiner zu sehen war, schöpfte man Hoffnung, daß es vorbei wäre; bis wieder neue abgeworfen wurden. Viele lösten sich auf, während sie niedersanken, und es sah aus, als flössen glühende Metalltropfen vom Himmel auf die Städte. Anfangs konnte man diese Leuchtschirme verfolgen, bis sie am Boden verlöschten; später verschwanden sie in einer Rauchwolke, die durch das Feuer der Stadt von unten her rot angestrahlt war. Die Rauchwolke wuchs von Minute zu Minute und kroch langsam nach Osten. Ich achtete nicht, wie bei früheren Angriffen, auf die Richtung der Scheinwerfer und die Brennpunkte des Abwehrfeuers. Die Leuchtspuren der kleinen Flak sah man nur ganz zart, und die Granaten der schweren Geschütze explodierten überall. Nur wenn das Feuer genau über mir lag und die Splitter pfeifend und klatschend in nächster Nähe zur Erde kamen, trat ich unter das Dach der Veranda. Einige wenige Flugzeuge gerieten in Brand und fielen wie Meteore ins Dunkel. Aber es erweckte kein jägerisches Interesse wie früher. Wo sie aufschlugen, erhellte sich die Gegend für Minuten. Einmal stand der Schattenriß einer fernen Windmühle vor einer solchen weißen Helligkeit. Das Gefühl grausamer Befriedigung über einen abgeschossenen Feind blieb aus. Ich entsinne mich, daß bei einer solchen Gelegenheit irgendwelche Weiber auf dem Dache des Nachbarhauses in die Hände klatschten, und wie ich damals voller Zorn der Worte des Odysseus gedachte, mit denen er der alten Pflegerin über den Tod der Freier zu jauchzen verbot:

> Freu dich, Mutter, im Herzen; doch halte dich,
> daß du nicht frohlockst!

Über erschlagene Menschen zu jauchzen, ist grausam und Sünde.

Aber nun war nicht mehr die Zeit, wo man mit so kleinlichen Unterschieden rechnete wie dem zwischen Freund und Feind. Und plötzlich war alles in das milchige Licht der Unterwelt getaucht. Ein Scheinwerfer hinter mir suchte flach über dem Erdboden. Ich wandte mich erschrocken um, und da sah ich, daß selbst die Natur im Haß gegen sich selbst aufgestanden war. Zwei stammlose Kiefern hatten den friedlichen Bann ihres Daseins durchbrochen und sich in schwarze Wölfe verwandelt, die gierig nach der blutenden Mondsichel sprangen, die vor ihnen aufging. Die Augen leuchteten weiß und Geifer troff ihnen aus den gefletschten Mäulern.
War mir, der ich irgendwo im Nichts auf und ab ging, körperlich und ohne die Kraft eines Gedankens, war mir dieser Haß nicht bekannt? Habe ich ihn nicht bewacht jahrzehntelang und mich gegen seinen Ausbruch gestemmt? Habe ich nicht gewußt, daß er eines Tages ausbrechen würde, und habe ich nicht auch diesen Tag herbeigesehnt, weil er mich endlich von der Aufgabe des Wächters erlösen würde? Ja, ich habe, wie ich es jetzt weiß, immer gewußt, daß es sich bei dem Schicksal der Stadt um mein Schicksal handeln würde. Und wenn es so ist, daß ich das Schicksal der Stadt herbeigerufen habe, um mein eigenes Schicksal zur Entscheidung zu zwingen, so habe ich auch aufzustehen und mich am Untergang der Stadt schuldig zu bekennen.
Wir haben uns alle mit dem Gedanken einer Sintflut beschäftigt, die Zeitereignisse brachten es mit sich. Hieß das nicht schon die Vergangenheit im Stich lassen? Und wieviel geistreiches Geschwätz, wieviel Prahlerei war noch dabei; denn wenn wir uns ernsthaft die Frage vorlegten, was wir über eine morgige Sintflut hinüberretten wollten, um es den Überlebenden zu erhalten, wo war dann etwas, das uns so notwendig schien, daß wir uns bis zum letzten Atemzuge dafür eingesetzt hätten? Woran glaubten wir so stark, daß

die Mächte der Zerstörung diesen Glauben anzurühren scheuten, um nicht dem, was sie zerstörten, zum ewigen Leben zu verhelfen? Was von all den Dingen, die wir gebrauchten und die uns belasteten, war denn noch unser? Ich wage heute an der Lauterkeit der Motive derer zu zweifeln, die vor der Katastrophe warnten und zur Vorbereitung aufriefen. Wünschten sie nicht vielleicht die Katastrophe herbei, um andere auf die Knie zu zwingen, während sie selbst sich im Chaos beheimatet fühlten? Und trieb sie nicht die Lust, sich selber zu erproben, aber auf Kosten des vertrauten Daseins?
Ich habe bei allen früheren Angriffen den eindeutigen Wunsch gehabt: Möge es recht schlimm werden! So eindeutig, daß ich beinahe sagen möchte, ich habe diesen Wunsch laut gegen den Himmel ausgerufen. Nicht Mut, sondern Neugier, ob mein Wunsch in Erfüllung gehe, ist es gewesen, was mich niemals in den Keller gehen ließ, sondern auf dem Balkon der Wohnung gebannt hielt. Ich erwähne dies nicht, um mich durch seltsame Gespräche wichtig zu machen. Ich glaube, etwas aussprechen zu müssen, von dem ich vermute, daß es unzählige Männer ähnlich empfunden haben, nur daß sie sich dessen nicht bewußt waren, noch sich dazu bekennen würden. Man wird kommen und sagen: Dies ist immer so, und dies ist männlich: wir müssen zerstören, um zu zeugen. Wie aber, wenn die Erde spräche: Ich habe euch geboren, weil ich mich sehnte, mehr zu sein als Erde. Wo ist nun eure Tat? – Und wir werden dann nicht mehr die Kraft des Wünschens haben wie jener Indianer, der als letzter seines Stammes am Meeresufer saß und rief: Was soll ich nun machen? Soll ich Orion werden?
Da wir nicht mehr an uns glauben, was sind wir dann noch? Ausgehöhlt von einer lasterhaften Nacht. Reden wir doch nicht von Aufrechtstehen und Zeugen! –
Aber nun war der Haß außer mir, und ich war frei davon. Ich wankte am Ufer der zerstörten Welt auf und ab, und es stöhnte durch mich hindurch: Ach Gott? Ach Gott! so laut, daß Misi es trotz des Getöses des Untergangs vernahm und nach mir rief. Und ich lief dann für einen Augenblick

zu ihr und sagte: Das ist nicht mehr zu ertragen. Wir lehnten uns aneinander, nur lose, und voller Scheu, unsere Ohnmacht offenbarer werden zu lassen. Wie zwei Pferde, die im gleichen Geschirr waren, und das eine legt seinen Kopf auf den Nacken des Gefährten, und dann schütteln beide mit scheinbarem Unwillen die kurze Zärtlichkeit von sich ab. Ich lief wieder hinaus und ließ Misi allein. Wäre es nicht besser gewesen, ich hätte im Kellerdunkel bei ihr gesessen, und durch ein wenig gemeinsame Körperwärme würden wir uns eine Zuflucht vor dem Unwetter erträumt haben? Oder ich hätte ein Märchen erzählt, um einen Regenbogen über den Abgrund, an dem der Weg durch die verhaßte Vergangenheit abbrach, zu spannen, ein Märchen, das so beginnt: Morgen, wenn alles vorbei ist, dann ... Was in jenen Nächten von Menschen getan oder unterlassen wurde, das geschah oder unterblieb aus Ohnmacht.

Gegen halb zwei Uhr war das Gericht zu Ende. Aus einer unwirklichen Ferne klang das Signal der Entwarnung herüber, so verschüchtert, als wage es nicht zu verlangen, daß jemand an die Lüge glaube. Der Nordhimmel war rot wie nach Sonnenuntergang. Über die nahe Autobahn heulten die Sirenen der Feuerwehren, die aus den Nachbarstädten zu Hilfe eilten. Und damit setzte ein pausenloses Fahren auf allen Straßen der Umgegend ein, am Tage und nachts, diese Flucht aus Hamburg, ohne zu wissen, wohin. Es war ein Strom, für den es kein Bett gab; fast lautlos, aber unaufhaltsam überschwemmte er alles, und die Unruhe sikkerte durch kleine Rinnsale bis in die entlegensten Dörfer. Manchmal glaubte sich ein Fliehender an einem Ast halten zu können und ein Ufer gefunden zu haben, aber nur für ein paar Tage oder Stunden, und er warf sich wieder in den Strom, um sich weitertreiben zu lassen. Es wußte keiner, daß er die Friedlosigkeit wie eine Krankheit mit sich trug, und alles, was davon berührt wurde, verlor seine Festigkeit.

In der zweiten oder dritten Angriffsnacht – denn ich will dies vorwegnehmen – geriet ein Munitionszug in Brand und detonierte bis weit in den Morgen hinein. Und in der letzten der Nächte steigerte sich das Wüten der Welt gegen sich selbst über alle menschliche Vorstellungskraft hinaus. Unmittelbar vor dem Angriff hatte sich eine schwere Gewitterwolke über das Elbetal gesenkt und begann sich im Augenblick des Alarms zu entladen, als habe sie die Sirenen als ein letztes Aufheulen der Stadt verstanden: Mach ein Ende mit mir. Der Angriff sollte wohl dem restlichen Viertel von Hamburg gelten. Doch die Angreifer konnten ihr Ziel unter dem Gewitter nicht finden und warfen die Bomben blindlings in der Umgegend ab. Es war nicht mehr zu unterscheiden, ob es blitzte und donnerte oder ob Bomben fielen oder die Abwehr schoß. Ringsum flammten Bauerngehöfte auf und die Heide fing an zu brennen. Die Erde schüttelte sich im Todeskampfe. Wir fürchteten, die Hütte würde einstürzen. Misi kam zu mir heraus, und wir warfen uns ins Heidekraut. Und dann stolperten wir durch das Dunkel irgendwohin, wo wir andere Menschen vermuteten.

Nach kurzem, lähmendem Schlaf standen wir am Sonntagmorgen auf. Die Sonne hob sich gerade über die beiden Kiefern. Die Meisen zwitscherten, und auch der kleine Kirschendieb lebte noch. Wir machten uns Feuer im Herd und schafften Tisch und Stühle ins Freie, um zu frühstücken. Von Norden nach Osten über ein Drittel des Horizontes lag es wie eine schwarze Watte. Wir sahen nicht hin. Wir sprachen nicht von der Nacht. Wir wollten einem Traum nicht mehr an Gewicht eingestehen, als ihm zukam. Wir hatten ja Ferien.
Dann kam ein Mann auf einem Rade vorbei. Wir riefen ihn an, und er lehnte sich an die Gartenpforte. Wir überschütteten ihn mit Fragen. Er kam aus Hamburg; ich weiß nicht mehr, was er erzählte, es ist auch unwichtig. Man konnte in den ersten Tagen keine genaue Auskunft erhalten; was erzählt wurde, stimmte in den Einzelheiten nie. Mir ist es selbst so gegangen, wenn ich später dort war und bei meiner Rückkehr gefragt wurde: Steht dies und das

Haus noch? Hat es die Straße auch getroffen?, daß ich dann keine Antwort geben konnte; selbst dann nicht, wenn ich in jener Straße gewesen und an dem Hause vorbeigegangen sein mußte. Es wäre schon nötig gewesen, daß man nur mit der Absicht hingefahren wäre, eine bestimmte Hausnummer zu suchen, um etwas Gültiges darüber auszusagen. Und auch dann würde man vielleicht die Absicht unterwegs vergessen haben. Gerade durch das Durcheinander der Aussagen wurde die Größe des Unglücks zur Gewißheit; vor Entsetzen konnte man einzelnes nicht mehr wahrnehmen.

Die Heide war übersät mit schmalen Streifen Stanniolpapiers, die auf einer Seite geschwärzt waren. Sie hatten das Rascheln in der Nacht verursacht, aber niemand kannte ihren Zweck. Man warnte davor, sie anzufassen, da sie vergiftet sein könnten. Erst später erfuhr man, daß die Streifen abgeworfen wurden, um der Abwehr die Anpeilung durch Meßgeräte unmöglich zu machen. Man fand auch Flugblätter, hob sie auf, las einige Zeilen und warf sie gelangweilt wieder fort. Es wurde darin mit Zahlen bewiesen, warum Deutschland den Krieg verlieren müsse. Welchen Sinn hatten Zahlen noch?

Jede Stunde war neuer Alarm, doch erst am Nachmittag wurde wieder angegriffen. Aber was hatte das mit dem Grauen der Nacht zu tun? Es war fast lieblich anzusehen. Man blickte in ein klares, blaues Meer, und als habe jemand etwas hineingeworfen, stiegen kleine Wölkchen aus seinem Grunde auf und zeichneten eine Spur, die sich langsam von Nordwesten, schräg an Hamburg vorbei, weiterschob. Genau über uns brach sie im rechten Winkel ab, als hätte sie sich eines anderen besonnen, und strebte auf Hamburg zurück. Und dann sah man sie am Kopf der Spur, winzige Wassertierchen, die in der Sonne silbern aufblinkten. Unbeirrt schwammen sie durch das Blau, irgendeinem Trieb folgend. Nicht einzeln, sondern wie fest untereinander verbunden und zu Figuren aufgereiht, die von unsichtbaren Fäden vorwärtsgezogen wurden. Es waren acht oder zehn solcher Staffeln, und ich glaubte, in jeder von ihnen dreißig Einzelwesen zählen zu können. Und diese Figuren waren wiederum umgeben von hurtigen weißen Würmern, wie von Delphinen, die sich lustig um ein Schiff tummeln. Das war der begleitende Jagdschutz der Angreifer. – Der Angriff dauerte nicht länger als eine Viertelstunde. Aus Hamburg wuchsen dunkle Rauchpilze auf; im Hafen waren Öllager getroffen. Am Montag wiederholte sich das Schauspiel noch einmal.

Wir gingen mehrere Male ins Dorf, um Neues zu erfahren. Es war eine große Ratlosigkeit unter den Menschen. In der Nacht schon und im frühen Morgengrauen waren die ersten Flüchtlinge eingetroffen. Barfuß manche und im Hemd, so wie sie aus dem Bett auf die Straße gerannt waren. Sie brachten eine unheimliche Stille mit sich. Niemand wagte sie zu fragen, wenn sie stumm am Wegrande saßen; ja, nur ihnen Hilfe anbieten zu wollen, schien eine zu laute Handlung. Dann kamen Lastautos an. Die Leute hockten fremd darin. Wohin fahren wir? Warum halten wir? Laßt uns noch etwas schlafen! Ihre Hände umklammerten Bündel unverständlicher Habseligkeiten wie ein letztes Gewicht, das sie am Boden festhielt. Nirgendwo Klagen oder eine Träne; wortlos stiegen sie aus und ließen sich wegführen. Nur ein kleiner häßlicher Hund sprang vergnügt vom Schoß seiner Herrin und lief kläffend zum nächsten Baum.

Ebenso leise und Worte sparend versuchte man sie unterzubringen. Es muß gesagt werden, daß die Hilfsbereitschaft der Bevölkerung über Erwarten echt war. Und nicht nur in der Nähe der Stadt, sondern auch weiter hinaus. Erst in Süddeutschland begegneten die Flüchtlinge einem offenen Widerstreben, wenigstens wurde es allgemein erzählt. Doch es mag auch sein, daß nur die anderen Lebensgewohnheiten von den Hamburgern mißverstanden wurden. Ich schließe dies aus der höhnischen Verbitterung, mit der die Zurückkehrenden über das Essen, die Wohnverhältnisse und die fremde Konfession spotteten.

Aber auch bei uns änderte sich das gute Verhältnis schon im Laufe einer Woche. Ich spreche nicht von den Fällen, wo

die Flüchtlinge sich Übergriffe erlaubten und unverschämt fordernd auftraten. Gewiß, aber viele vertraten den Standpunkt: Wir haben alles verloren, nun gebt uns bitte die Hälfte von dem euren ab! und legten die Hände in den Schoß. Und auf der Gegenseite gab es genug Menschen, die dachten: Wir sind nicht schuld daran, was geht es uns also an? Und wenn sie etwas gaben, dann nur aus Angst. Ja, vielleicht war diese erbärmliche Tatsache, daß sich die Verschonten von vornherein beneidet fühlten, erst der Anlaß, daß der Neid in den Flüchtlingen aufglomm und allmählich wuchs. Und, man wird es kaum glauben, es kam sogar dazu, daß man die Flüchtlinge um die wenigen neuen Sachen beneidete, die sie geschenkt erhielten oder der Staat ihnen zur Verfügung stellte. Oder – aber diese Frage stelle ich erst heute – sollte dies noch einen tieferen Grund haben? Beneidete man die, die den Absprung ins Nichts bereits hatten wagen müssen, um dieses Es-Bereits-Hinter-Sich-Haben, was allen bevorstand?
Es begann eine maskenlose Zeit; die gewohnten Verkleidungen fielen von selber ab, wie es den beiden Kiefern in der Nacht geschehen war. Gier und Angst zeigten sich in schamloser Nacktheit und verdrängten jedes zartere Gefühl. Wir alle haben in diesen Wochen erkennen müssen, daß die Gewichte, mit denen wir bisher gewogen hatten, nicht mehr stimmten. Die Nächsten oder die wir Freunde nannten, verschwiegen sich entweder ganz oder entzogen sich ihrer Pflicht mit ein paar fadenscheinigen Worten über die schweren Kriegszeiten, die ihnen nicht zu helfen erlaubten. Der Begriff Verwandtschaft versagte völlig. Man frage heute hundert Menschen, ganz gleich welchen Standes und ob es Verschonte oder Betroffene sind, neunundneunzig werden mit einem wegwerfenden Zug um den Mund antworten: Lieber Fremde als Verwandte! Dies sei als Tatsache festgestellt, ohne jede Bitterkeit und ohne voreilige Schlüsse daraus zu ziehen. Halten wir uns lieber an die beglückende Erfahrung, daß stattdessen die bisher Fernsten, nur flüchtigen Grußbekanntschaften manchmal, oder solche, mit denen man beruflich zu tun hatte, freiwillig in

die Bresche traten, und das mit einer solchen Selbstverständlichkeit und mit soviel zarter Wärme, daß man sich beschämt fragen muß, ob man im umgekehrten Falle ebenso gehandelt hätte.

Aber die gebefreudigste Hand kann müde werden im Geben, und noch viel schwerer ist es zu erlernen, sich geben zu lassen und zu nehmen, immer nur zu nehmen, ohne dadurch unfrei zu werden. Doch reicht dies aus, um zu erklären, warum schon so bald ein Zwiespalt offenbar wurde? Nein. Ich glaube eher, daß die Menschen etwas ganz anderes voneinander erwarteten, als ihnen zu leisten möglich war. Wer darf den Helfenden die Enttäuschung verübeln, die sie empfanden, wenn sie erkennen mußten, daß mit dem Obdach, der Verpflegung und den Kleidern, die sie gewährten, im Grunde gar nichts geändert wurde. Über das Gesicht des Beschenkten huschte vielleicht so etwas wie Freude, aber es blieb nicht haften. Sie gingen durch die fremden Zimmer, sie berührten einen Gegenstand, hielten ihn in der Hand und betrachteten ihn abwesend. Der Gastgeber verfolgte sie mit den Augen und dachte, daß es nun heißen würde: so etwas haben wir auch einmal gehabt, und vielleicht hätte er den Gegenstand dann verschenkt. Aber stattdessen legte der andere die Dinge wieder beiseite, und es klang unausgesprochen durch den Raum: Wozu hat man eigentlich noch solche Sachen? Leichter wäre es gewesen, eine laute Klage zu stillen. Es ist sehr wahrscheinlich, daß man diese Klage erwartete oder wenigstens eine gezwungene Gefaßtheit, die auf zurückgedämmte Tränen schließen ließ. Die, von denen man wußte, daß sie unvorstellbar grauenhafte Stunden erlebt hatten, die brennend durch Feuer gelaufen und über verkohlte Leichen gestolpert waren, vor deren Augen und in deren Armen Kinder erstickten, die ihr Haus zusammenstürzen sahen, in das der Vater oder ihr Mann sich gerade zurückgewandt hatte, um noch etwas zu retten, alle diese, die monatelang auf Nachricht von Vermißten hofften und die zum mindesten ihre gesamte Habe in wenigen Minuten verloren, – warum klagten und weinten sie nicht? Und warum diese Gleichgültig-

keit im Tonfall, wenn sie von dem, was hinter ihnen lag, sprachen, diese leidenschaftslose Art der Rede, als berichteten sie von einem furchtbaren Begebnis aus vorgeschichtlicher Zeit, das heute nicht mehr möglich ist und dessen Erschütterungen nur noch durch unsere Träume nachklingen? Und dann diese gedämpfte Stimme, durch die das grelle Tageslicht nicht hindurchdrang, und so voller Scheu, wie man nachts im Freien spricht, wenn man nicht weiß, wo noch ein heimliches Ohr sein könnte, das zuhört.
Und was erwarteten die Betroffenen, wenn sie alles, was man ihnen Gutes tat, beinahe nur deshalb anzunehmen schienen, um den Gebern gefällig zu sein? Der Instinkt der Helfenden wehrte sich dagegen; nicht nur, daß ihre Gabe dadurch entwertet wurde, es raubte ihnen auch alle Sicherheit und erweckte Zweifel in ihnen am eigenen Besitz.
Ich wage heute die Antwort darauf zu geben. Wir erwarteten, daß uns jemand anrufen würde: Wacht doch auf! Es ist ja nur ein schlechter Traum! Aber wir konnten nicht darum bitten, der Alb verschloß uns den Mund bis zum Ersticken. Und wie sollte uns jemand wecken können?
So geschah es, daß Menschen, die in demselben Hause zusammenlebten und am gleichen Tische beieinander saßen, die Luft ganz verschiedener Welten atmeten. Sie versuchten sich die Hand zu geben und griffen vorbei. Wer war nun blind von ihnen? Sie redeten dieselbe Sprache, aber sie meinten mit ihren Worten ganz andere Wirklichkeiten. Wer war nun taub von ihnen? Es gibt auch heute noch keine Möglichkeiten, sich dies gegenseitig zu übersetzen. Die einen sagen durch ihr Tun: Seht, das Leben geht weiter. Trotzdem! Wir hören es und nicken mit dem Kopf: Ja, so ist es, wir wissen es von früher. Und dann versucht vielleicht einer von uns, seinerseits es so zu erklären: Stellen Sie sich vor, Sie schlössen die Augen für eine einzige Sekunde, und wenn Sie sie wieder öffneten, wäre nichts mehr da von all dem, was vorher da war. Sofort versteht der Zuhörer es falsch und meint, wir trauerten um verlorene Menschen und um Dinge, die wir entbehrten, oder wir sprächen vom Geldwert oder der bürgerlichen Behaglich-

keit. Und nach dieser Meinung versucht er uns zu trösten, daß sich dies alles wieder schaffen ließe. Aber darum handelt es sich ja gar nicht. Wir versuchen dann vielleicht, von einer verlorenen Atmosphäre zu reden, und auch das wird mißverstanden. Schließlich werden wir ungeduldig und ungerecht gegen den Zuhörer. Oder wir schämen uns, zuviel davon zu sprechen, und geben es auf. Ob es wohl besser verstanden würde, wenn man es im Zwielicht als Märchen erzählte? Es war einmal ein Mensch, den hatte keine Mutter geboren. Eine Faust stieß ihn nackt in die Welt hinein, und eine Stimme rief: Sieh zu, wie du weiterkommst. Da öffnete er die Augen und wußte nichts anzufangen mit dem, was ihn umgab. Und er wagte nicht, hinter sich zu blikken, denn hinter ihm war nichts als Feuer.

Wir haben keine Vergangenheit mehr. Vielleicht würden wir dies gar nicht so schmerzlich empfinden, wenn es nicht noch Menschen gäbe, die eine Vergangenheit haben, von der sie ihren Maßstab für den morgigen Tag nehmen. Und sie scheinen uns die Stärkeren zu sein, nach denen wir uns richten müßten. Ach, welch eine vergebliche Anstrengung, ihr Ziel zu dem unserigen zu machen! Und so ist die Welt in zwei Teile geteilt, dazwischen liegt ein unsichtbarer Abgrund, um den beide wissen. Die Menschen diesseits und jenseits haben einander zu hassen begonnen, ohne es zu wollen und ganz ohne Schuld, obwohl sie sich einander die Schuld zuschieben möchten. Wie oft höre ich heute, wenn ich einen der Betroffenen nach jemand frage, von dem ich weiß, daß er mit ihm befreundet war, die Antwort: Er ist für mich erledigt.

Wir haben an uns mehr als einmal erfahren, in welchem erschreckenden Maße wir den bisherigen Selbstverständlichkeiten entfremdet waren. Als Misi und ich durch unseren zerstörten Stadtteil gingen und nach unserer Straße suchten, sahen wir in einem Hause, das einsam und unzerstört in der Trümmerwüste stand, eine Frau die Fenster putzen. Wir stießen uns an, wir blieben wie gebannt stehen, wir glaubten eine Verrückte zu sehen. Das gleiche geschah, als wir Kinder einen kleinen Vorgarten säubern und harken sahen. Das war so unbegreiflich, daß wir anderen davon erzählten, als wäre es wunder was. Und eines Nachmittags gerieten wir in einen völlig unzerstörten Vorort. Die Leute saßen auf ihren Balkons und tranken Kaffee. Es war wie ein Film, es war eigentlich unmöglich. Ich weiß nicht, welcher Umwege des Denkens es bedurfte, bis wir erkannten, daß nur wir mit verkehrten Augen auf das Tun blickten. Und dann wiederum erschraken wir über uns.

Wir erfuhren am Dienstagvormittag, daß wir alles verloren hätten. Misi war auf das Bürgermeisteramt gegangen, um Lebensmittelkarten zu fordern, da die erwartete Post aus Hamburg nicht einlief. Dort traf sie einen Soldaten, der in unserer Gegend gewohnt hatte und seine geflüchtete Familie in Maschen suchte. Er berichtete, daß das Haus, in dem unsere Wohnung gewesen war, nicht mehr stände. Ich war nicht mitgegangen, ich saß mit einem Buch im Garten und versuchte zu lesen. Als Misi in die Gartenpforte trat, sagte sie: Ja, nun ist es soweit. Mehr nicht, und wir sprachen auch dann nicht viel. Wir taten beide so, als hätten wir es schon lange gewußt. Für den Weg vom Bürgermeister zu unserer Hütte brauchte man eine halbe Stunde. Ich frage mich heute, was Misi in dieser halben Stunde gedacht hat, und es erschreckt mich nachträglich, daß sie allein war.
Wir wollten gleich am Mittwoch nach Hamburg fahren. Dann kam in der Nacht der neue Angriff, und wir verschoben es auf Donnerstag. Und von Donnerstag wieder auf Freitag, ich weiß nicht, aus welchem Grunde. Und, da in der Nacht auf Freitag wieder angegriffen wurde, unterließen wir auch Freitag die Fahrt. Erst am Sonnabend rafften wir uns auf. Übrigens war es nicht leicht, nach Hamburg zu fahren, Eisenbahnen verkehrten nicht. Auch liefen die wildesten Gerüchte um: In Hamburg wären Seuchen ausgebrochen und es würde niemand über die Elbbrücke gelassen. Oder auch umgekehrt: Man käme nicht wieder heraus, jede brauchbare Kraft würde dort festgehalten und

zu Bergungsarbeiten eingesetzt. Dies alles entsprach nicht den Tatsachen oder stimmte nur halb. Doch lag es eher im Bereich des Möglichen, und die wenigen amtlichen Bekanntmachungen, die aus der Stadt eintrafen, waren voller Widersprüche. Aber dies war doch nur ein Vorwand für uns; im Grunde war es eine Art Feigheit, unserm Schicksal ins Auge zu sehen, und wir nahmen alles zum Anlaß, diesen Augenblick hinauszuzögern. Wir bemühten uns in dieser kurzen Frist, so zu tun, als wäre nichts geschehen. Wir sagten uns, jeder Tag, jede Stunde sei ein Gewinn, und es würde uns nie wieder geboten. Aber wie schwer war es, diese Täuschung aufrechtzuerhalten. Alle fünf Minuten wurde sie durchbrochen, wenn es aus uns aufseufzte. Nichts konnte die Gedanken daran hindern, nach Hamburg zu gehen. Fragten wir uns dann, woran wir gedacht hätten, so war es immer nur ein ganz nebensächlicher Gegenstand des täglichen Gebrauchs. Nicht etwa, wie man vermuten sollte, etwas Wertvolles, Unersetzliches; das spielte zunächst gar keine Rolle, es schien sogar vergessen zu sein. Und von den nebensächlichen Dingen waren es wieder solche, mit denen wir unmittelbar vor unserer Abreise zu tun gehabt hatten. Da war ein ganz gewöhnlicher Liegestuhl für den Balkon. Am Sonntag vorher hatten wir ihn eigenhändig mit Markisenstoff bezogen. Ich weiß nicht, wie oft wir in Gedanken an diesen Liegestuhl stießen und vor ihm stehen blieben. Ich glaube, er war damals unsere größte Gefahr, wir wären beinahe über ihn gestolpert und in den Abgrund gestürzt.

Mit dem Erhalt der Nachricht waren wir sofort Flüchtlinge geworden. Es blieb sich also gleich, daß uns der Zufall ein paar Tage vor der Katastrophe hatte fliehen lassen. Ob wir wollten oder nicht, wir wurden zu unseresgleichen hingezogen und hatten sogar eine Scheu vor den anderen. Die Flüchtlinge waren übrigens alle sehr einfache Leute, aber niemand achtete auf so etwas; das gemeinsame Schicksal machte uns gleich. Es sprach auch niemand davon, daß er mehr als der andere verloren habe, jedenfalls in den ersten Tagen nicht. Man wog und wertete noch nicht, es ging um das Unersetzliche; denn alles, was sich in Zahlen ausdrükken läßt, ist ersetzbar. Aber ein einmaliges Kunstwerk oder eine verblichene Photographie oder eine alte Puppe aus der Kindheit, was hat das alles mit Zahlen zu tun? Diese Dinge haben ihr Leben von uns, weil wir ihnen irgendwann einmal unsere Zuneigung zuwandten; sie sogen unsere Wärme in sich auf und hegten sie dankbar, um uns in armen Stunden wieder damit zu bereichern. Wir waren verantwortlich für sie, sie konnten nur mit uns sterben. Und nun standen sie auf der andern Seite des Abgrunds im Feuer und riefen bittend hinter uns her: Verlaßt uns nicht! Wir wußten es, wir hörten es und wagten ihre Namen nicht zu nennen, weil uns das Mitleid dann zugrunde gerichtet hätte. Wir durften uns nicht einmal nach ihnen umsehen. Wir wähnten, daß ihre Stimmen leiser werden würden, je weiter wir uns vom Feuer entfernten, aber sie ließen sich nicht verraten. Wenn wir damals geahnt hätten, daß die Qual von Woche zu Woche noch wachsen würde und wir immer leiser reden und oft mitten im Satze abbrechen müßten, weil uns die Stimmen verwirrten, wir hätten es als ein Glück betrachtet, gleich mit ihnen umgekommen zu sein. Ach, und wie oft hört man heute diesen Ausspruch!

Das Gefährlichste war das Wort »hätte«. Es bedurfte einer schmerzhaften Wachsamkeit, nicht »hätte« zu sagen. Ich ging einmal an zwei Frauen vorbei, die am Straßengraben saßen mit dem Rücken zu mir. Es war eine Großmutter mit ihrer erwachsenen Tochter; vielleicht spielten auch ein paar Kinder um sie herum. Ich hörte nur die Worte der Alten: Ich habe dir doch immer gesagt, du hättest –, und da heulte die Tochter auf wie ein todwundes Tier. Und wenn sich heute einer im Gespräch auf das Gebiet des »hätte« zu verirren droht, ermahnt ihn der andere sofort mit scharfen oder bittenden Worten, davon aufzuhören; oder der Redende merkt es selbst und schließt unvermittelt mit den Worten ab: Ach, das ist ja ganz gleichgültig.

Ich gebrauche das Wort Abgrund so oft, und vielleicht wird jemand es für übertrieben halten. Aber dann kann er sich auch nicht vorstellen, in welcher Gefahr wir waren. Sie war hundertmal größer als die des Feuers und der Bomben; denn es gab keine Flucht davor. Und wir wußten das. Der Abgrund war ganz nah neben uns, ja, vielleicht unter uns, und wir schwebten nur durch irgendeine Gnade darüberhin. Das einzige, was wir tun konnten, war, nicht laut zu sein und nicht zu viel Gewicht zu haben. Es hätte nur einer von uns zu schreien brauchen, und wir wären alle verloren gewesen.

Deshalb wachten die Flüchtlinge auch ängstlich für einander, daß alles die Haltung wahrte. Es war auch mehr ein tierisches Zusammenhocken. Wir waren alle seltsam und ganz zufällig bekleidet, einige liefen in Seidenkleidern umher, und andere sahen wie Landstreicher aus. Doch niemand hatte Augen dafür. Nur daß wir uns gleich damals, obwohl es erst Ende Juli war und glühend heiß, vor dem Winter fürchteten. Wir hatten keine Betten, keine Decken, keine Mäntel, keine warme Wäsche und vor allem kein Schuhzeug. Plötzlich glaubten wir erkannt zu haben, daß diese Dinge das einzig Notwendige zum Leben wären. In Briefen teilten wir unsern Freunden diese neue Erfahrung in den dringlichsten Worten mit: Laßt alles andere stehn und liegen! Rettet nur Wintersachen und feste Schuhe.

Wir sprachen wohl auch davon, wie man sich den Behörden gegenüber zu verhalten habe, die uns Hilfe und Ersatz versprachen; aber in diesen ersten Tagen doch ohne Eifer und Glauben an die Möglichkeit dieser Hilfe. Wenn einer von uns Derartiges erwähnte, hörten ihm wohl die anderen ängstlich gespannt zu, und dies machte wieder den Redenden unsicher, als habe er schon zuviel gesagt. Einige wieder gaben sich mit betontem Eifer irgendwelchen notwendigen Verrichtungen hin. Sie wuschen Kleidungsstücke aus, rannten umher, um einzukaufen, schabten Gemüse und was sonst noch, schweigend und verbissen. Doch jäh, ohne daß sie etwas abgerufen hätte, ließen sie alles liegen und gingen dorthin, wo Menschen zusammenstanden, um zuzuhören, und vergaßen ihre angefangene Beschäftigung völlig. Für ein außenstehendes Wesen muß es so ausgesehen haben, als ob wir viel Zeit gehabt hätten, und dennoch waren wir

Gehetzte. Wir hatten nicht viel Zeit, wir hatten überhaupt keine Zeit mehr, wir waren aus der Zeit heraus. Alles, was wir taten, wurde uns sofort sinnlos. Folgten wir begierig einem hoffnungsvollen Gedanken, dann gerieten wir gleich in einen zähen Nebel und setzten uns wieder verzagt an den Straßenrand.

Aber das Antlitz des Menschen damals, wer dürfte es je vergessen. Die Augen waren größer geworden und durchsichtig, wie sie es auf Ikonen sind. Das kalte, geizig trennende Fensterglas war zersprungen, und durch die weiten Öffnungen wehte ungehemmt die Unendlichkeit hinter dem Menschen ins Unendliche vor ihm und heiligte sein Antlitz zum Durchgang für Ewiges. Laßt uns dieses Antlitz, ehe alles zur gesichtslosen Masse wird, als Sternbild an den Himmel werfen zur Erinnerung an unsere letzte Möglichkeit. Es kam natürlich der Tag, wo man diesen Zustand der Willenlosigkeit als Krankheit erkannte. Die Flüchtlinge sollten zwangsweise nach Süddeutschland transportiert werden, um die Umgebung Hamburgs von ihnen zu entlasten. Viele ließen es mit sich geschehen, einige stiegen unterwegs aus den Zügen aus und schlugen sich auf eigene Faust durch; andere versteckten sich oder zögerten die Verschickung irgendwie hinaus. Misi und ich riefen uns plötzlich zu: Nur kein Flüchtling werden! Wir verstanden darunter ein Wesen, das sich völlig den Absichten der Behörden ausgeliefert hat. Aber wie quälend es war, sich loszureißen, ist kaum zu schildern. Immer wieder wurde man vom Strom erfaßt und drohte in einen müden Sumpf geschwemmt zu werden. Es war wie im Traum, wenn man fliehen will und die Füße gehorchen dem Willen nicht. Der Verfolger kommt näher und man fühlt sich gelähmt.

Unsere Hütte war uns plötzlich zuwider geworden. Das Holzsammeln, das Wasserholen, die schlechten Betten, der Herd, der nicht ziehen wollte, all die Mängel, die für einen Ferienaufenthalt nicht zählten, schienen uns nun untragbar, weil wir damit rechnen mußten, den Winter über oder wer weiß wie lange dort zu hausen. Der Zufall bot uns, nicht weit entfernt, ein anderes Unterkommen an. Eine

Dame nahm uns gegen Entgelt in ihrer Villa auf. Wir zogen Mitte August zu ihr und brauchten für unsere Verpflegung nicht mehr zu sorgen. Wie glaubten wir unsere Lage verbessert zu haben, als wir die modernen, gepflegten Räume betraten! Nach wenigen Stunden aber merkten wir, daß wir nicht mehr allein waren und den Hauptvorteil, den uns die Hütte bot, aus der Hand gegeben hatten. Wenn wir nur gewußt hätten wohin, dann wären wir schon nach zwei Tagen weitergezogen. So aber brachte unsere Ziellosigkeit Unruhe in ein anderes Heim. –

Am Sonnabend also fuhren wir endlich nach Hamburg. Es war vor dem letzten Angriff, der dann am Montag erfolgte. Die Fahrt nach Hamburg ging folgendermaßen vor sich: Man hielt auf der Landstraße ein Lastauto an, auf dem man noch Platz vermutete, und fuhr so weit mit, wie es paßte. Dann wartete man auf einen anderen Wagen und gelangte so nach drei- oder viermaligem Umsteigen verhältnismäßig rasch in die Stadt. Es waren Autos aus dem ganzen Reich für diese Fahrten eingesetzt. Später, als die Züge wieder fuhren und der Autoverkehr wieder aufgehoben wurde, brauchte man sehr viel mehr Zeit, ungefähr je vier Stunden hin und zurück für die kurze Strecke. Am Bahnhof Maschen, wenn der Zug aus Lüneburg endlich einlief, mußte man um einen Platz kämpfen und dann in Harburg noch einmal. Die Leute stiegen durch die Fenster und hingen während der Fahrt wie Trauben auf den Trittbrettern. Völlig erschöpft kam man endlich an.

Auf diese Art war eine unzählige Menschenmenge täglich unterwegs. Ich habe den Eindruck, daß diese Fahrten meistens nicht durchaus notwendig waren, sei es, um noch etwas zu retten oder nach Angehörigen Ausschau zu halten, sei es aus beruflichen Gründen. Doch ich möchte auch nicht behaupten, daß es nur Neugier war. Die Menschen waren einfach ohne Mittelpunkt; die Wurzeln waren ausgerissen, pendelten hierhin und dahin, suchten nach irgendeinem Erdreich, und alles war voller Angst, etwas zu versäumen. Oder es war auch einfach das, was einen Mörder an seinen Tatort zurückzwingt.

Ich habe mit vielen Tausenden gesprochen. Die Unterhaltung drehte sich allerdings immer um das gleiche Thema: Wo haben Sie gewohnt? Haben Sie auch alles verloren? In welcher Nacht war es? Wie sind Sie jetzt untergekommen? Und was soll nun werden? – Wir waren ohne Ausnahme der festen Überzeugung, daß der Krieg in ganz kurzer Zeit beendet wäre; darüber wurde gar nicht debattiert, für uns war ja die Entscheidung bereits gefallen. Es handelte sich lediglich noch darum, wie und in welchem Zufluchtsort wir diese kleine Pause überstehen könnten. Weiter dachte damals kein Mensch. Die Parole, daß wir den Krieg gewinnen müßten, um überhaupt auf einen Ersatz unseres Verlustes hoffen zu dürfen, wurde erst später ausgegeben und auch von der Masse teilweise angenommen. Wenn wir in jenen Tagen zufällig eine Zeitung in die Hand bekamen, lasen wir die Heeresberichte gar nicht erst, wir verstanden nicht einmal, wozu sie noch herausgegeben wurden. Wir blätterten sofort die Seite mit den Bekanntmachungen auf, die uns angingen. Was außerhalb von uns geschah, existierte einfach nicht. Unser Schicksal war vollzogen, die Ereignisse der übrigen Welt vermochten nichts mehr daran zu ändern. Diese Einstellung hat uns manchen Fehler machen lassen. Übrigens muß die Zukunft lehren, ob wir nicht doch im Grunde recht hatten. Inzwischen sind zwar einige Monate verstrichen und andere Städte in der gleichen Weise zerstört worden, aber Hamburg war die erste große Stadt, die vernichtet wurde. Wir empfingen vielleicht die tödliche Wunde, und was noch folgt, ist nur ein Verenden. Wenn wir vom Krieg absehen und davon, daß ihn die eine oder andere Partei gewinnen könnte, wenn wir nur an unsere Heimat Europa denken, so war es zweifellos richtig, daß wir unser Schicksal als das Ende empfanden.

Es wäre aber verkehrt, damals von einer Bereitschaft zu Aufstand und Unruhen zu reden. Nicht nur die Feinde, sondern die eigenen Behörden haben sich hierin verrechnet. Es ging alles sehr ruhig und durchaus mit einem Willen zur Ordnung her, und der Staat richtete sich nach dieser aus den Umständen gewachsenen Ordnung. Wollte er seinerseits organisierend eingreifen, wurden die Menschen nur aufgeregt und schimpften. Machthaber und Behörden waren zum Teil wie vom Erdboden verschwunden, wo sie aber noch ein Scheinleben, und gleichsam geduldet, führten, gaben sie sofort nach, wenn einer aufbegehrte. Was sollten sie auch tun? Auf dem Bahnhof in Harburg hörte ich eine Frau, die, ich weiß nicht was, getan hatte, schreien: Stecken Sie mich doch ins Gefängnis, dann habe ich wenigstens ein Dach überm Kopf! und drei bewaffnete Bahnpolizisten wußten nichts anderes zu tun, als sich verlegen fortzudrükken und es der Menge zu überlassen, die Frau zu beruhigen. Ich habe noch viele andere Fälle erlebt, auch wohl solche von größerer Feindseligkeit, doch dies Beispiel mag genügen; es schildert am eindeutigsten unsere Einstellung und die Machtlosigkeit des Staates. Jeder von uns hätte das gerufen, was jene Frau rief, wenn der Staat uns in die Quere gekommen wäre.

Er rechnet sich heute seine Zurückhaltung als Verdienst an, aber das ist lächerlich. Andere meinen, wir wären damals viel zu apathisch gewesen, um uns auflehnen zu können. Auch das stimmt nicht. Damals sprach jeder aus, was er dachte, kein Gefühl war den Menschen ferner als Furcht. Nach allem, was ich gehört habe, komme ich zu dem Ergebnis, daß man dem gegenüber, was man Macht oder Staat nennt, keine größere Verachtung zeigen konnte, als indem man es als etwas völlig Nebensächliches behandelte, das an einem Schicksal, wie es Hamburg erlitt, weder schuld war noch in der Lage, etwas daran zu ändern. Es war ein Augenblick, wo sich der Mensch nicht mehr als der Sklave seiner Einrichtungen zeigte. Zum Beispiel wußte jeder, daß gerade die, die ihrer Stellung und ihren Versprechungen nach besonders verpflichtet gewesen wären, bis zuletzt auf ihrem Posten auszuharren und zu helfen, als erste die Flucht ergriffen und ihren Einfluß noch obendrein dazu mißbraucht hatten, sich rücksichtslos Fahrzeuge zu verschaffen, um ihren Besitz fortzubringen; ja, und daß sie andere Flüchtlinge mit ihrem letzten Bündel auf der Straße liegenließen. Dies ist kein Einzelfall und nicht übertrieben, Tausende sahen es. Doch wenn sie davon sprachen, geschah es wohl mit bitteren Worten, aber fern von allem Hetzen, und mehr so, als machten sie sich über sich selbst lächerlich, daß sie je etwas anderes erwartet hätten. Wehe uns, wenn sich die Macht eines Tages für diese Verachtung rächt! Ich glaube aber, sie hat es nicht einmal begriffen.

Und noch etwas anderes: Ich habe nicht einen einzigen Menschen auf die Feinde schimpfen oder ihnen die Schuld für die Zerstörung geben hören. Wenn in den Zeitungen Ausdrücke wie Luftpiraten oder Mordbrenner standen, so hatten wir kein Ohr dafür. Eine viel tiefere Einsicht in die Dinge verbot uns, an einen Feind zu denken, der dies alles verursacht haben sollte; auch er war uns höchstens ein Werkzeug unkennbarer Mächte, die uns zu vernichten wünschten. Und so habe ich auch nicht einen einzigen Menschen getroffen, der sich mit dem Gedanken an eine Rache tröstete. Im Gegenteil, man sagte oder dachte: Wozu sollen die andern auch noch zugrunde gehen? Es ist mir berichtet worden, daß man einen Schwätzer, der von Vergeltung und Vernichtung der Feinde durch das Gas redete, windelweich geprügelt habe. Ich war nicht dabei, doch wenn es geschehen ist, dann geschah es, um eine entweihende Dummheit zum Schweigen zu bringen.

Dies alles muß einmal gesagt werden; denn es gereicht dem Menschen zum Ruhm, daß er am jüngsten Tage sein Schicksal so groß empfand. Und wenn es auch nur für eine kurze Spanne war; denn inzwischen hat sich das Bild wieder verwirrt. –

Auf dem ersten Wagen, der uns Hamburg näherbrachte, erlebte ich in mir etwas, worüber ich noch mit keinem sprach und was mich mit scheuer Verwunderung erfüllt, weil ich die Deutung dafür nicht zu geben wage. Für Misi hatte sich auf einer Gemüsekiste ein Platz gefunden mit dem Rücken gegen die Wand des Führersitzes, so daß sie einigermaßen vor Zug geschützt war. Ich stand dicht gedrängt mit zwanzig oder dreißig anderen Menschen. Wir hielten uns an den Stangen für die Wagenplane fest, um nicht hinausgeschleudert zu werden. Oft mußten wir uns ducken, wenn uns die Zweige der Obstbäume peitschen wollten, die die Straße beschatteten. Es war gegen acht Uhr morgens und die Luft frisch und jung. Das Getreide stand in voller Reife. Auf den satten Marschwiesen käuten die schwarzweißen Kühe verschlafen wieder. Hier und da staunte ein Fohlen über den Zaun und sprang dann jäh zurück, um der Mutter von uns zu erzählen. Und aus der fruchtbaren Fläche hoben sich vertraute Inseln von Eichengruppen, unter denen alte Bauernhöfe sich verbargen. Manchmal ragte eine Dorfkirche hervor oder das barocke Dach eines Pastorats.

In rascher Fahrt ging es durch dies Land des Friedens auf die tote Stadt zu. Da überkam mich, ich weiß nicht woher, ein so echtes und zwingendes Glücksgefühl, daß es mich Mühe kostete, nicht jubelnd auszurufen: Nun beginnt endlich das wirkliche Leben. Als ob eine Gefängnistür vor mir aufgesprungen wäre und die klare Luft der längstgeahnten Freiheit schlüge mir entgegen. Es war wie eine Erfüllung.

Und doch muß auch Misi etwas Ähnliches empfunden haben. Ein paar Mal, wenn wir über unsere Zukunft zu sprechen versuchten, sagte sie mir, daß sie das Gefühl habe, jetzt böte sich mir meine letzte große Chance, die ich nicht versäumen dürfe. Meinte sie damit wirklich nur die lähmenden Kompromisse, in die wir uns aus Bequemlichkeit oder falscher Rücksicht verstrickt hatten, und die wir nun nicht mehr einzuhalten brauchten, da eine höhere Gewalt sie zerrissen hatte? Oder meinte sie über diese Fesseln hinaus, die doch nur Fesseln sind, wenn man sie als solche empfindet, und vielleicht wohltätige Fesseln, weil sie über die Zeit des Wartens auf die Stunde der Erfüllung täuschen, – meinte auch Misi, daß die furchtbare Wüste der Vorbereitung nun durchschritten wäre?

Wie sehr stand doch dies Gefühl im Widerspruch zu den Tatsachen. Oder man müßte denn annehmen, daß ein eben Gestorbener etwas Ähnliches empfindet und sein letztes Lächeln daraus aufblüht.

Handelt es sich hier wirklich nur um ein ganz persönliches

Gefühl? Denn dann würde es nicht in diesen Bericht gehören. –
Kurz nach Wilhelmsburg begannen die Zerstörungen, auf der Veddel hatte man bereits das Bild der völligen Vernichtung vor sich. Ach, während ich in der Erinnerung diese Straße nach Hamburg hinein wieder fahre, treibt es mich, anzuhalten und abzubrechen. Wozu? Ich meine: Wozu dies alles niederschreiben? Wäre es nicht besser, es für alle Zeiten der Vergessenheit preiszugeben? Denn die dabeigewesen sind, brauchen es nicht zu lesen. Und die anderen und spätere? Wie, wenn sie es nur läsen, um sich am Unheimlichen zu ergötzen und ihr Lebensgefühl dadurch zu erhöhen? Ist dazu eine Sintflut nötig? Oder ein Gang in die Unterwelt? Und wir, die wir dort gewesen sind, wagen nicht einmal eine mahnende Prophezeiung auszusprechen. Noch nicht! Oder ist dies eine Bitte an die anderen, Nachsicht mit uns zu haben, wenn wir nicht mehr so sind, wie man uns erwartet, nicht mehr so anwesend, nicht mehr so selbstverständlich? –
Ich bilde mir nicht ein, einen ersten Eindruck wiederzugeben. Es wäre auch falsch; es ist auffallend, daß man sich durch wiederholte Besuche nicht an das gewöhnte, was man sah, oder dagegen abstumpfte. Jedesmal, wenn man sich aus dem Dunstkreis der Stadt wieder gelöst hatte, war es wie das Erwachen aus einer Ohnmacht. Oder man war verwüstet und vor Erschöpfung teilnahmslos wie ein Dichter, der mit den Dämonen Zwiesprache hielt. Nicht etwa vor Kummer und Schrecken, wie es früher war, wenn wir unter zehn Häusern eines zerstört sahen. Dies eine, aus der Mitte der Lebenden gerissen, konnten wir betrauern und zugleich um das Leben der anderen zittern. Aber nun, wo nichts mehr da war? Nicht die Leiche der Stadt, nicht ein totes Bekanntes, das zu uns sprach: Ach gestern, als ich noch lebte, war ich deine Heimat, – nein, zu trauern brauchte man nicht. Was uns umgab, erinnerte in keiner Weise an das Verlorene. Es hatte nichts damit zu tun. Es war etwas anderes, es war das Fremde, es war das eigentlich Nicht-Mögliche.

Im Norden Finnlands gibt es vor Frost erstarrte Wälder. Wir hatten ein Bild davon in unserer Wohnung hängen. Aber wer denkt dabei noch an Wald? Es ist nicht einmal das Gerippe eines Waldes. Gewiß, es ist etwas da, sogar mehr, als wenn es nur Gerippe wäre, aber was bedeuten diese Zeichen und Runen? Vielleicht die unausdenkbare Umkehrung des Begriffes Wald?
Ich sah die Gesichter derer, die neben mir auf dem Wagen standen, als wir auf der breiten Einfallstraße über die Veddel zur Elbbrücke fuhren. Wir waren wie eine Reisegesellschaft, es fehlte nur an dem Schalltrichter und dem erklärenden Geschwätz eines Reiseführers. Und schon war alles ratlos und wußte sich das Fremdartige nicht zu erklären. Wo früher der Blick auf Häuserwände stieß, da dehnte sich eine stumme Ebene bis ins Unendliche. War es ein Friedhof? Aber welche Wesen hatten dort ihre Toten beigesetzt und ihnen Schornsteine auf die Gräber gestellt? Schornsteine, die wie Ehrenmale, wie Dolmen oder mahnende Finger als einziges aus dem Boden wuchsen. Atmeten die darunter Liegenden durch diese Schornsteine den blauen Äther ein? Und ruhte dort, wo zwischen diesem seltsamen Gestrüpp eine leere Fassade wie ein Triumphbogen in der Luft hing, wohl einer ihrer Fürsten und Helden? Oder war das der Rest einer Wasserleitung wie bei den alten Römern? Oder war dies alles nur ein Kulissenaufbau für eine phantastische Oper? – Wieviel haben wir doch in der Schule gelernt, wie viele Bücher gelesen und Abbildungen bestaunt, aber hierüber hatte noch niemand berichtet. Gab es also doch noch unerforschte Weltteile? Ich sah in allen Augen dies aufmerksame, gespannte Suchen nach außen und ein vergebliches Vergleichen nach innen. Dies Erwarten, daß sich irgendwo etwas zeigen würde, was das Rätsel löste, und das wir auf keinen Fall übersehen dürften.
Nur auf der kurzen Strecke über die Elbbrücke löste sich der Bann für einen Augenblick und alle begannen die Türme der Stadt zu zählen. Ach, und mit welchen Kosenamen wurden sie einzeln aufgerufen! Und wo war der

schönste von ihnen, der Turm der Katharinenkirche? Und
warum hatte sich das Rathaus in eine Pagode verwandelt?
– Doch damit waren wir schon über den Fluß hinüber und
fuhren in den Friedhof ein.

Gleich zur Linken brannte ein riesiger Kokshaufen – er
erlosch erst nach drei Wochen –, und sekundenlang wurde
man von glühendem Höllenatem angehaucht, wie um ge-
feit zu werden, ehe man passieren durfte, und dann war
man innerhalb. Der Wagen schwankte und tastete sich
durch den Paß, der zwischen den Trümmern notdürftig
freigelegt war, über Geröllhalden zusammengebrochener
Gebäude, an Kratern vorbei und unter zerknickten Brük-
ken hindurch, von denen Waggons wie Girlanden ins Was-
ser der Hafenbecken hingen, aus denen der Bug einer
Schute emportauchte, erschrocken über die plumpen Körper
von Oberländerkähnen, die leblos auf der Seite trieben.
An den Rändern des Passes lagen längliche Bündel, und
man sagte, es wären Leichen. Alle so still, und viel lauter
glaubte man den Todesschrei der Autos gellen zu hören,
die, gelbausgeglüht und in letzter Not sich erbarmungs-
würdig aufbäumend, den vergeblichen Fluchtweg bezeich-
neten.

Und nirgends Querstraßen, um in das seitliche Dickicht zu
gelangen; alles ineinander verfilzt. Nur selten ein Blick frei
durch eine schwarze Fensterwölbung. Und darüber statt
der Grabinschriften unverständliche Reklametafeln. Plötz-
lich zog man den Kopf ein, weil eine sechsstöckige Fassade
sich über die Straße neigte und durch die Erschütterung des
Wagens zu fallen drohte. War man vorbei und wandte sich
um, sah man ganz oben einen Balkon hängen und darüber
eine aufgespannte Markise und sogar einen Balkonkasten
mit roten Geranien. Doch alles ganz schweigsam, ohne Be-
wegung und Veränderung; des Zeitlichen entkleidet und
ewig geworden.

Wir werden uns von nun an nicht mehr fragen können: Hält
es stand, dein Werk, angesichts des weiten Landes und am
Ufer des Meeres? Wir werden fragen müssen: Hält es stand
angesichts dieses Friedhofes?

Wie waren wir hochmütig und eingebildet auf unseren Geschmack! Was taten wir uns nicht zugute auf unser geistreiches Urteil! Und welch zynischen Ekel maßten wir uns an, die Lebensgewohnheiten der Unzähligen abzulehnen! Haben wir nicht gesprochen: Dies ist ein häßlicher Stadtteil, menschenunwürdig und abbruchreif; die Straßen eng und voller Geschrei; die Höfe ohne Licht, ohne Farbe, ohne Luft; die Häuser schmutzig und stumpf? Wie konnten hier Millionen Menschen leben, ohne daß ihr Atem die Enge sprengte! Und auf den Treppen roch es nach Essen und kleinen Leuten; wir rümpften die Nase darüber. Aus den Wohnungen schlug uns der Dunst kochender Wäsche entgegen, und die Stuben waren kalt von ungebrauchten Möbeln. Und das Plüschsofa mit gehäkelten Deckchen? Und all die ungeschickten Fotografien von Hochzeiten und Jubiläen? Und der Buntdruck mit süßlichen Nymphen, der über dem Ehebett hing?
Wer würde es noch wagen, über diese Dinge zu spotten! Warum riecht es nicht mehr auf den Treppen? Warum trocknet keine Wäsche mehr auf dem Gestell vor dem Küchenfenster? Wurde nicht sonntags manchmal ein Kuchen gebacken? War nicht in jeder der unzähligen Wohnungen, deren Umrisse sich jetzt nur an den Mauerresten abzeichneten, eine Hausfrau, die tagaus, tagein die Fußböden scheuerte und die Möbel abstaubte; die den Nachbarn fürchtete und doch von ihm beneidet sein wollte?
Und warum stehen die Schornsteine noch, sinnlos und ohne Rauch? Aber ein Herd ist nicht mehr da. Wozu haben wir gekocht? Und auch keine Betten! Wozu haben wir geschlafen? Wozu haben wir uns erhalten? Wozu Vorräte gesammelt und gespart?
Alles, was Männer davon zu sagen wissen, ist Lüge. Nur in der Sprache der Frauen darf darüber geredet werden. –
Ich bin durch all diese Stadtteile gekommen, zu Fuß oder im Wagen. Nur wenige Hauptstraßen waren freigelegt, aber Kilometer über Kilometer kein lebendiges Haus mehr. Und versuchte man seitlich einzudringen, verlor sich sofort jedes Gefühl für Zeit und Richtung. In Gegenden, die ich

zu kennen glaubte, habe ich mich völlig verirrt. Ich habe eine Straße gesucht, die ich im Schlaf hätte finden müssen. Da, wo ich sie vermutete, stand ich und wußte mir nicht zu helfen. Ich habe die Querfurchen im Geröll an den Fingern abgezählt, doch ich habe die Straße nicht wieder entdeckt. Und wenn man nach Stunden einen Menschen traf, dann war es auch nur einer, der im Traum durch die ewige Einöde wandelte. Man ging mit einem scheuen Blick aneinander vorbei und sprach noch leiser als vorher. Irgendwo schien wohl die Sonne, aber über diese Dämmerung hatte sie keine Macht.

Einmal war ich mit einem Mann dort, der mir zu anderen Zeiten unsympathisch gewesen wäre, so daß ich seinen Umgang gemieden hätte. Aber in der Art, wie wir uns nun zurechtzufinden mühten, wie wir zu übersehen versuchten, was wir sahen und es als etwas Selbstverständliches behandelten, über das man kein Wort zu verlieren brauche, glichen wir uns gänzlich. Ja, ich glaube, wir fühlten uns als Einbrecher. Wachsam und feindlich blickten wir auf die fremde Umgebung, bemüht, keinen Lärm zu machen, damit kein Schläfer oder ein Hund aufwachte, und erschraken über eine zerrissene Gardine, die aus einer schweigenden Veranda wehte. Wer gab wem dort ein Zeichen? Liegen sie stumm und tückisch auf der Lauer, diese unsichtbaren Wesen, die in dieser Fremde ihre Heimat haben müssen? Oder sind wir es, die taub sind und blind? Warum zerreißt es nicht unsere Lähmung wie ein maßloser Schrei, wenn wir mit Kreide an eine Haustür geschrieben die erste und letzte Frage lesen: Wo bist du, Mutter? Gib doch Nachricht! Ich lebe jetzt da und da.

Wir gingen wie Tote durch die Welt, die keinen Anteil mehr nehmen an den kleinen Kümmernissen der Lebenden. Man hat die Toten durch Zahlen zu bannen versucht. Gleich in den ersten Tagen sagte man: Vierzigtausend. Aber das kränkte die, die nicht gezählt sein wollten, und man versuchte es mit hundertfünfundzwanzigtausend. Da bekam sie die Oberhand, die Zahl wuchs von Tag zu Tag und stieg bis auf dreihunderttausend. Dann wachten wir eines Morgens auf, und es waren nur noch dreißigtausend. Mit allen Gründen der Logik wurde uns vorgerechnet, daß es nicht mehr sein könnten. Es hatte jemand den Kampf gegen die Toten aufgenommen. Gleichzeitig hörten wir aus allen Teilen des Reiches, daß es mit Hamburg gar nicht so schlimm wäre und daß die Hamburger sich nur so anstellten. Wir waren so erstaunt darüber, daß wir nicht darauf antworten konnten; denn es war noch niemand dazu gekommen, sich zu bemitleiden oder mit seinem Unglück zu prahlen. Doch die Toten wollten sich durch Logik nicht besiegen lassen. Heute schwankt die Zahl wieder zwischen sechzig- und hunderttausend, und man wagt nicht, Einspruch dagegen zu erheben.

Warum versucht man die Toten zu belügen? Warum sagt man nicht: Wir können sie nicht zählen! Das wäre ein einfaches Wort, wie es auch die Toten verstehen würden. Denn es könnte sonst sein, daß sie eines Tages kommen, wenn man ihnen nicht ihr Recht gibt, und sich um das Ehrenmal aus dem Weltkriege versammeln, das stehenblieb wie die Schornsteine der Häuser, als Dreiviertel der Stadt zugrunde ging. Und sie werden diejenigen fragen, für die daran geschrieben steht: »Vierzigtausend Söhne der Stadt ließen ihr Leben für Euch! 1914–1918«, sie werden die Vierzigtausend fragen: »Eure Eltern, Frauen und Kinder auch, viele und ohne Zahl – sagt uns, ihr Söhne, wofür? In fünfeinhalb Stunden!« Und dann wird keiner da sein, der eine Antwort weiß. Und statt des nichtsnutzigen Adlers, den eine prahlerische Zeit an das Mal gekritzelt hat, wird die große Rune von Mutter Kummer wieder erscheinen. – Eine Woche später wurden diese Stadtteile ganz abgesperrt. Man zog einen hohen Wall darum; Steine gab es ja genug. An den Eingängen standen bewaffnete Posten, »Was wollen sie auch«, sagte mir einer von ihnen, »es ist kein Vergnügen.« Man sah Zuchthäusler in gestreiften Anzügen darin arbeiten. Sie sollten die Toten bergen. Man erzählte sich, daß die Leichen oder wie man die Reste ehemaliger Menschen sonst nennen will, an Ort und Stelle verbrannt oder in den Kellern durch Flammenwerfer ver-

nichtet wurden. Aber in Wirklichkeit war es schlimmer. Sie konnten vor Fliegen nicht in die Keller gelangen, sie glitschten auf dem Boden aus vor fingerlangen Maden, und die Flammen mußten ihnen einen Weg bahnen zu denen, die durch Flammen umgekommen waren.
Ratten und Fliegen beherrschten die Stadt. Frech und fett tummelten sich die Ratten auf den Straßen. Aber noch ekelerregender waren die Fliegen. Große, grünschillernde, wie man sie nie gesehen hatte. Klumpenweise wälzten sie sich auf dem Pflaster, saßen an den Mauerresten sich begattend übereinander und wärmten sich müde und satt an den Splittern der Fensterscheiben. Als sie schon nicht mehr fliegen konnten, krochen sie durch die kleinsten Ritzen hinter uns her, besudelten alles, und ihr Rascheln und Brummen war das erste, was wir beim Aufwachen hörten. Dies hörte erst später im Oktober auf.
Und dann der Geruch von verkohltem Hausrat, von Fäulnis und Verwesung, der über der Stadt lag. Und dieser Geruch war sichtbar als ein trockener roter Mörtelstaub, der über alles hinwehte. In uns erwachte plötzlich eine Gier nach Parfüm. –
An jenem ersten Tage verließen wir den Lastwagen in der Nähe der Markthallen. Wir wollten zunächst in den Freihafen, um nach dem Kontor zu sehen. Wir hatten überhaupt noch nichts darüber gehört und hofften, dort vielleicht noch etwas zu retten. Die Gegend lag wie ausgestorben, doch waren die Zerstörungen hier geringer als anderswo. Die Hälfte der Häuser stand noch, oder es waren nur die Dächer und die oberen Stockwerke ausgebrannt. Ganz vereinzelt stocherten Menschen in dem Schutt und trugen ein angesengtes Möbelstück auf die Straße.
Wir kamen über den Zollkanal. Es gab keinen Zoll mehr. Als wir bei St. Annen um die Ecke bogen, sahen wir die rote Reihe der Kontorhäuser. Aber es ließ sich immer noch nicht sagen, ob es nicht vielleicht nur Fassaden waren. Plötzlich trafen wir den ersten Bekannten, einen Ingenieur der Lagerhäuser. Ich glaube, wir redeten Unsinn und überstürzten uns in unsern Worten. Es war, als kämen wir nach

zwanzig Jahren in die Heimat zurück und träfen einen Gespielen unserer Kindheit wieder.

Wir fragten ihn nach gemeinsamen Bekannten, aber er wußte auch nichts von ihnen. Übrigens war er wie abwesend. Ich bat ihn um etwas, er sagte: Ja, und hatte es in der nächsten Sekunde vergessen. Sein Blick ging irgendwohin ins Leere, wenn er einen ansah. Er war ein sehr höflicher Mann, dies war auch jetzt noch nicht verloren gegangen, doch die alte Höflichkeit schlotterte an ihm wie ein schlechtsitzender Anzug und schmiegte sich seiner neuen Erscheinung nicht mehr an. Dies alles kam von Schlaflosigkeit und Überanstrengung beim Löschen, vielleicht auch vom Alkohol, mit dem er sich bei Kräften hielt. Er holte gleich eine kleine Flasche Schnaps aus der Tasche und schenkte sie uns. Wir tranken jeder einen Schluck daraus, sie hat uns an dem Tage noch gute Dienste geleistet. Wer hätte acht Tage früher gedacht, daß Misi und ich mit einem ziemlich fremden Bekannten zusammen auf der Straße aus einer Flasche trinken würden? Aber es gab ja eigentlich diesen Begriff Straße nicht mehr.

Er erzählte uns, daß man Hamburg in der Nacht aufgegeben habe. Die Löschzüge seien am Abend mitten aus ihrer Arbeit abberufen worden und hätten die ganze Nacht untätig auf einer Ausfallstraße gestanden. Da habe auch er die Arbeit aufgegeben und sich zum ersten Male schlafen gelegt, obwohl ringsum alles brannte. – Später kam auch seine Frau hinzu. Ihre Dienstwohnung dort im Hafen war noch unbeschädigt, aber sie hatten ihre sämtlichen Sachen nach auswärts geschafft.

Die Kontorhäuser waren größtenteils bis zum zweiten Stockwerk niedergebrannt. Auf Umwegen über Glas und Schutt gelangten wir in unser Kontor. Alles troff von Löschwasser. Die Hinterwand des Hauses war durch eine Sprengbombe aufgerissen, und die Innengänge führten direkt ins Fleet. Vor dem Eingang zu unserm Kontor hing die Decke wie ein Vorhang bis auf den Fußboden herab. Sie hängt noch heute so. Drinnen war alles durcheinander geworfen: Möbel, Akten, Türen und Fensterrahmen. Die

Zwischenwände der einzelnen Räume waren weggefegt und wenn man etwas anfaßte, dann hatte man Glassplitter in den Händen. – Aber dies Bild kannten wir schon. Im Mai 1941 war das Kontor bereits in ähnlicher Weise zerstört worden.
Ich brach meinen Schreibtisch auf und fand zu meiner Freude einige Manuskripte. Mit dem Geldschrank gelang mir das gleiche nicht. Wir stopften alles, was uns wertvoll erschien, in Säcke und in eine alte Wolldecke. Und es war plötzlich alles wertvoll: ein altes Handtuch, eine Nagelbürste, ein schmiedeeiserner Leuchter und was sonst noch. Zwei Schreibmaschinen schafften wir in einen noch abschließbaren Keller, eine dritte wollten wir mitnehmen. Und das war gut, denn in den nächsten Tagen wurde von den Leichenfledderern der Stadt alles gestohlen, was sich nur fortbewegen ließ, von den kleinsten Gegenständen bis zu Teppichen und Möbelstücken. Es waren zwar überall Anschläge ausgehängt, daß Plünderer erschossen würden, aber wer wollte sie fangen, um sie zu erschießen? In unseren Kontoren aber machte sich die Meute vor allen Dingen über die Kaffeeproben und Verschiffungsmuster her, die vorher sauber und ordentlich auf Wandborden in kleinen Dosen aufgereiht standen. In den hundert Kontoren fand sich später buchstäblich keine Bohne mehr.
Plötzlich stockten wir, unser Blick war durch das Hinterfenster auf die Katharinenkirche gefallen. Wir sahen uns erschrocken an. »Ja, als sie einstürzte, habe ich geweint«, sagte der Ingenieur, der neben uns stand. Er nannte uns auch die genaue Stunde, in der es geschehen war. Es nützte uns nichts, daß wir uns einredeten: Es ist nur eine Kirche, die hunderttausend Wohnungen und die Menschen, das ist viel schlimmer. Es war wohl ein Symbol. Wir alle, die dort zu tun hatten, liebten den Turm über alle Maßen, jeder auf seine Art, vielleicht ohne es zu wissen. Wir merkten es erst jetzt. Weit über ein Jahrzehnt stand er vor meinem Schreibtisch. Das Blaugrün des barocken Kirchendaches verzauberte das opalisierende Wasser des Fleets. Besonders im Frühjahr und Herbst wurde man dadurch zu Träume-

reien verführt. Das Wissen um eine alte Orgel und daß diese Kirche als einzige den Brand Hamburgs hundert Jahre früher überlebt hatte, war gar nicht notwendig.
Nun stand nur noch ein kläglicher Stumpf des Turmes da, verrottet und schwarz angeraucht. Er war genau über der Uhr abgebrochen, der Zeiger wies auf kurz nach Eins; aber mittags oder um Mitternacht? Und an welchem Datum? Über der Uhr sah man noch in goldenen Lettern das Wort: Gloria. Das Kupfer des Kirchendaches hatte sich wie ein Leichentuch nach innen über das Kirchenschiff gelegt. Nur ganz hinten auf einem Mauerrest der Sakristei stand noch der goldene Heilige mit seinem Steuerrad und wies mit dem Finger in die Ferne.
Aber ich entsinne mich nun, daß es mich im Mai dieses Jahres tief verstörte, als zwei große mövenartige Vögel die Kirche lautlos und fast ohne Flügelschlag umkreisten. Sie waren manchmal schwarz und manchmal weiß, und ihre Schatten streiften beängstigend über Häuser und Wasser. Auch die vielen hundert so viel kleineren Möven, die dort ihr gefräßiges Wesen führen, verstummten, duckten sich und beobachteten die Fremdlinge mit schrägem Kopf. Das war nur an einem einzigen Nachmittag.
Doch man sagt uns ja immer, wir sollten nicht abergläubisch sein. –
Schwerbepackt machten wir uns auf den Weg in die Stadt. Wir mußten oft absetzen. Ich glaube, daß wir nicht links noch rechts sahen und nur weiterstrebten. Ich bin den Weg früher täglich gegangen und jetzt wieder. Aber wie lange noch? Und es ist auch nicht mehr derselbe Weg. Wenn man auch den Krater auf dem Fischmarkt, in dem das Wasser aus den zerschmetterten Röhren quoll, wieder zugeschüttet hat, die alte Apotheke ist verschwunden, und das Johanneum ist auch nicht wieder aufzubauen. Aber all dies sieht man erst heute, wo die Freilegung der Straßen und der beinah zynische Wunsch aller, darauf zu gehen und zu leben wie vorher, das Fehlende dem Bewußtsein sichtbar macht. Denn damals gab es keine Straßen, sondern nur Pfade über Glas und Geröll. Und die Menschen dachten nicht an Sitte

und Ordnung, sie gingen dahin, wie es sich gerade machte, und waren gekleidet, wie es jedem beliebte und am tunlichsten schien. Nicht etwa, daß sich jemand auch nur einen Augenblick darüber wunderte, daß die Leute sich im Freien aus Ziegelsteinen kleine Feuerstellen erbaut hatten wie im Urwald und darauf ihr Essen oder Wäsche kochten. Es war doch immerhin Leben, und in den anderen Vierteln der Stadt gab es nicht einmal das.

Erst am Jungfernstieg gelang es uns, den Wagen eines Arztes anzuhalten, der uns bis zur Universität mitnahm. Es hätte übrigens für uns nur eines Umweges von wenigen Minuten bedurft, um einen Freund aufzusuchen. Es trieb uns auch, es zu tun, und trotzdem unterließen wir es. Nicht nur an diesem ersten Tag, sondern noch drei- oder viermal. Vielleicht hätte er unsere Hilfe gebraucht, es ist also nicht zu entschuldigen. In Wahrheit fürchteten wir, ihn nicht wiederzusehen. Man fragte damals ungern nach Bekannten und ließ es mehr darauf ankommen, daß einem der Zufall Nachricht gab. Jedenfalls in der ersten Zeit war es so.

Welche Überwindung kostete es mich, als ich mich nach acht Tagen endlich dorthin wagte! Schon als ich den Heuberg hinaufging, wäre ich beinahe wieder umgekehrt, um die Wahrheit nicht zu sehen. Früher war es dort eng und durch alte Twieten kreuz und quer verstellt, und nun blickte man in die freie Luft. Um die Ecke der Hohen Bleichen lag eine große Barrikade über der Straße. Ich konnte immer noch nicht ausmachen, wie es um das Haus meines Freundes stand. Erst als ich oben auf der Barrikade stand – und auch da mußte ich lange nachdenken und ich glaube, mein Herz zitterte dabei –, sah ich das Haus. Es war so unglaubhaft, es hing als erstes oder letztes der Straße an einer andern Hauswand wie ein überragender Fels in die erstarrte Brandung des Trümmermeeres. Und davor arbeitete ein einzelner Mensch, und er war es. Ich schrie, und er schrie auch; ich sprang die Barrikade hinunter und fiel dabei hin. Wir umarmten uns mit lächerlichen Gebärden, und die roten Stoppeln seines wochenalten Bartwuchses zerkratzten mich.

Er war dabei, den Eingang freizulegen. Man konnte nur über ein Brett ins Haus gelangen. Die Gebäude der andern Straßenseite waren gegen das Erdgeschoß und den Keller gestürzt und hatten sie eingedrückt. Die Flammen hatten das Haus geschwärzt und waren in die Fenster geschlagen. Er und seine Frau haben ganz allein in nächtelangem Kampfe immer von neuem wieder alles gelöscht. Aber wenn sie auch das Feuer abwehren konnten, so bleibt es doch ein unbegreifliches Wunder, daß dieses Haus als einziges den Luftminen standhielt, die im Umkreis von tausend Metern alles vernichteten.

Seine Frau hockte im Garten vor einem offenen Feuer und versuchte, Wasser abzukochen. Neben ihr saß eine Katze, die sich ihnen zugesellt hatte; auf der Brust hatte sie eine tiefe Fleischwunde, und die Pfoten waren ihr verbrannt. Es lohnt sich, von den Katzen der Stadt zu reden. Sie waren nicht wegzulocken aus den Trümmern ihrer ehemaligen Wohnungen. Zwischen verkohlten oder noch schwelenden Balken schlichen sie umher und schrien vor Hunger. Die Menschen brachten ihnen etwas aus Mitleid, sie stürzten kreischend darüber her und fraßen es kampfbereit. Aber fassen ließen sie sich nicht, man mußte Gewalt und List anwenden. Die meisten starben trotz aller Pflege dann doch noch, vor Heimweh oder weil der Schrecken sie nachträglich aufzehrte.

Der kleine Garten, einst versteckt und vergessen mitten im Stadtzentrum und zwischen hohen Häusern, war grau bereift von Staub. Wir gingen nach hinten durch. Mein Freund redete ohne Unterbrechung. Hier lagen siebenunddreißig Leichen, die dort im Keller verbrannt sind. »Und sehen Sie, da liegt noch ein blutiger Stiefel.« Es war ein bombensicherer Keller, aber die Türen hatten sich verklemmt. Und weil der Kohlenvorrat daneben lag und brannte, sind sie alle verschmort. Sie waren alle von den heißen Wänden in die Mitte des Kellers geflohen. Da fand man sie zusammengedrängt. Sie waren aufgequollen vor Hitze. – »Und kommen Sie da hinauf!« Und er half mir auf einen Hügel, der sich dort gebildet hatte. Aus der Wüste, die unter uns lag, ragte nur das Portal des Konventgartens hervor. Im April hatten wir dort die Brandenburgischen Konzerte gehört. Und eine blinde Sängerin hatte gesungen: »Die schwere Leidenszeit beginnt nun abermals«. Schlicht und sicher stand sie, ans Cembalo gelehnt, und ihre toten Augen blickten über die Nichtigkeiten, um die wir damals schon zitterten, hinweg, vielleicht dahin, wo wir jetzt waren. Und nun umgab uns nur noch ein steinernes Meer.

Nur die Pappel im Garten hatte standgehalten wie eine Damaszenerklinge, und in ihr Laub hatten sich einige Wellensittiche aus ihren zerbrochenen Käfigen geflüchtet. Überhaupt die Bäume! Mit rührender Eile setzten sie schon nach wenigen Tagen neue Knospen an Stelle der versengten Blätter an und schufen sich einen Frühling, um wieder atmen zu können.

Ja, und auch die drei englischen Standuhren im Hause hatten es überlebt. Als die Wände zu beben begannen, waren sie aufrecht ins Zimmer getorkelt. Aber warum sollen wir uns verwirren lassen, Brüder! Zeigen wir doch weiter die Stunde an, wenn es auch draußen so laut ist. Und eine von ihnen spielte ihren kleinen Choral mit zarter, kindlicher Eindringlichkeit über den Abgrund hinweg. –

In der Universität ließen Misi und ich uns ein Ausweispapier ausstellen. Dann hinterlegten wir unser schweres Gepäck beim Pförtner und machten uns auf den Weg dorthin, wo unser Heim hätte sein müssen. Aber es war ein Umweg. Vielleicht glaubt jemand, es sei schwer, dort zu stehen, wo man viele Jahre gewohnt hat, und wo nun nichts mehr ist. Und man empfände dann, wie die Last der Dinge, die man einst sein eigen nannte, über einem zusammenbräche. Und daß man dann seufzte oder weinte. Aber es ist nicht schwer, es ist nur unbegreiflich. Es ist so unbegreiflich, daß man es gar nicht zu wiegen vermag. Und wie entsetzlich schwer es wiegt, so schwer, daß man nicht zu atmen wagt und sich nur ganz vorsichtig durch die Welt bewegt, das läßt sich kaum sagen.

Wir haben drei- oder viermal davorgestanden. Am ersten

Tage hing noch ganz oben der Heizkörper vom Eßzimmer. Dann war auch dieser Mauerrest herabgestürzt, und ein paar Tage später sprengten sie alles. Es blieb nur ein Haufen Steine, ein viel zu kleiner Haufen. Wir sagten immer nur: Aber das ist doch gar nicht möglich. Wo ist denn der schwere alte Tisch mit der Lindenholzplatte? Und die Truhe? Es müßte doch viel mehr dort liegen. Ja, und ich konnte es doch nicht unterlassen, scharf hinaufzusehen, ob nicht vielleicht die kleine Madonna zufällig hängengeblieben wäre. Aber wir haben nichts übrig behalten, nicht eine winzige Kleinigkeit von den Dingen, die uns lieb waren und die zu uns gehörten. Wäre es so, wie würden wir dies kleine Etwas streicheln; es trüge das Wesen all der andern Dinge in sich. Und wenn wir weitergingen, ließen wir einen luftleeren Raum hinter uns. Und die Wohnung? Das Eigene? Das ist doch gar nicht möglich. Und plötzlich ist alles wieder da. Man ist bei anderen Leuten, sie haben einen Bücherschrank. Ach ja! Wieviel Bücher hatten wir doch. Oder sie legen eine Schallplatte auf den Apparat. Kennen Sie dies Konzert? Ja, das ist Händel, wir haben es selbst, wir brauchen nur in den Schrank zu greifen. Aber wissen Sie, das Hallelujah spielen wir immer nur am Weihnachtsabend, wenn die Krippe aufgestellt ist. Das ist Tradition bei uns. Erst das Hallelujah und dann nach der Bescherung Palestrina. Die Kerzenkrone brennt, auch all die anderen Leuchter. Welcher ist eigentlich der schönste? Der große Altarleuchter oder der kleine aus Zinn? Oder der Louis XVI.-Blaker, der immer etwas an große Opern erinnerte? Aber du vergißt den weißen Fayenceleuchter ganz. Ach, die Fayencen! Viele hundert Jahre haben sie überstanden. Sie kamen aus Rouen, aus Delft, aus Süddeutschland. Wie oft ist Krieg gewesen seitdem, und sie sind nicht zerbrochen. Und nun?
Oder es ist nur ein Knopf anzunähen. Oder eine Rolle Nähseide wird gebraucht. Es liegt ja alles in dem Spieltisch, der vor der Récamière steht. Nach dem Krieg übrigens werden wir sie gleich neu beziehen lassen. Es wird sich schon ein alter Stoff finden, der dazu paßt.
Wir hatten das auch, wir hatten, wir hatten. Nicht um zu

prahlen, nein, es drängt sich aus dem Munde heraus, es will geschildert sein, es will nicht sterben. Es liegt nicht unter den Trümmern.

Aber es sind doch nur Dinge! Denken Sie, es wären Ihnen Kinder umgekommen oder Ihre Frau. Ja, das ist wahr, sagen wir, und es nützt nichts. Haben wir falsch mit den Dingen gelebt oder nur anders? Wer kann das entscheiden? Wir haben sie eigentlich nie besessen. In faden Büchern liest man immer wieder die Dummheit, daß die Frauen besessen sein wollten, dann wären sie glücklich. All die Dinge, die uns umgaben, waren nur zu Gast bei uns. Wir achteten ihr Eigenleben, das älter war als das unsrige. Manchmal hatten wir ein schlechtes Gewissen, weil wir ihnen nicht das bieten konnten, was sie gewohnt waren. Ein Schloß oder festliche Räume. Gehörten die Missalien nicht in eine Kirche? Ja, wir wollen auch dafür sorgen, daß ihr nach unserm Tode dorthin heimkehrt. Nur inzwischen – es ist so unsicher draußen – bleibt bei uns und tut wie zu Hause. Wir lassen euch jede Freiheit, wir fühlen uns verantwortlich für euch; wir werden unsere Stimmen dämpfen und uns euch anpassen.

Oder waren wir bei ihnen zu Gast? Und sie gingen schonend mit uns um, übersahen unsere gröberen Gewohnheiten und vermieden es höflich, uns den Standesunterschied fühlen zu lassen?

Wäre es wirklich ihr Glück gewesen, wenn wir ihre Persönlichkeit durch die Macht unseres Besitzwillens übertäubt und sie dadurch der Gefahr des Eigenlebens beraubt hätten? Nein, nur – wir hätten es jetzt leichter. Denn verlorener Besitz läßt sich ersetzen; aber – ein Gast, ein Freund? Wehe, wenn man es versucht. Wir könnten uns einen Spiegel kaufen. Vielleicht würde ein Kenner sagen: Der Spiegel ist wertvoller als alle sechs Spiegel zusammen, die ihr hattet. Und es bliebe doch nur ein gekaufter Ersatz. Wie könnten wir euch, die wir lieben, darüber vergessen? Wir ließen euch jede Freiheit, auch jene, von uns zu gehen, wann ihr wolltet. Und ihr seid gegangen. Wir aber sind noch da. Vergeßt uns nicht.

Oder war es doch falsch, so zu leben? Haben wir die Dinge

mißbraucht, um uns hinter ihnen vor den Unbilden der Wirklichkeit zu verbergen? Sie aber gingen, uns verteidigend, zugrunde, und wir stehen nun nackt und ohne täuschende Zuflucht da? Auch diese Frage muß gestellt werden. Man muß bekennen oder vergessen, ein Drittes gibt es nicht.

Vergessen! Es lagen einige, die übrig geblieben waren, auf dem nackten Boden der Welt. Sie lagen um ein Feuer, Männer und Frauen. Sie waren in Lumpen gekleidet, aber sie wußten es nicht anders. Es war Nacht. Es gab auch noch Sterne, nicht andere als immer. Da redete einer im Traum. Keiner verstand, was er redete. Aber wie wurden alle unruhig, sie erhoben sich, sie verließen das Feuer, sie lauschten ängstlich ins kalte Dunkel. Sie stießen den Träumenden mit dem Fuß an. Da wachte er auf. »Ich habe geträumt. Ich muß bekennen, was ich geträumt habe. Ich war bei dem, was hinter uns liegt.« Er sang ein Lied. Das Feuer wurde blaß. Die Frauen fingen an zu weinen. »Ich bekenne: Wir waren Menschen!« Da sprachen die Männer zueinander: »Wir würden erfrieren, wenn es so wäre, wie er geträumt hat. Laßt uns ihn erschlagen!« Und sie erschlugen ihn. Da wärmte sie das Feuer wieder und alles war zufrieden. –

Es wurde uns noch ein schweres »Hätte« auferlegt. Der erste, der es tat, war der alte halbgelähmte Brotmann, der vor uns herhumpelte, als wir um die Ecke in unsere Straße bogen. »Meine Frau hat noch einen Koffer für Sie«, rief er uns zu. Wir liefen erfreut in den Brotladen gegenüber von unserem Hause. Der Koffer hatte im Erdgeschoß bei einer Nachbarin gestanden, die ihn gerettet hatte. Es war etwas Wäsche darin, wir waren sehr glücklich darüber. Wir drangen auch in den Keller eines anderen Hauses nicht weit von uns ein, das auch heruntergebrannt war. Die Glut in dem Keller war unvorstellbar, man konnte es nur minutenlang darin aushalten. Ich brach eine Tür auf, ich befürchtete, daß der Keller dabei einstürzen würde. Es hätte noch ein Koffer von uns da sein müssen, aber er war schon gestohlen.

Die alte Brotfrau gab uns abgekochtes Wasser zu trinken, und dann erzählte sie: Ihr Haus hätte gerettet werden können. Die Leute haben nicht aufgepaßt. Es hat zu Anfang nur ganz wenig in Ihrer Wohnung gebrannt. Andere bestätigten das, wieder andere sagten: Nein, es brannte gleich zu viel, auch das Treppenhaus. Immerhin scheinen die Zustände während der Brandnacht nicht erfreulich gewesen zu sein, vor allem die anwesenden Männer haben es an Entschlußkraft fehlen lassen und nur an die Rettung ihrer Habe gedacht. Man hat nicht einmal die Tür zu unserer Wohnung geöffnet. Wie dem auch sei, soviel steht fest, das Haus ist von unserer Wohnung aus vernichtet worden. Sie stand gleich in den ersten Minuten der ersten Angriffsnacht in Flammen.

Dieses »Hätte« wurde erschwert dadurch, daß die beiden Häuser neben dem unserigen stehen geblieben waren. Auch gegenüber auf der anderen Straßenseite standen noch vier Häuser. Doch sonst war ringsum alles vernichtet. Es wäre nun richtig gewesen zu fragen: Wie kommt es, daß diese wenigen Häuser verschont wurden? Stattdessen aber fragten wir: Warum mußte es gerade unser Haus treffen? Wenn wir dagewesen wären, hätten wir es gerettet. Wir haben es ja immer gewußt, daß sich außer uns niemand darum kümmern würde. – Ein ganzes Heer von »Hätte« verfolgte uns daraufhin. Zum wenigsten hätten wir die Pelze und Schuhe und sonst einiges an Wäsche gerettet. Vielleicht auch das eine oder andere Andenken. Warum haben wir nicht überhaupt wie alle Leute etwas von unseren Sachen fortgeschickt? Nicht einmal das Silber und den Schmuck haben wir in einen Tresor geschafft. Es wäre doch ein leichtes gewesen, aber du hast es nie gewollt. Doch wenigstens die Tagebücher . . .

Die Tagebücher? Ja, jetzt fällt mir ein, daß sie gar nicht mehr da sind. Seit fünfundzwanzig Jahren wurden sie geführt. Tagebücher ist eigentlich nicht der rechte Ausdruck dafür, denn es wurden kaum Ereignisse darin aufgezeichnet, sondern nur die Gedanken, die durch die Ereignisse ausgelöst wurden. Nein, auch nicht Gedanken, sondern der

Weg zu ihnen. Ja, es war der Prozeß des Denkens, den ich aufzeichnete. Ich hätte übrigens doch nie wieder darin gelesen, es ekelte mich. Wozu schrieb ich denn überhaupt darin, mit Unterbrechungen zwar, doch immerhin fünfundzwanzig Jahre lang? Ja, wozu schreibe ich dies? – Nein, es ist zwar unbegreiflich, daß sie fort sind, diese fünfundzwanzig Jahre, diese Spur, dieser Weg, aber wie darf man sich um die Rettung solcher Aufzeichnungen bekümmern? Das wäre doch gar zu ungehörig. Wenn man irgendetwas dem Schicksal überlassen muß, darüber zu bestimmen, dann sind es doch solche Dinge.

Wir fanden ein stärkeres »Hätte«, das wir dagegen ins Treffen führten. Wir sagten uns: Wahrscheinlich hätte es uns getroffen oder auch nur einen von uns. Denn wir wären ja wie immer oben in der Wohnung gewesen. – Aber hast du mir nicht oft gesagt, wenn ich unruhig wurde, daß es uns nicht treffen würde?

Ja, und es hat uns doch auch nicht getroffen.

Ich habe gesagt, drei Jahre lang: es wird mich nicht treffen. Und auch den nicht, der neben mir steht. Mögen links und rechts die Häuser zusammenbrechen; du brauchst nichts zu fürchten. – Ich habe es nicht oft gesagt; vor allem habe ich es nicht laut gesagt. Denn sowie man es ausspricht, wird es unecht und wertlos; man darf es nur wissen. Und ich habe ein einziges Mal nachts, als es draußen wieder schoß, gewußt, warum es mich nicht treffen würde, und es dir auch gesagt: Weil das Schicksal es mir nicht so leicht machen will.

Die Häuser links und rechts von uns stehen noch, aber das unsrige ist fort. Was trieb uns denn, es zu verlassen so kurz nur vorher wie Tiere, die es plötzlich zwingt, ihre alten Höhlen zu verlassen? Sie wissen nicht warum, und kurz nachher bricht ein Erdbeben aus.

Wir wollen nicht fragen, sondern das Schwerere hinnehmen. Ob das, was jetzt ist, schon dies Schwerere ist, wer weiß das? Mit dem Augenblick, wo wir uns von den Trümmern unseres einstigen Heims abwenden, beginnt ein Weg, der über den Untergang hinausführt.

Es begann zunächst damit, daß auch wir von der Rückflut nach Hamburg ergriffen wurden, die mit elementarer Gewalt einsetzte. Nichts lockte die Menschen, niemand rief sie. Im Gegenteil, noch kann man an den Wänden die Anschläge der Behörden lesen, die davor warnten, unbefugt zurückzukehren, und sogar mit Strafen drohten. Aber sie waren machtlos gegen diesen Drang, und um es nicht merken zu lassen, sagten sie bald darauf: Wer nicht zurückkommt, macht sich strafbar.

Aber was trieb die Menschen zurück? Sie sprachen alle: Lieber in einem Kellerloch unter den Trümmern leben als irgendwo geduldet. Aber das ist doch nur eine verneinende Begründung. Oder meinten sie damit, daß sie hier, wo ehemals ihr Haus stand, Rechte hätten und fordern dürften und nicht zu betteln brauchten? Ist es das, was uns von dem Begriffe Heimat übrig blieb? Oder ist es nur ein Trägheitsgesetz? Die Tropfen, die durch den Einsturz überall hinausgeschleudert wurden, fluten wieder zurück, um den Wasserkrater zu füllen.

Und es begann das qualvolle Suchen nach einem notdürftigen Unterkommen. Das Drängen bei den Behörden. Das qualvolle Hasten nach einem Steingut-Teller. Und diese rührende, kindliche Freude auf den Gesichtern, wenn einer mit einem Paket unter dem Arm nach Hause zog, als habe er dem Schicksal etwas abgewonnen. Und die es sahen, fragten voll Neid und Neugier: Wo gibt es das zu kaufen? Und es war doch nichts als ein Ding, so würdelos in Stoff und Form, daß sich die Menschen einst dessen geschämt hätten.

Doch das gehört schon nicht mehr hierher.

Ist es das Schwere? Die Menschen bemühen sich so zu tun, als lebten sie wie vorher. Es ist ein wenig enger geworden, man muß sich nach der Decke strecken, aber seht: Wir üben unsern Beruf wieder aus, wir gehen über die Straße, als wenn nichts gewesen wäre, und die Frauen putzen sich. Aber . . .

Sie wissen, daß es nur Schein ist. Sie glauben nicht daran. Die Kulisse fehlt, die Illusion der Wirklichkeit. Vor einem ausgebrannten Hause sah ich eine Allegorie dafür. Auf dem Schutt im Vorgarten lag wie eine Harfe das ausgeglühte Saitengestell eines Flügels. Durch den verkohlten Unrat und die zersprungenen Saiten wuchs eine Rose und blühte. Es war wie ein Bild auf einer alten Tasse. Sie hätten sich früher nicht gescheut, die Unterschrift darunter zu setzen: Blühen und Vergehen.

Ja, wenn die Dämmerung kommt, sagen alle Menschen: Wir wollen nur ganz wenig besitzen, damit uns nichts zurückhält und wir leichter davonlaufen können. Sie sagen es so, als wäre es etwas Selbstverständliches, daß man dann und wann vor Etwas davonlaufen muß ... Es läßt sich nicht vermeiden, es ist zwar unverständlich, aber man muß es in Kauf nehmen.

Haben die Menschen sich leichter gemacht, um das Schwere besser bestehen zu können? Manchmal sagt auch einer: Dies alles ist nur ein Anfang. Wir werden uns noch danach zurücksehnen. Wir werden Hungersnot bekommen, Epidemien und was sonst noch. Es wird nur ein Viertel von uns übrig bleiben. Man kann nichts dagegen tun oder dafür. Man muß Glück haben. – Das alles ist sehr möglich. Inzwischen sind andere Städte vernichtet worden, einige brennen in diesem Augenblick, und die noch verschont sind, bangen ihrer Stunde entgegen. Das Unglück Hamburgs zählt schon nicht mehr.

Zählt es deshalb nicht mehr, weil nicht wir die Bemitleidungswürdigen sind, die es hinter sich haben, sondern die, die noch vor dem Abgrund stehen und daran zweifeln, daß sie ihn überwinden werden, weil sie noch so denken, wie man auf der anderen Seite denken mußte, eingezwängt zwischen dem Gestern und Morgen, ohne eine Sekunde Gegenwart? Denn was wir gewonnen haben und was anders wurde, das ist: Wir sind gegenwärtig geworden. Wir haben uns aus der Zeit gelöst. Sie wacht noch über uns, sie befiehlt uns zu arbeiten und ruft uns zum Mittagessen, und wir gehorchen ihr. Manchmal überhören wir ihren Ruf, weil wir reich wurden über einen Gegenstand, den wir früher nicht erkannten, und dann schilt sie uns aus: Wie seid

ihr verträumt. Aber die Strafe trifft nicht unser Wesen. Liebe, arme Zeit, warum bist du so aufgeregt? Wir wollen gern alles tun, was du willst, wenn es dir Freude macht und damit du nicht böse wirst. – Ihr sollt nicht immer mit dem Fremden zusammensein, sagt die Zeit, ich werde euch einsperren. – Ach, Mutter, warum denn nicht? – Er verdirbt euch, und es wird nichts Rechtes aus euch werden. – Mutter, du kennst ihn nicht. Er weiß so schöne Spiele. Er wohnt dort drüben, wo keine Häuser mehr sind. Er kommt jeden Nachmittag durch den alten Torbogen. Er ist unser Freund. Wir bitten ihn immer, uns dorthin mitzunehmen, wo er wohnt. Aber er will es noch nicht; er sagt: Wartet noch, Kinder. Willst du ihn nicht auch einmal kennenlernen, Mutter? – Nein! und ihr bleibt jetzt hier. Es ist kein Umgang für euch.
Die Mutter hat noch viel zu tun, sie wäscht, sie kocht und muß zwischendurch in den Keller, um Kohlen zu holen. Als sie wieder heraufkommt, sind die Kinder fort. Sie geht ans Fenster und hört, wie sie singen:

Maikäfer, flieg,
Mein Vater ist im Krieg,
Meine Mutter ist in Pommerland,
Pommerland ist abgebrannt.

Wir sind wieder auf die Straße gelaufen und spielen mit dem Tode. Da setzt sich die Zeit traurig in einen Winkel und kommt sich nutzlos vor. –
Wir haben das Schwerste hinter uns, das Schwerere zählt dagegen nicht. Es ist nicht so schlimm. Ich habe dies Wort von einem gehört, der nicht wußte, daß er es sagte. Es war einer der Unzähligen, jeder andere hätte es auch sagen können. Er erzählte mir von seiner Nacht, die ihn vernichten wollte. Er tat es in der Art, die wir alle haben, wenn wir davon sprechen. Es genügen fünf Töne. Der Verstand sagt, wie klingt das traurig. Aber es ist nicht traurig, es ist nur einfach so. Traurig ist nur der Verstand, weil er Flügel zu haben glaubt, und stürzt doch immer wieder ab.
Und der es mir erzählte, wußte nicht, daß er in seiner bil-

derlosen Sprache ein Bild schuf, wie es kein Dichter schaffen kann. Er sagte:
Dann kam einer zu uns in den Keller und sprach: Ihr müßt jetzt herauskommen, das ganze Haus brennt und wird gleich einstürzen. Die meisten wollten nicht, sie meinten, sie wären dort sicher. Aber sie sind alle umgekommen. Einige von uns hörten auf ihn. Doch es gehörte viel dazu. Wir mußten durch ein Loch hinaus, und vor dem Loch schlugen immer die Flammen hin und her. Es ist gar nicht so schlimm, sagte er, ich bin doch auch zu euch hereingekommen. Da wickelte ich mir eine nasse Decke um den Kopf und kroch hinaus. Dann waren wir hindurch. Einige sind dann auf der Straße noch umgefallen. Wir konnten uns nicht um sie kümmern.

Geschrieben November 1943

Bericht eines fremden Wesens über die Menschen

Den erhaltenen Anweisungen gemäß habe ich mich nicht zu erkennen gegeben, sondern mit ihnen verkehrt, als wäre ich einer der ihren. Es hätte aber solcher Vorsicht gar nicht bedurft, denn diesen Wesen ist die Fähigkeit des gläubigen Staunens versagt. Doch sie müssen sie genau so wie wir einmal besessen haben, wie ich aus den Trümmern ihrer Werke und den Seufzern alter Leute zu schließen wage.

Wollet bitte, was ich Euch hier sage, nur als eine Nachricht aufnehmen, daß ich daran gegangen bin, die Lage dieser Wesen zu erkunden, und nehmt dies nicht etwa als einen endgültigen Bericht, den ich Eurer Weisheit unterbreite, damit Ihr danach Eure Entschlüsse fassen möget. Stolz darüber, daß Ihr mich dieser Sendung für würdig erachtet, bin ich mir erst jetzt der Verantwortung bewußt geworden, die mit dieser Aufgabe verbunden ist. Ich sehe so viel Unglaubhaftes, daß ich zögere, eine Meinung darüber auszusprechen. Meine Anwesenheit hier ist vorläufig nur ein lauschendes Tasten im Nebel. Habt deshalb Geduld.

Denn hier ist nichts so greifbar und wirklich, daß einer sagen könnte: So ist es! Oder: So wollen sie es! Vor allem sind diese Wesen ihrer selbst nicht sicher und das unterscheidet sie von allem Bekannten. Es ist ein Irrtum, wenn wir als ein Selbstverständliches von ihnen annahmen, daß Menschen zu sein ihnen eine ehrende und endgültige Form des Daseins bedeute. Mit Schaudern empfindet jeder, der mit ihnen umgeht, daß sie sich gleichsam dafür zu verachten scheinen, wachsen zu müssen, zu blühen und Frucht zu tragen, wie es doch allem Lebendigen notwendig ist, um seine Art zu erhalten. Sie aber haben maßlose Wünsche, und indem sie dem Notwendigen auszuweichen trachten, versäumen sie ihre Möglichkeit. Doch was sie zu werden begehren, wenn es ihnen gelänge, ihre Form zu zerbrechen und den Namen Mensch von sich zu tun, das konnte mir niemand angeben. Dabei kann man nicht sagen, daß sie noch der kindliche Halbschlaf einer Morgendämmerung umfängt. Der Tag liegt hinter ihnen, und das Wissen, daß es umsonst hell war, läßt sie an allem zweifeln. Wie aber darf man von Wesen, die nicht an sich selber glauben, erwarten, daß sie das Dunkel bestehen werden?

Wundert Euch nicht, daß ich von solchen Dingen spreche, denn ich vermute hierin den wahren Ursprung ihres leiblichen Elends. Ja, die Kunde, die davon zu uns drang, hat nicht übertrieben. Sie hausen, wie es ihnen nicht angemessen ist. Sie haben nichts, sich zu wärmen und zu kleiden. Sie ernähren sich von giftigem Abfall. Ihre Körper sind mit Schwären bedeckt, sie taumeln vor Schwäche und unzählige vergehen vor Hunger. Kein Wesen, das ihre Leiden sieht, kann sich des Erbarmens enthalten. Beobachtete ich doch, wie sich selbst ein Baum ächzend über Flüchtende beugte, um sie in ihrer Not zu verbergen.

Wie aber, wenn Eure Weisheit sich dazu entscheiden sollte, ihnen sofort durch Nahrung und Kleidung zu helfen? Würde dies nicht, so muß ich fragen, nur bewirken, daß die Menschen mit neuer Kraft anhüben, sich selbst zu zerstören? Denn sie haben ja früher von allem im Überfluß gehabt, doch sie konnten ihn nicht meistern, und wer genug hatte, gönnte das, was er nicht brauchte, keinem andern. Lieber erkrankte er am Zu-Vielen.

So haben sie es sich selbst zugefügt, daß all ihre Gewohnheiten, die ihnen lieb und gesund waren, in Trümmern liegen. Doch das vermögen sie nicht einzusehen. Wenn man davon zu ihnen spricht, dann geben sie einander rätselhafte Antworten. Dir ward es bestimmt, so sagen sie, mich zu besiegen, und mir, dies von dir zu erleiden. Dabei lebt der Sieger so kläglich wie der Besiegte, und beide stöhnen, daß sie so handelten, wie sie es taten. Was sie aber mit diesem Dritten meinen, durch welches sie angetrieben wurden, sich zu zerfleischen, habe ich vergeblich zu erforschen versucht. Die alten Leute sprechen von einem Wesen, das sie Gott nennen. Doch dies Wort hat so wenig Klang in ihrem Munde, daß es mir nicht zur Gestalt wurde. Vielleicht war, was sie so nennen, nur ein Bild ihrer Wünsche, und es ist ihnen zerbrochen wie alles andere; denn wir müßten doch

auch von einem solchen Wesen erfahren haben. Die Jüngeren aber kennen dies Wort nicht mehr, und, da sie nicht wissen, an wem sie sich für ihr Unglück rächen sollen, knirschen sie mit den Zähnen gegen sich selbst.
Wollet doch bitte erwägen, ob es nicht gut wäre, ihnen die Erinnerung an ihre Vergangenheit zu nehmen, denn sie liegt wie ein verwesender Leichnam über ihnen und verdirbt ihren Atem. Auch kriechen überall Maden umher. Solche, die sich am Gestorbenen mästeten und nun in Schlupfwinkel eilen, um dort auf eine Auferstehung zu warten. Und solche, die sich erst jetzt aus ihren Schlupfwinkeln neidvoll herandrängen, weil sie bisher an der Mahlzeit nicht teilnehmen durften. Und während sie vom Aas fett zu werden suchen, rühmen sie sich laut: Seht, wir vertilgen den verfluchten Leichnam! Die Menschen aber gleiten auf diesen Maden aus, und so werden ihre Bewegungen mißtrauisch und mutlos.
Doch gibt es auch einige unter ihnen, die sich nicht unangemessenen Wünschen hingeben. Ihren Ärzten habe ich zugesehen und fand sie uns ähnlich, denn obwohl es ihnen an Mitteln fehlt, die Krankheiten zu heilen, tun sie in freundlicher Weise das Mögliche als das Notwendige. Und so mag es auch noch viele unter ihnen geben, die zu durchschauen mir versagt ist, weil sie ihre echte Gesinnung schüchtern verbergen. So darf ich besonders die Frauen nicht zu erwähnen vergessen. Stärker sind sie im Ertragen der Leiden, die ihnen die Männer verursachen, und fragen nicht wie diese bei jedem Schritt: Wozu? Daher ich gern mit ihnen zusammen bin und in ihren Augen nach der Wahrheit forsche. Anders aber und unbegreiflich ist ihre Art, wie sie nach Umarmung trachten, denn ihr Streben ist nicht einfach darauf gerichtet, ein Junges zu erzeugen, wenn ihr Leib dazu reif ist, sondern sie begehren etwas, was sie Liebe nennen. Auch dies ist, so will es mir scheinen, ein Wunsch, sich selbst zu entfliehen. Doch sehe ich, daß sie davon schöner werden, und so mag es auch nur ein anderes Wort für Blühen sein.
Oder sollte man ihnen besser gar nicht zu helfen versuchen?

Denn bedenket wohl, daß über andre Wesen Unordnung und Verzweiflung kommen könnte, wenn sie von dieser Sucht der Menschen angesteckt würden, sich selbst zu entwachsen, ohne doch die Kraft zur Verwandlung zu besitzen. Nur ungern frage ich dies, und das Herz bebt mir dabei. Muß es nicht jeden mit Bewunderung erfüllen, daß sie immer noch ausharren und da sind, obgleich sie nicht sein wollen, was sie sind? Welches andre Wesen ertrüge das wohl? Und doch muß ich Euch diese Frage unterbreiten, denn es darf nicht sein, daß alles Lebendige durch die Menschen in Gefahr gebracht werde.
So lebe ich denn unter ihnen und suche sie zu ergründen. Vielleicht werde ich Euch in meinem nächsten Berichte bitten, daß Ihr noch andre auf Kundschaft aussendet. Wählet dann nur solche aus, von denen Ihr sicher seid, daß sie nicht zu vorzeitigem Erbarmen neigen, sondern in nüchterner Güte zu beharren wissen. Denn stark ist trotz allem der Zauber, den die Menschen ausüben, und Eure Weisheit mag aus meiner undeutlichen Erzählung erkennen, daß ich bereits davon befallen bin. Ja, manches Mal schon, wenn ich sie weinen sah, fühlte ich, der ich doch einer von Euch bin, wie ich mich sehnte, mir untreu zu werden und zu sein wie sie.

1946

Dieser Andere

Ich habe noch nie mit jemandem über ihn gesprochen. Absichtlich nicht. Ich hielt die Sache nicht für spruchreif. Erfahrungsgemäß erledigen sich manche Dinge, die einen zuerst überraschen, von selber, wenn man ihnen keine Wichtigkeit beimißt. Außerdem würde es mich geärgert haben, wenn irgendein guter Bekannter Aha! gerufen hätte und allzu rasch mit einer Klassifizierung bei der Hand gewesen wäre. Die Leute sind ja heute durch die vielen populär-wissenschaftlichen Artikel in Zeitungen und Zeitschriften so klug geworden, daß es ihnen kaum je an einer Erklärung fehlt. Übrigens auch der, von dem ich sprechen will, um das gleich vorwegzunehmen und damit eine seiner Eigenschaften festzuhalten. Da mir diese Gabe nicht verliehen ist, schwanke ich zwischen Bewunderung und Verachtung, je nachdem. Als Schriftsteller steht mir vielleicht gar kein Urteil darüber zu.

Wenn ich einen Namen für ihn hätte, wäre das alles sehr einfach. Ich würde ihn damit anreden oder rufen, und er wäre gezwungen, sich mir zu stellen. Wir könnten uns dann auseinandersetzen, und es würde sich schon bald genug zeigen, was an ihm daran wäre. Selbst auf die Gefahr hin, ihm unterlegen zu sein, würde ich diesen Versuch nicht scheuen. Wenn es sich erweisen sollte, daß er besser Bescheid weiß als ich, würde ich eben meine Lebensweise ändern müssen. Was hilft es, gegen Tatsachen anzubocken! Sehr möglich sogar, daß manches für mich leichter wäre, wenn ich ihm die Verantwortung überlassen könnte.

Doch leider kenne ich seinen Namen nicht. Er hat ihn mir nicht verraten; er spricht zu mir überhaupt mehr durch Gesten als durch Worte. Zu mir! Denn seit einiger Zeit weiß ich, daß er, wenn es sich um Andere handelt, über eine befremdende Redegewandtheit verfügt. Was aber viel auffallender ist: ich habe meinerseits nicht einmal versucht, ihm einen Namen zu geben. Es gehört nämlich sonst zu meinen Gepflogenheiten, an neuen Unbekannten solange

Namen auszuprobieren, bis einer an ihnen haften bleibt. Es erleichtert ihnen den Verkehr mit mir, wenn sie wissen, wo sie für mich stehen. Warum also finde ich mich in diesem Falle mit der Namenlosigkeit des Anderen ab? Der Grund ist mir nicht recht ersichtlich. Selbstverständlich habe ich mir scharf zugesetzt und mir vorgeworfen, daß es aus Angst geschähe. Doch es nützte nichts. Ich glaube im Ernst auch nicht, daß es Angst ist. Dazu liebe ich das Abenteuer viel zu sehr; selbst das, welches an den Rand irgendeines Abgrundes führen kann. Wie langweilig wäre das Dasein, wenn man nicht dann und wann bis an diesen Rand vordringt! Vermutlich also hat seine Namenlosigkeit gar nichts mit mir zu tun, sondern ist eine seiner Eigenschaften. Oder seiner Wirkungen, wenn man das lieber will. Ich gebe zu, daß ich nicht mit ihm tauschen möchte.
Als Schriftsteller habe ich natürlich versucht, ihn in ein paar Verse zu bannen. Ein sehr wirksames Mittel! Dieser Versuch lief jedoch höchst lächerlich aus. Schon nach der zweiten Zeile merkte ich, daß ich in Versmaß und Klang in das bekannte Kinderlied geriet:

Wenn ich in mein Gärtlein geh,
Will die Blumen gießen,
Steht ein bucklig Männlein da,
Fängt als an zu niesen.

Ich hänge sehr an diesem Liede, das ist wahr. Aber sehen wir einmal von der für mich ungewöhnlichen Art ab, wie das Wort ›als‹ darin gebraucht wird, was für einen Sinn hätte es, ein gutes altes Lied schlecht wiederholen zu wollen? Und dann vor allem: Wenn ich auch nichts Endgültiges über die Gestalt dieses Anderen auszusagen vermag – noch nicht! –, dies eine steht jedenfalls fest, daß die Bezeichnung ›Bucklig Männlein‹ auf ihn nicht zutrifft. Er ist eher schlank und ziemlich groß, etwa ... Doch ich will mich lieber nicht festlegen. Hinzu kommt noch, daß mir der Schluß des Liedes:

Liebes Kindlein, ach, ich bitt,
Bet fürs bucklig Männlein mit.

in diesem Falle gar nicht über die Lippen will. Nichts liegt mir ferner, als für diesen Anderen zu beten. Ja, das könnte ihm so passen. Ich bete ja nicht einmal für mich. Und ein Kind mit dieser Aufgabe zu belasten, möchte ich geradezu für zynisch halten.

Was mich veranlaßt, jetzt plötzlich das Schweigen über ihn zu brechen, ist folgendes: Ich hatte letzte Nacht einen Traum. Leider habe ich ihn vergessen. Ich weiß nur noch so viel, daß es einer von jenen Träumen gewesen sein muß, die ein wenig mehr Wirklichkeit haben als uns alltags gewährt wird. Man spürt dies an dem, wenn auch unbestimmten Gefühl eines unwiederbringlichen Verlustes, mit dem man sich den ganzen folgenden Tag herumschleppt. Als ich erwachte und die Augen aufschlug, sah ich diesen Anderen drei oder vier Schritt entfernt von meinem Bett stehen. Ich erkannte ihn sofort und war auch keineswegs erschrocken. Warum sollte ich auch? Unheimlich ist wohl das letzte Attribut, das sich für ihn eignet. Eher ist es das völlige Fehlen alles Unheimlichen, was mich an ihm erstaunt. Auch halte ich es nicht für ausgeschlossen, daß ich mit seinem sichtbaren Erscheinen eines Tages oder eines Nachts gerechnet hatte.

Ich beobachtete ihn längere Zeit schweigend und ohne mich zu rühren. Es gehört zum Beruf des Schriftstellers, stets zur Beobachtung bereit zu sein. Auch dann, wenn man unmittelbar aus einem Traum kommt. Techniker und Kaufleute können es sich leisten, Zahlen und Schlüsse aus Reaktionen, die keinerlei Realität besitzen, als real einzusetzen. Ein Schriftsteller würde damit nicht weiter kommen; er muß sehr viel nüchterner denken.

Dieser Andere war gut zu sehen, wenn auch nicht deutlich; das wäre der falsche Ausdruck. Er war angestrahlt von einem fahlen, kalten Licht. Der Scheinwerfer muß mit Gaze umwickelt gewesen sein, war jedoch genau auf ihn ausgerichtet, so daß die Figur wie ausgeschnitten in dem völligen Dunkel des Raumes stand. Wenn ich Scheinwerfer sage, so ist dies natürlich nur ein Hilfswort für die unbekannte Lichtquelle. Es ist ärgerlich, daß ich mich nicht einfach umgedreht habe, um die Sache zu prüfen; denn das Licht kam ganz offenbar aus meiner Richtung, irgendwo hinter mir. Doch man kann nicht an alles denken, und möglicherweise wäre mir inzwischen der Andere entwischt. Er lehnte am Türpfosten. Es würde mir nicht schwierig sein, dort, wo sein Kopf war, einen Bleistiftstrich zu machen. Und danach ließe sich dann seine ungefähre Größe messen. Ich muß noch erwähnen, daß die Tür halb offenstand. Ich lasse sie immer offen, da meine Schlafkammer sehr eng ist, und ich mehr Luft haben möchte. Und dann auch wohl, um mich nicht allzusehr von meiner Werkstatt abzuschließen. Dies hat also mit dem Anderen nichts zu tun. Er lehnte dort am Türpfosten in einer nachlässigen Haltung. Betont nachlässig, möchte ich sagen, doch ich kann mich irren. Ich vermag bei ihm niemals mit Sicherheit festzustellen, ob er eine Rolle spielt oder nicht. Und wenn, warum er es tut. Man darf nicht außer Acht lassen, daß wir von vorneherein annehmen, es ginge gar nicht anders, als eine Rolle zu spielen. Daraus entstehen viele Fehler. Es kann also bei ihm auch eine Haltung des Nachdenkens gewesen sein. Denn daß er nachdenkt, steht außer Zweifel; er pflegt niemals Schlag auf Schlag zu reagieren; immer ist eine kleine Pause da. Doch worüber er dann wohl nachdenkt? Denkt er wirklich den Gedanken oder das Problem zu Ende? Oder überlegt er nur, wie er mir ein Bein stellen kann? Wie dem auch sei, nachdem ich ihn lange genug beobachtet hatte, machte er eine kaum merkliche, wegwerfende Handbewegung und sagte: »Na, wenn schon!« Wenigstens war es die Wirkung auf mich, als habe er diese drei dummen Worte gesagt. Das Licht erlosch, und er verschwand. Und darüber vergaß ich den Traum.

Ich lag lange wach und erwog die Angelegenheit. Es war das erste Mal, daß ich mich über diesen Anderen ärgerte. Bislang hatte ich mich mehr über ihn amüsiert und sogar ein klein wenig Mitleid für ihn empfunden. Auch diesmal ärgerte ich mich nicht sehr, aber dies lächerliche: Na, wenn schon! machte mich bedenklich. So geht es nicht weiter, sagte ich mir. Schließlich werden einem Träume und Erlebnisse

nicht so reichlich zugemessen, daß man derartig verschwenderisch damit umgehen darf. Ich dachte zurück und rechnete seufzend aus, daß mir auf diese Weise schon vieles abhanden gekommen sein mußte.
Vielleicht spielt bei dem Entschluß, über ihn zu schreiben, auch die Tatsache mit, daß er mir zum ersten Mal bewußt gegenüberstand. Bisher war es nämlich mehr so, daß er sich unsichtbar neben mir aufhielt oder auch hinter mir. Meistens sehr nahe, ja, zuweilen für mein Gefühl allzunahe. In letzter Zeit kam es auch vor, daß er sich vor mich drängte. Er schob sich gleichsam wie eine Mattscheibe dazwischen, um mich zu verdecken. Vielleicht werde ich diesen Vorgang nachher noch an einem Beispiel schildern; d. h. wenn ich nicht bis dahin die Lust verliere. Ich staunte jedesmal, ließ ihn aber gewähren. Diese Gleichgültigkeit könnte man mir mit Recht zum Vorwurf machen. Möglicherweise habe ich ihn erst dadurch kühn gemacht, und es wäre besser gewesen, ich hätte sofort und sehr energisch gerufen: Halt! Was soll das?, statt ihm das Feld kampflos zu überlassen. Ich dachte aber damals gar nicht an Kampf mit ihm und denke auch jetzt nicht eigentlich daran. Ich muß gestehen, daß es mir immer ein wenig peinlich ist, wenn ich bei Anderen diesen gierigen Trieb, sich vorzudrängeln, bemerke. Sie müssen es wohl sehr nötig haben, denke ich dann; besser, man reizt sie nicht zum Widerspruch, sondern gibt nach; sonst sind sie beschämt, wenn sie ihre Unhöflichkeit einsehen. In diesem besonderen Fall kommt noch hinzu, daß ich mich durch sein Dazwischentreten nicht wirklich benachteiligt fühlte. Er nahm mir dadurch nichts, was ich nicht bereit gewesen wäre, mir nehmen zu lassen. Ich gebe jetzt aber zu, daß ein solches Verhalten sehr gewagt ist; auf die Dauer kann es geradezu vernichtend sein. Mein Hauptfehler lag eben darin, daß ich viel zu spät auf die Idee kam, diese schädigende Wirkung, von der ich spreche, für eine Folge seines Erscheinens zu halten. Ich hielt sie für etwas, was lediglich von mir ausging, für eine Stimmung oder eine Charakteranlage, mit der ich fertig zu werden hatte. Ich war weit davon entfernt, einem Anderen dafür böse zu sein

oder ihn verantwortlich zu machen; und im allgemeinen ist ja diese Einstellung auch die bessere. Heute nun glaube ich meinen Irrtum damit erklären zu können, daß es ein Trick des Anderen ist, durch sein Erscheinen nicht nur keine Spannung hervorzurufen, sondern im Gegenteil jegliche Gespanntheit aufzuheben, um dadurch Willen und Wachsamkeit einzuschläfern. Aber es gibt Grenzen, mein Lieber, die unbedingt eingehalten werden müssen.

In welcher Weise nahm ich ihn nun überhaupt zuerst wahr? Das ist nicht mit Genauigkeit anzugeben. Wahrscheinlich doch wohl mit jenem Organ, mit dem man es wahrnimmt, wenn sich in der Stadtbahn, während man in die Zeitung vertieft ist, jemand zu nah an einen heransetzt, und das uns auch sofort meldet, wenn sich ein Einbrecher unterm Bett verborgen hat. Einige glauben, dies Organ säße in der Magengegend. Ich für meinen Teil möchte, ohne damit eine Hypothese aufstellen zu wollen, seinen Sitz eher in der Stirnmitte annehmen; denn diese registriert doch jeden fremden Kontakt und den allergeringsten Kraftabfluß unfehlbar durch ein elektrisches Jucken. Doch das ist nicht so wichtig; mögen die Mediziner es entscheiden. Ich erwähne es nur, da man mit Recht fragen könnte, weshalb ich denn diesen Anderen nicht einfach beschreibe, zumal da ich ihn doch letzte Nacht beobachtet habe, und zwar so genau, daß ich sogar seine Größe durch einen Bleistiftstrich am Türpfosten angeben zu können behaupte. Der Grund ist der, daß ich mich hüten möchte, etwas in ihn hineinzusehen. Dadurch würde ich ihm zu einer Maske verhelfen, hinter der ich ihn kaum mehr erkennen könnte. Ich würde ihm selber das Mittel in die Hand geben, mich zu täuschen, und ihm eine solche Maske wieder abzureißen, dürfte sehr schwer und unter Umständen nicht, ohne mich selbst dadurch zu verletzen, möglich sein. In der letzten Nacht habe ich ihn ja auch nur mit meinen Augen wahrgenommen, und man weiß doch, wie wenig Verlaß auf unsre Sehorgane ist. Meistens produzieren sie doch die Dinge erst, die sie zu sehen vermeinen. Über die verheerenden Folgen zu reden,

die unsere allzu leichtfertige Vertrauensseligkeit in dieser Hinsicht hat, ist schon gar zu banal. Man denke nur an sein Spiegelbild, wie man es liebkost und daran herumkorrigiert, um es noch inniger liebkosen zu können. Und das alles ist doch nur scheinbar da und hat den Zweck, uns von der Wirklichkeit abzulenken. Zweifellos wüßten wir mehr von uns, wenn es keine Spiegel gäbe. Uns bliebe viel Mühsal erspart, wenn wir das Nur-Gesehene nicht mehr in eine Sprache zu übersetzen brauchten, die den zuverlässigeren Sinnen begreiflich ist.
Man verzeihe mir diese so selbstverständliche Bemerkung, in die ich abgeschweift bin. Wenn ich also davon Abstand nehme, die Größe dieses Anderen trotz des möglichen Bleistiftstriches mit 1,80 oder meinetwegen mit 1,85 m anzugeben, so nur deshalb, weil mir mein Gefühl sagt, daß er mit Zahlen nicht zu fassen ist. Ich halte ihn für fähig, daß er unversehens zu wachsen oder einzuschrumpfen weiß. Nicht aus Bosheit, o nein, das will ich nicht damit behauptet haben. Er erweckt eben bei mir den Eindruck veränderlicher Größe, so wie er ja auch keineswegs immer von mir wahrgenommen wird. Nur zu oft vergesse ich seine Gegenwart ganz, und um wiederum ganz ehrlich zu sein, vermöchte ich nicht mit Sicherheit zu sagen, ob er dann wirklich nicht gegenwärtig ist oder ob es nur an mangelnder Wahrnehmungskraft meinerseits liegt. Das einzige, was ich über seine äußere Erscheinung ohne zu schwanken bezeugen könnte, wäre ... Seltsam, vorhin sprach ich unbedenklich von seiner Schlankheit und nun stutze ich, da mir das Wort Magerkeit auf der Zunge liegt. Wäre nicht Dürftigkeit besser? Oder sogar Substanzlosigkeit? Wie bei manchen Tbc-Kranken. Nein, es ist besser, ich lasse davon ab. Ich kann ja nicht einmal den Verdacht ganz abweisen, daß ich diese Dürftigkeit des Anderen nur voraussetze, da ich mich ihm, bislang wenigstens, niemals ernstlich unterlegen gefühlt habe. Doch: Vorsicht! Vorsicht!
Jeder gewissenhafte Forscher wird meine Abneigung gegen eine nur spekulative Darstellung billigen. Es ist ähnlich wie mit dunklen Weltkörpern, deren Dasein sich nur aus den

Abweichungen der Laufbahn sichtbarer Gestirne errechnen läßt, wobei doch die Frage entsteht, ob wir uns nicht einer kleinbürgerlichen Engherzigkeit schuldig machen, wenn wir den Gestirnen die Freiheit versagen, ihre Bahn auch einmal ohne einen solchen dunklen Körper zu ändern, etwa rein aus Mutwillen. Oder man denke an diese allerkleinsten Teile, von denen sich kaum sagen läßt, ob sie wirklich Teile und nicht vielleicht nur Begriffe sind, da sie selbst unter dem Mikroskop noch nie jemand zu Gesicht bekommen hat; den Genen z. B., die einen so maßgeblichen Einfluß auf unsern Körper ausüben sollen; nicht nur, daß sie die Anlage für häßliche Krankheiten wie Krebs hervorrufen, das müßte man hinnehmen, sondern die auch, theoretisch wenigstens, über die Macht verfügen, einen Mann in ein Weib zu verwandeln. Als ob es dazu der Gene und einer besonderen Macht bedürfe! Dies nicht allzu schwere Kunststück hat schon mancher fertiggebracht, aus Neugierde oder aus Überdruß mit seiner Bestimmung. Kurz, jeder Wissenschaftler weiß, daß bei allen Dingen, deren Vorhandensein nur auf Grund einiger unerklärlicher Wirkungen vermutet wird, größte Skepsis am Platze ist. Und sehr viel mehr weiß dies jeder Schriftsteller. Er vermeidet es daher, ihnen fremdartig prunkende Namen zu geben, damit diese unsinnlichen Hirngespinste sich nicht zu einem Netz verknüpfen, in dem er sich selber fängt. Versucht er sie zu schildern, so tut er es durch Schweigen. Indem er eine Lücke offen läßt, macht er sie sinnlich wahrnehmbar. Denn auch dies sei mir noch zu sagen erlaubt, obgleich ich die Wissenschaft dafür achte, daß sie es laut auszusprechen sich verbietet, um die Unsicherheit des Laien nicht zu vermehren; ich meine die Frage: Ist denn die Wirkung wirklich eine Wirkung? Ist sie nicht vielleicht die Ursache der Ursache, indem sie sie lockend bewirkte, auf sie einzuwirken und zur Wirkung zu machen? Lassen sich doch Plus und Minus ohne Schaden vertauschen; denn es kommt ja nicht auf die Pole an, sondern auf die Spannung. Und wie, wenn das Nichts, über das heutzutage so viel mit trotziger Bangigkeit geschwatzt wird, wenn dies Nichts nun plötzlich mit gütigem

Spott rufen würde: Wo wärest Du denn, Du Etwas, wenn ich nicht wäre?
Selbstverständlich habe ich mir Gedanken darüber gemacht, welche Absicht wohl dieser Andere verfolgt. Lassen wir einmal jede Haarspalterei beiseite; denn ich bin mir natürlich bewußt, wenn ich z. B. sage: Ich habe die Absicht, ein Buch zu schreiben oder mich zu betrinken oder eine Nordpolexpedition zu unternehmen, daß dies nur Vorwände für irgendeine Absicht sind, derer ich mir nicht bewußt bin. Nehmen wir das Wort Absicht einmal in seinem vordergründigen oder meinetwegen sozialen Sinne, so wie man von jemandem sagt, es sei seine Absicht, reich zu werden oder sich eine Machtposition zu erwerben oder sich eine Frau zuzulegen. Es ist nun komisch, daß ich von diesem Anderen, sooft er auch meine Absichten fühlbar durchkreuzte, nicht behaupten dürfte, daß er es tat, um meine Stelle einzunehmen. Wozu also macht er sich erst die Mühe, wenn er doch gar nichts davon hat? Was soll dies Sich-Vordrängen, wenn er aus dem Vorteil, den er dadurch im ersten Augenblick gewann, nicht den geringsten Nutzen zog? Diese Absichtslosigkeit frappiert mich immer von Neuem. Sie wirkt sogar ansteckend. Ich bin daher schon auf den Gedanken gekommen, daß dies vielleicht gerade seine Absicht ist, meine Absichten aufzuheben. Aber wiederum: Wozu? Denn diese Frage stellt man sich unweigerlich, wenn man sich plötzlich neutralisiert findet. Und zwar wäre es ein doppeltes Wozu: einmal für ihn und einmal für mich. Sollte er sich eine Art Kontrolle über mich anmaßen und sich einbilden, besser über das, was meiner Art gemäß ist, Bescheid zu wissen als ich? Welch eine rührende Selbstlosigkeit! In früheren Jahren wäre ich naiv genug gewesen, eine so liebevolle Fürsorge zu ersehnen, doch heute glaube ich nicht mehr daran, daß es so etwas gibt. Es läuft nur darauf hinaus, daß man dem zärtlichen Helfer zu der Illusion verhelfen muß, daß er eine große Hilfe sei, und diese zusätzliche Aufgabe kann ich mir zur Zeit nicht leisten. So leid es mir tut, die freundlichen Helfer in aller Welt müssen sich ein wenig gedulden. Später vielleicht vermag ich

ihnen das unbehagliche Gefühl, sinnlos zu sein, wieder zu zerstreuen. Doch gerade jetzt handelt es sich darum, den Beweis zu erbringen, daß es zu ertragen ist.
Oder sollten die mir so unverständlichen Handlungen dieses Anderen nur als krampfhafte Versuche eines Wesens anzusehen sein, das dem Bewußtsein seiner Sinnlosigkeit auszuweichen wünscht?
Eines Tages fiel mir beim Durchblättern alter Manuskripte auf – es handelte sich um Kladden und erste Entwürfe, die ich vernichten wollte, um rein persönliche Spuren zu verwischen –, daß darin mancher Satz und hier und da sogar ganze Absätze durchgestrichen waren, die mir beim erneuten Durchlesen gar nicht so unwichtig erschienen. Es war mir nicht ersichtlich, weshalb ich sie damals durchgestrichen hatte. Ich bemühte mich, sie trotz des Striches wieder zu entziffern, und im ersten Moment war ich drauf und dran, mir das Durchgestrichene in einem Merkbuch zu notieren, um es bei anderer Gelegenheit zu verwenden. Ich ließ dann allerdings davon ab, und wenn ich mich recht entsinne, geschah es mit dem laut oder in Gedanken getanen Ausruf: Wozu die Arbeit! Schon dieser Ausruf hätte mich stutzig machen sollen, doch ich war damals ganz ohne Arg und weit davon entfernt, an die Mitwirkung irgendeines Anderen zu denken. Ich erklärte mir die Tatsache des allzu reichlichen Durchstreichens sehr einfach. Ich werde schon meine Gründe gehabt haben, sagte ich mir, und wenn ich sie heute nicht mehr verstehe, so liegt dies daran, daß wir inzwischen Krieg, Luftangriffe, Hungerjahre und dergleichen gehabt haben, und daß ich mich verändert habe. (Ach, und wie sehr habe ich mich verändert! So sehr, daß ich mich selbst noch nicht zurechtfinde. Ja, so sehr, daß der, der ich vor zehn Jahren war, hemmungslos über mich weinen würde. Und ich wüßte keinen Trost für ihn.) Und damit vernichtete ich die Papiere. Ich tat mir sogar etwas darauf zugute. Man darf sich selbst, so wie man gestern war, prahlte ich, ebensowenig nachahmen wie andere. Ein Rückgriff auf die Vergangenheit ist Betrug. Und ein Zeichen, daß man sich keine Wandlung mehr zutraut.

Allmählich aber nahm dies Durchstreichen Ausmaße an, die mich bedenklich machten. Es wurde nicht nur meine Vergangenheit durchgestrichen, sondern auch meine Gegenwart und damit logischerweise auch meine Zukunft. Ich pflege spät nachts, wenn ich zu Bett gehe, meine Papiere auf dem Tisch so liegen zu lassen, wie ich darin geschrieben habe. Ich möchte direkt von der Arbeit in den Schlaf sinken, um etwas davon mitzunehmen; das langweilige Aufräumen und Ordnung-Schaffen würde mich schmerzhaft aus allem herausbringen. Nicht einmal den Füllfederhalter drehe ich zu, obwohl es sicher besser wäre; denn die in der Feder befindliche Tinte verdickt sich über Nacht, und man hat seinen Ärger, wenn man wieder zu schreiben anfängt. Doch man muß dies kleinere Übel in Kauf nehmen. Am besten wäre es ja zweifellos, man brauchte gar nicht zu schlafen und schriebe das, was man zu schreiben hat, in einem Zuge herunter; durch die Angewohnheit des Schlafens lassen sich Bruchstellen und Nähte an einem Kunstwerk kaum vermeiden, mag man auch über noch so viele Kunstgriffe verfügen, um sie zu verwischen. Man könnte ja statt dessen, wenn es sich als nötig erweist, eine ganze Woche lang Tag und Nacht schlafen. Doch leider sind unsere Angewohnheiten stärker als unsere Einsichten, und wir müssen sehen, wie wir zurecht kommen.
Eines Morgens entdeckte ich, daß auch in den ganz frischen Papieren, die nur ein paar nichtsnutzige Schlafstunden alt waren, Sätze gestrichen waren, deren Streichung keinerlei Sinn hatte. Die Striche schienen mir noch feucht zu sein, weshalb ich mit dem Zeigefinger darüberhin wischte. Aber das war ein Irrtum; die Tinte war noch nicht nachgedunkelt. Die Streichung dieser Sätze ließ sich auch nicht damit erklären, daß man morgens anders denkt als spät nachts. Es versteht sich von selbst, daß ich diese Möglichkeit erwog. Jedoch ganz abgesehen von der bekannten Tatsache, daß man eher am Vormittag kritisch und zum Streichen geneigt zu sein pflegt, so habe ich auch einen anderen Beweis dafür, daß diese Erklärung für meinen Fall nicht stimmt. Wenn ich nämlich diese ersten Entwürfe auf der Schreibmaschine

in Reinschrift brachte, geschah es immer wieder, daß mir im Zuge, ohne daß ich auf das neben mir liegende Konzept blickte, wie von selber die gleichen, dort durchgestrichenen Sätze an der richtigen Stelle in die Maschine kamen. Mit anderen Worten, die Sätze wollten gar nicht gestrichen sein, sondern gehörten als organischer Bestandteil genau dorthin, wo sie ursprünglich gestanden hatten. Doch es kommt noch besser: Wenn ich dann wieder ins Konzept blickte und die Streichung entdeckte, gab es jedesmal, ganz gegen meinen Willen, ein krampfhaftes Zucken in meinen Fingern, als ob ein Anderer sich meiner Finger bedienen wollte, um den mit der Maschine geschriebenen Satz schleunigst wieder durchzu-x-en. Zu meiner Schande muß ich gestehen, daß ich in den meisten Fällen nachgab. Ein schwerer Fehler.

Von diesem Augenblick an wurde ich hellhörig. Die Wohltat verstandesmäßiger Spielereien wie Rausch, Trance, Suggestion, Materialisation, Doppelgängertum, Astrologie und Psychoanalyse, mit denen andere Leute sich ihre Freizeit vertreiben dürfen, ist einem Schriftsteller versagt. Um der gesunden, geistigen Klarheit willen rechnete ich daher von vorneherein mit einer Wirklichkeit. Ganz gleich, was es ist, sagte ich mir, und ganz gleich, ob ich es bisher noch nicht zu sehen vermochte: Wenn ich an den unbegreiflichen Verstümmelungen meiner Manuskripte die Wirkung erkennen kann, dann muß es auch möglich sein, dieses Es wahrzunehmen. Es wird nur einer schärferen Beobachtungsmethode bedürfen.

Es gelang mir nicht sofort, doch ich bin stolz darauf, daß die unermüdliche Geduld des Künstlers, dies Starren ins Leere, das anderen Menschen, die ihr Leben ohne solche Geduld fristen dürfen, wie ein Nichtstun erscheint, mich allmählich zum Ziele führte. Ich legte dem mir unbekannten Durchstreicher eine Falle. Nachts beim Schreiben stellte ich mich so, als ob ich eine kleine Pause machen müßte, um nachzudenken oder um mich zu sammeln. Ich ließ ihm Zeit, inzwischen den zuletzt geschriebenen Satz zu überprüfen. Ich verlockte ihn zum Durchstreichen. Und siehe da, er ging mir auf den Leim. Es kam die Sekunde, wo ich ihn wahrnahm. Das war ein Triumph für mich, doch natürlich ließ ich mir nichts merken. Ich verhielt mich mäuschenstill und tat so, als wenn nichts gewesen wäre. Nicht etwa, daß ich mit meinen Augen sah, wie mir ein Satz durchgestrichen wurde. Oder daß ich das Kratzen der Feder auf dem Papier hörte. Das ist mir auch bis heute noch nicht gelungen, sei es, weil er zu schlau ist, sei es, weil meine Wahrnehmungsorgane doch nicht fein genug sind, um exakt entscheiden zu können, wann ich selber durchstreiche oder wann dieser Andere sich meiner Hand bedient. Nach allem erscheint es mir jedoch nicht unmöglich, es auch noch dahin zu bringen; es käme darauf an, durch weitere, unermüdliche Exerzitien die eigensinnige Hand, die sich trotz oder gerade wegen ihrer Selbstherrlichkeit so leicht übertölpeln läßt, in direkten Kontakt mit dem Organ in der Stirnmitte, von dem ich vorhin sprach, zu bringen.

Nein, es geschah etwas ganz anderes, womit ich am allerwenigsten gerechnet hatte, und was noch jetzt meine Verwunderung erregt. Ich hörte sein Herz klopfen. Und zwar gar nicht einmal so sehr leise. Zuerst dachte ich, mich getäuscht zu haben. Es klang, als ob in einer Garage ein paar Häuser weiter ein Motor lief. In der Stille der Nacht hört man so etwas ja sehr weit. Oder wie ein Pumpe, die unten im Keller in Gang gesetzt worden war. Aber wozu plötzlich eine Pumpe? Was war geschehen? Denn alle Welt lag doch im Bett und schlief. Es hörte sich nämlich weniger wie ein Klopfen an, sondern wie ein An- und Abschwellen, wie dies atmende oder weich keuchende Geräusch, das entsteht, wenn etwas durch einen engen Schlauch gepumpt wird. Um ganz sicher zu gehen und keiner Sinnestäuschung zu verfallen, nahm ich sogar an, daß es die Tätigkeit meines eigenen Herzens sein könnte, die ich hörte; vielleicht hatte ich mich überarbeitet oder zuviel Kaffee getrunken. Ich tat so, als ob ich mich am rechten Unterarm kratzen müßte, und ließ wie zufällig meine Hand am Puls liegen. Dabei ergab es sich nun sofort, daß mein Pulsschlag nicht mit dem, was ich hörte, im gleichen Takte ging. Es war jedesmal eine ganz

winzige, doch nicht wegzuleugnende Differenz festzustellen: eine Art Nachhinken.
Aha! sagte ich bei mir, jetzt hab ich ihn. Er muß unmittelbar hinter mir stehen, mit dem Kopf genau neben meinem Ohr. Er blickt mir über die Schulter und kontrolliert das Geschriebene. Es reizte mich, eine jähe Bewegung mit meinem Kopf zu machen. Sicher hätte er sich mehr dabei wehgetan als ich; einmal, da ich einen ziemlich harten Schädel habe, und dann auch, da ich meinerseits ja auf den Zusammenprall unserer Köpfe gefaßt gewesen wäre. Oder ich hätte ja z. B. auch ganz unvermittelt aufstehen können. Was dann? Natürlich tat ich nichts dergleichen. Ich blickte mich nicht einmal um; denn ich wußte vorher, daß ich nichts sehen würde. Man könnte höchstens fragen, was mich berechtigte, diesem Anderen so ohne Weiteres einen Kopf zuzuschreiben. Nun, das hat nichts zu besagen: ich lieh ihm der Einfachheit halber eine gewisse Menschenähnlichkeit, wie wir das ja auch alltags zu tun pflegen, um mit den Wesen, mögen sie nun Weib oder Engel, Tier oder Pflanze, Eis oder Glut sein, nicht in allzu nackte Berührung zu kommen. Diese oberflächliche Uniform erleichtert den Umgang, ohne uns ernstlich zu täuschen.
Ich verhielt mich also ganz ruhig, strengte aber meine Aufmerksamkeit noch mehr an. Kontrollier du mich nur, sagte ich bei mir, nicht ohne mich ein wenig über ihn lustig zu machen, und wenn dir etwas nicht paßt, dann bitte! Dies Verhalten war mehr als leichtsinnig von mir, wie ich jetzt einsehe. Doch wenn man mehrere Stunden scharf gearbeitet hat, ist man leicht etwas übermütig. Man fühlt sich allzu sicher und läßt die übliche Vorsicht, die innerhalb des zeiträumlichen Daseins am Platze ist, außer Acht. Der kümmerlichste Schuft vermag einem dann ein Bein zu stellen. Z. B. hätte ich mir doch denken können, daß jemand, dessen Herzschlag ich so nah an meinem Ohr vernahm, seinerseits auch die Worte vernehmen könnte, die ich nur in Gedanken sprach. Leider kam ich zu spät darauf.
Durch mein sorgloses Verhalten gab ich ja diesem Anderen eigentlich erst das Recht, an meiner Arbeit und an meinem

Leben teilzunehmen. Und ich selbst begab mich mit meiner stillschweigenden Aufforderung des Rechtes, ihn als ein Fremdes und Störendes auszuschalten, ein Recht, das als Voraussetzung für alles künstlerische Schaffen zu gelten hat. Ich überlegte nicht, daß es damit um meine Einsamkeit geschehen war, die ich mir durch jahrelange Mühe erworben hatte. Wenn ich diesem Anderen gestattete, an meinem Alleinsein teilzunehmen, hätte ich mir ja ebensogut eine Frau oder einen Freund mitnehmen können. Oder auch Gott, um den es mir am meisten leid tut, daß ich ihm kein Unterkommen gewähren kann, solange ich mir selbst eines versagen muß.

Der Fehler ist nun einmal gemacht, das nachträgliche Jammern hat keinen Sinn. Vor allem gilt es, daran festzuhalten, daß es mein Fehler ist und nicht der des Anderen. Ihn trifft insofern kein Vorwurf. Gewiß, es ist ärgerlich, daß ich mir ganz unnötigerweise eine neue Last aufgehalst habe, aber ich darf ihn dafür weder hassen noch fürchten. Im Gegenteil, ich habe mich für ihn verantwortlich zu fühlen. Ich kann ihn nicht einfach wieder fortschicken, nachdem ich ihm erlaubte, sich an mich zu gewöhnen. Ich habe es selbst erfahren, wie hart es ist, sich plötzlich auf die Straße geworfen zu finden ohne Aussicht auf Heimkehr, irgendwann einmal. Daß ich selbst eine solche Situation allmählich zu meistern lernte, gibt mir kein Recht, die gleiche Fähigkeit bei einem Anderen vorauszusetzen. Er kann erfrieren und verkommen oder sogar ins Verbrecherische verfallen. Diese Gefahr besteht ja immer. Und selbst wenn ich es darauf ankommen ließe, indem ich mich vielleicht ermahnte: Was soll diese falsche Sentimentalität!, würde ich mir nur Schaden dadurch zufügen. Ich wäre gezwungen, gar zu oft zu denken: Was ist wohl aus ihm geworden? Wäre es nicht besser gewesen? Usw. Dadurch würde ich noch sehr viel enger und kraftraubender an ihn gebunden sein, als wenn ich ihn bei mir leben lasse. Das einzige Mittel, einen Fehler aufzuheben, ist, ihn bejahen und in Kauf nehmen. Aber das sagt sich so leicht. Welcher Rücksichtnahme bedarf es! Wenn ich z. B. auf der Brücke stehe, ohne mich für das rechte oder das linke Ufer zu entscheiden, so geschieht es mir zuweilen, daß mir eine Träne ins Wasser fällt. Ach, und wie wohltuend ist es doch immer gewesen, die zarten Kreise der Träne sich im Flusse schmerzlos und ohne Spur auflösen zu sehen. Muß ich mich jetzt des Weinens ganz enthalten, weil mir einer zusieht? Und als was will denn dieser Andere bei oder neben mir leben? Soll ich mich nach ihm richten?

Eines aber glaube ich von ihm verlangen zu dürfen: Keine Heimlichkeiten! Wir alle haben unsere Launen und Eigenheiten, doch bitte immer mit offenen Karten, wenn es ein Auskommen geben soll. Die Versteckspielerei ist gar zu kindisch. Auch ich habe keine Heimlichkeiten und bin ganz wehrlos. Denn es gehört ja zum Beruf des Schriftstellers, im offenen Raum zu leben, und wenn der Raum von anderen nicht als offen erkannt wird, so nur deshalb nicht, weil ihre Besorgtheit sie zwingt, hinter Fensterglas zu leben.

Ich will gerecht sein. Ob er nun von sich aus oder auf Grund meines Beispiels an Selbstsicherheit gewann, jedenfalls gab er sich mit der Zeit offener. Man darf nicht zuviel von ihm verlangen; es ist ja noch nicht einmal heraus, was ihm überhaupt möglich ist. Ich rechne es ihm daher auch sehr hoch an, daß er sich letzte Nacht zum ersten Mal ermannt hat, mir gegenüberzutreten. Warum denn nicht früher, mein Lieber? Das hätten wir doch schon längst haben können. Ich bin doch kein Unmensch! Ging es denn nicht auch ohne dies nächtliche Durchstreichen in meinen Manuskripten? Während ich schlief? Pfui! Und wozu denn? Um mir deine Existenzberechtigung zu beweisen? Aber ich habe sie doch niemals bezweifelt, denn ich wußte ja gar nichts von dir. Und wenn mir das zum Vorwurf gereicht, so darf man doch deshalb einen Anderen nicht rücklings oder von unten her anzuknabbern versuchen. Das tun nur minderwertige Wesen. Du hättest dich gleich auf dieselbe Ebene mit mir stellen sollen. Dann läßt sich immer eine Einigung finden. Denn was mich angeht, so hat mich dein nächtliches Durchstreichen zwar auf einen Verstand von mir fremdartiger Schärfe schließen lassen, aber wahrgenommen habe

ich dich zuerst durch deinen Herzschlag, und das ist es, was mich an dich bindet. Wie könnte man vernichten wollen, dessen Blut man einmal rauschen hörte? Man würde sich nur selbst dadurch vernichten. Manchmal allerdings muß man ja tun, was man nicht will.
Um es vorwegzunehmen: in der Tat gab er die nächtliche Durchstreicherei auf. Nicht, daß dadurch etwas für mich gewonnen war. Ganz im Gegenteil! Die neue Methode, die er anwandte, stellte sich als weit verwirrender heraus. Er vergriff sich nämlich direkt an meinen Gedanken, noch bevor sie formuliert und niedergeschrieben waren. Kaum hatte ich einen Einfall, so nahm er ihn in die Hand, betrachtete ihn eine Zeitlang schweigend und ohne die Miene zu verziehen, als ob er ernstlich darüber nachsänne, ob er sich lohne, und ließ ihn dann einfach fallen. Wie einen wertlosen Gegenstand. Für ihn wertlos. Ähnlich, wie Affen es zu tun pflegen. Und sobald das geschehen war, sah man ihn schon auf den nächsten Einfall warten, um ihn in gleicher Weise zu erledigen. Als wenn es Einfälle in so unerschöpflicher Menge gäbe.
Ich schildere dies so, als hätte ich ihn bei dieser Tätigkeit vor mir gesehen. Das stimmt natürlich nicht. Es ist eine nachträgliche Konstruktion. Umgekehrt jedoch könnte man auch sagen, daß das Bild der vergangenen Nacht meine frühere Annahme nur zu gut bestätigt. Ich meine diese gewisse Nachlässigkeit und das Wegwerfende seiner Haltung, die er mir gegenüber zu zeigen für nötig erachtete. Weshalb wohl übrigens? Er hätte doch wissen können, daß ich keineswegs auf Anerkennung aus bin, ja, daß mich ein schmeichelhafter Beifall eher skeptisch macht, da die Vermutung naheliegt, daß es nicht mein ureigener Gedanke gewesen ist, den ich ausgesprochen habe, sondern der des Anderen, der ihn versteht. Wie dem auch sei, die Art, wie er mit meinen Gedanken umging, brachte mich beinahe aus der Fassung. Ich mußte die Zähne zusammenbeißen, um diesen Zustand dauernder Entwertung zu ertragen. Und trotzdem geschah es, daß mich die Leute am nächsten Morgen fragten: »Heut Nacht haben Sie aber späten Besuch

gehabt«, weil ich mich laut dagegen aufgelehnt hatte. Man weiß doch, was ein guter Einfall bedeutet. Das ist wie ein Aufleuchten. Manchmal wird von einem kleinen Wort das Dunkel der Welt erhellt. Man kann sich einem solchen Gedanken ganz hingeben, man fühlt sich beseligt und wird eins mit Allem, was es gibt. Einige sagen, das Glück sei dem, das die Liebe gewährt, vergleichbar, worüber ich jedoch nicht zu urteilen wage. In früheren Jahrhunderten würde man es vielleicht Gnade genannt haben, soweit sich das, was mit diesem Wort gemeint war, noch verstehen läßt; denn für uns spielt es keine Rolle mehr. Jedenfalls ist Grund genug vorhanden, sorgsam mit einem Einfall umzugehen und dankbar dafür zu sein. Und da kommt nun Einer und reißt das alles mir nichts, dir nichts an sich. Und das nicht einmal, um sich an dem Raub zu bereichern, sondern um es achtlos beiseite zu schmeißen, nachdem es schon durch seinen Zugriff jede Lebendigkeit verlor. Nein, so geht es nicht! Das ist ja wie in jenem alten Märchen – oder habe ich diese Geschichte erlebt? –, wo von einem hungernden Manne berichtet wird. Ein Prophet war es, glaube ich, oder etwas Derartiges. Er hauste in einem kahlen Wüstental, und jedes Mal, wenn er einen Bissen Brot zum Munde führte, flog ein häßlicher Vogel vorüber und beschmutzte ihm die Speise.

Zu meinem Glück bin ich über das Alter hinaus, wo man die Verzweiflung für ein unheilbares Leiden hält. Ich habe mich zu oft darin befunden, um nicht erkannt zu haben, daß es sich dabei um eine periodische Krankheit handelt, ähnlich wie bei den Frauen. Zwar sind die Perioden sehr unregelmäßig; manchmal sind es Jahre, und wenn man von dem kleinlichen Hilfsmittel individualistischer Zeiteinteilung absieht, sogar Jahrhunderte; doch im Prinzip bleibt es das gleiche. Viel Wesens davon zu machen, ist lächerlich; die Schmerzen scheinen einem nur das erste Mal unerträglich zu sein, später wird man sie gewohnt. Am besten, man verkriecht sich, da die Krankheit ansteckend ist.

Trotz aller Erfahrung sah es für kurze Zeit bös um mich aus. Ich glich einer Ratte, die einen vergifteten Bückling gefressen hat. Sie rumorte in ihrer Todesangst über mir im Gerümpel des Dachbodens. Ich versuchte, das Gift unter krampfhaften Verzerrungen zu erbrechen. Doch dann bekam ich mich wieder in die Gewalt. Mein Heilmittel war: Ich wurde so knapp wie möglich. Ich ließ alle Zwischenglieder aus, um dem Anderen den Zugriff zu erschweren. Und um ihn zu verletzen; er sollte sich die Hand an dem Gedanken ritzen und ihn vor Schreck fahren lassen. An sich keine schlechte Disziplin. Eine Weile machte es mir Spaß, ihn zu verblüffen. Aber nicht sehr lange. Das Spiel wird bald langweilig. Schließlich ist man nicht da, um andere zu verblüffen. Und ich sah, wohin mich die Knappheit unweigerlich führen würde: zum absoluten Schweigen. An diesem Punkte setzte ich mich ernstlich zur Wehr.

Ich weiß, argumentierte ich, was sich für das Schweigen anführen läßt. Man kann es als einen Grad höchster Weisheit und Abgeklärtheit gelten lassen. Nicht immer; denn nur zu oft ist es nichts als Resignation, und mit solchen östlichen Praktiken weiß ich als Europäer nichts anzufangen. Dann lieber ehrlich verzweifeln. Auch muß man unterscheiden: das Schweigen anderen Menschen gegenüber ist ganz zweifellos eine Tugend. Doch wohlverstanden, anderen Menschen gegenüber. Wenn Sie aber, mein Verehrtester, glauben annehmen zu dürfen, daß ich mich zum Schweigen an sich bekennen werde, so irren Sie sich gründlich über meine Person. Auch Ihre Na-Wenn-Schons und Wozus werden mich nie dazu bringen. Ich gebe zu, daß Sie gebildeter und belesener sind als ich. Und auch redegewandter. (Darauf komme ich noch zurück.) In dieser Hinsicht kann ich mich nicht mit Ihnen messen. Kein Wunder, daß mancher meiner Gedanken vor Ihrem reichhaltigen Wissen, das Ihnen, worüber ich am meisten staune, auch jederzeit wie ein Lexikon zur Verfügung steht, nicht standhält und vor Beschämung erbleicht. Wo haben Sie das alles nur gelernt? Dazu gehört ja mehr als ein Leben. Ja, ohne Zweifel, ich empfinde mich mit Ihnen verglichen als sehr lückenhaft. Dennoch: eines wollen Sie bitte gütigst zur Kenntnis nehmen, und kein noch so imponierendes Quan-

tum Wissen wird jemals etwas daran ändern können: Nicht das Schweigen ist mein Ziel, sondern das Wort. Dazu bedarf es keiner Hörer und keiner Ohren; im Gegenteil, sie verfälschen den Klang nur. Ich brauche das Wort, um mich selbst zu erleben. Sollten Sie das nicht verstehen, so kann ich Ihnen nicht helfen. Ein Wozu gibt es da nicht.
Nun ja, ein wenig pathetisch. Ich ließ mich hinreißen. Nach meinen Erfahrungen läßt es auf eine Schwäche schließen, wenn etwas mit großer Lautstärke gesagt werden muß. Diesen Einwand hätte der Andere mit Recht erheben können; er würde mich sehr in Verlegenheit gebracht haben. Doch zum Glück verpaßte er die Chance. Vielleicht war es also ganz gut so. Ich halte es nicht für ausgeschlossen, daß sein nächtliches Auftreten eine Folge meiner großen Worte ist. Und somit wäre auch diese langatmige Schilderung eine Folge meines Aufbrausens. Ich lasse mich nämlich absichtlich gehen und schweife mehr ab, als ich es vom handwerklichen Gesichtspunkt aus billigen möchte. Es befindet sich mancher Absatz auf diesen Seiten, den ich selber streichen würde. Aber ich lasse ihn bewußt stehen. Ich will herausfinden, wie er sich dazu verhält. Ärgert er sich? Oder kitzelt es seine Eitelkeit, so viel über sich geschrieben zu sehen? Oder ist dies seine neue Taktik, mich etwas schreiben zu lassen, was mich zu schreiben ekelt? Ja, warum muß ich mich mit dieser ärgerlichen Privatsache herumplagen! Unterdessen nehmen, wie ich genau weiß, Schicksale ihren Lauf, die mich sehr nahe angehen und die ich miterleben müßte. In diesem Augenblick z. B. schreibt ein sechzehnjähriger Jüngling an seine Mutter, und ich müßte eigentlich bei ihm sein. Nicht daß ich ihm zu helfen wüßte, nein, ich bin genauso ratlos wie er. Doch die gemeinsame Ratlosigkeit würde eine Art Kameradschaft für ihn sein. Er sitzt in einem typischen Jungenszimmer im zweiten Stock des Hauses und an einem ebenso typischen Jungenstisch aus weichem Tannenholz, dessen Platte mit Tinte bekleckst und von Schnitzversuchen mit dem Taschenmesser arg zerkratzt ist. Er schreibt: Liebe Mutter ... Oder schreibt er: Liebe Mutti oder Liebe Mama? Ich sollte das wissen, und

gestern oder vorgestern wußte ich es auch. Heute weiß ich nur noch, daß sich diese Szene abends gegen Neun oder Halbzehn abspielt. Er schreibt also:
»Liebe Mutter, eine Weile wirst Du mich nun nicht sehen. Aber wenn ich wiederkomme, wird alles gut sein.«
Sein drei Jahre älterer Bruder sitzt auf dem Bett und fragt: »Warum schreibst du ihr das?« Er lacht dabei etwas verlegen. Seine Stimme hat bereits einen männlicheren Klang, aber sein Gesicht ist blaß und ein wenig aufgeschwemmt. Er will mit seiner Frage etwas anderes vermeiden. Er möchte nicht gern sagen: Sie versteht es ja doch nicht, weil ihm das ungehörig einer Mutter gegenüber erscheint.
Die Mutter sitzt währenddessen einen Stock tiefer in der Wohnstube bei einer Näharbeit. Manchmal kratzt sie sich auf dem Kopf, und es gibt ein unangenehmes Geräusch . . .
Ganz deutlich höre ich nur noch dies Geräusch, gerade das, was ich am liebsten vergessen möchte, während der Jüngling, sein Bruder, der Brief und das, was den Brief veranlaßt, bereits zweifelhaft zu werden beginnt. Und indirekt trägt dieser Andere daran die Schuld, da ich mir nämlich in den letzten Monaten angewöhnt habe, in seinem Sinne mitzudenken, um nicht von den Einwänden, die er machen könnte, überrascht zu werden. Wie nun, wenn er in diesem Falle sagen würde: Das ist eine sentimentale Projektion! oder wenn er sich anderer klinischer Ausdrücke bediente, die ich wohl auch einmal gelesen und ungefähr verstanden habe, die mir jedoch nicht geläufig geworden sind, da es sich nur um Klassifizierungen handelt, die das Schicksal nicht aufzuhalten vermögen. Dennoch würde ich eine solche Bemerkung als Vorwurf empfinden, daß ich mich meiner Wirklichkeit zu entziehen gedächte. Aus Schamgefühl und um den Jüngling zu schützen, den ich liebe, würde ich unter Umständen meinen Gegner zu übertrumpfen versuchen und ihm den zynischen Aphorismus zu beißen geben: Wieviel Selbstmitleid liegt doch in diesem Verstanden-Werden-Wollen! Das wäre eine Gemeinheit von mir. Der Vorhang würde damit endgültig vor der Szene nieder-

gehen. Nur das furchtbare Geräusch des Kopfkratzens bleibt zu hören.
Um auf meinen pathetischen Ausbruch zurückzukommen: Wenn ich vorher darüber nachgedacht hätte, würde ich ihn kaum riskiert haben. Er geschah ganz gegen meine Absicht. Um es offen zu gestehen, so wurde ich davon erschüttert. Vielleicht nicht so sehr von dem Ausbruch selbst, als von dem Widerhall. Ich vergaß diesen Anderen, dem meine Worte gegolten hatten, völlig darüber. Eine ganze Weile, ich weiß nicht wie lange, stand ich da und lauschte und staunte. Es war, als ob ich eine sehr dünne, aber unendlich große Metallplatte angerührt hätte. Ich gebe damit nur in ganz unvollkommener Weise meinen Eindruck wieder; denn natürlich gibt es eine solche Metallplatte nicht. Die Schwingungen liefen von mir fort, als flösse alle Kraft aus mir – ach, und wie gern ließ ich sie fließen! –, kehrten aber von irgendwoher zurück, brachen sich mit den entgegenkommenden Wellen, unterliefen sie, ohne sich gänzlich mit ihnen zu vermischen, brandeten an mir hoch, um dann wieder fortzufließen, wobei mich der Sog beinahe mitriß. Und das ohne Aufhören. Nein, ein Aufhören scheint es da nicht zu geben. Was man dafür hält, ist nichts als daß man sich sagt: Das hält kein Mensch aus!, womit man sich gewaltsam taub macht. Ich halte es für möglich, daß es eine von jenen Schwingungen ist, durch die man Mücken und Kolibris zu töten vermag, die aber auch eine schon totgeglaubte Samenkapsel aufspalten können oder ein Mädchen, wenn sein bürgerliches Fleisch davon getroffen wird, ins Leben ausbrechen lassen, zur Verwunderung derer, die nur noch Kruste ohne Kern sind. Darüber hinaus habe ich gefunden, was den Physikern bisher entgangen zu sein scheint, daß diese akustischen Schwingungen sofort ein Licht von überwirklicher Helle aus sich entstehen lassen, ein gespanntes Blaugrün, das auf die entferntesten Dinge fällt und sie ins Schattenlose hebt. Aber nicht alle Dinge; vieles, sehr vieles, wovon man anders dachte, ist unfähig, dies Licht zu empfangen, und verliert für immer seine Wichtigkeit. War es vielleicht dies Licht, das auf den halbvergessenen Jüngling fiel, der an

seine Mutter schreibt? In der Sprache der Musiker ausgedrückt dürfte diese Klangfarbe zweifellos der Tonart Fis-Dur verwandt sein. Doch solche Vergleiche vermögen nichts über die bis zum Zerreißen qualvolle Seligkeit des Erlebnisses auszusagen. Es ist ein Berühren der äußersten Grenze. Es kann leicht das Chaos daraus entstehen. Um es zu verhindern, muß man nach neuen Formen suchen.
Ich glaube nicht, daß dieser Andere erschüttert wurde. Und ob er überhaupt etwas davon merkte, möchte ich noch dahingestellt sein lassen. Er wurde ja auch nicht von dem blaugrünen Licht beleuchtet. Er zählte gar nicht mit; er stand ganz außerhalb. Vielleicht empfand er, daß irgend etwas sich geändert hatte, und suchte nach einer Erklärung. Er gehört wohl zu jenen Wesen, denen eine Erklärung das Erleben ersetzt. Insofern wurde er also durch sein Ausgeschlossensein nicht einmal benachteiligt, und ich brauche mir keine Vorwürfe zu machen. Allerdings soll es mich wundern, ob er inzwischen eine Erklärung gefunden hat. Es dürfte nicht ganz leicht sein. Ich machte mich sogar und mache mich auch jetzt noch ein wenig lustig über ihn. Ich stelle mir vor, wie er da außerhalb nach einem Wort sucht, irgendein Fremdwort, möglichst aus zwei oder drei schon gebräuchlichen Fremdwörtern zusammengesetzt. Doch das hat schon nichts mehr mit mir zu tun.
Ja, und während ich diesen letzten Satz niederschreibe, kommt es mir zum Bewußtsein, daß ich die ganzen letzten Seiten über ihn spreche, so wie ich heute über ihn denke, ein wenig gleichgültig, ein wenig belustigt oder wie man will. Dabei hat es doch Wochen und Monate gegeben, wo mein Verhältnis zu ihm ein überaus gespanntes war und wo es ihm durch irgendeinen Trick gelungen war, meine ganze Aufmerksamkeit in Anspruch zu nehmen. Es war geradezu eine ›existentielle‹ Frage für mich, ihn mir wahrnehmbar zu machen, und von dem Erfolg meiner Bemühungen wollte ich hier berichten, anderen zur Belehrung und mit einem Anflug von Prahlerei. Aber mein Gott, was gibt es dabei zu prahlen! Ich habe so weit vorgegriffen oder habe mich vom Schreiben so sehr hinreißen lassen, daß es mich

jetzt langweilt, das, was vorher war, zu schildern. Schließlich kommt es immer nur auf das Ergebnis an, der Weg und die Fußspuren, die dahin führen, sind völlig uninteressant. Außerdem habe ich noch so unermeßlich viel andere Dinge zu schreiben, daß ich kaum weiß, wo ich anfangen soll und ob mein Leben dafür ausreicht. Es wäre daher unverantwortlich, noch weitere Zeit mit diesem Anderen zu vertrödeln. Währenddessen würde der Fluß unter der Brücke, auf der ich stehe und an deren Geländer ich lehne, dahinfließen, und wer sagt mir, ob nicht irgendein unachtsamer Fabrikant am Oberlauf auf die Idee kommt, die stinkigen Abwässer seines Unternehmens in den Fluß zu leiten, so daß mir davon übel wird.

Ich habe jedoch vorhin angedeutet, daß ich diesen Anderen reden gehört habe. Ich sagte, daß ich ihn für redegewandter hielte als mich. Und in der Tat ist das auch besser ausgedrückt; denn ich wäre nicht in der Lage, seine Reden oder Teile daraus wiederzugeben. Irgendwie rauscht es an einem vorbei; es läßt sich gar nicht erst fassen, so daß es falsch wäre, wenn ich sagen würde, ich hätte es vergessen. Es bleibt eben nur dieser Eindruck einer zwecklosen Redegewandtheit, die mich zuerst mit ärgerlichem Staunen erfüllte, mir jetzt aber einige Heiterkeit gewährt. Bevor ich jedoch zum Abschluß zwei beispielhafte Situationen schildere, um diese Heiterkeit zu illustrieren und zugleich anderen Gelegenheit zu geben, daran teilzunehmen, muß ich ganz kurz einige der hauptsächlichen Stationen erwähnen, die mich bis zu diesem Punkt führten.

Die nächste Wahrnehmung, soweit ich mich entsinnen kann, war, daß dieser Andere Gewicht habe. Er war also nicht etwa das, was man einen ›Geist‹ nennt. Die eine Diele des Fußbodens in meinem Zimmer schwingt ein wenig, wenn man darauf tritt. Dies Schwingen ist beim Auf-und-Ab-Gehen ganz angenehm, man fühlt sich gewiegt; nur das giftige Fauchen, das darauf folgt, ist störend. Es läßt sich jedoch vermeiden, wenn man die Diele nur an einer bestimmten Stelle betritt. Nun merkte ich eines Nachts, daß die Diele anders schwang als ich es all die Jahre gewohnt

war. Natürlich kann sich ein Fußboden verziehen; das hängt von Luftfeuchtigkeit und Temperaturschwankungen ab. Doch das war es nicht. Wir haben in unserm Körper ein Instrument, das uns haargenau anzeigt, ob eine Bewegung durch uns und durch unser Eigengewicht verursacht wird oder ob noch irgend etwas anderes mitspielt. Z. B. ein Erdbeben oder der Schritt eines unbekannten Verfolgers. Sofort blitzt ein rotes Licht in unserm Gehirn auf und wir stutzen. Selbstverständlich gab ich mir alle Mühe, mich nicht alarmiert zu zeigen; ich unterbrach mein Umhergehen nicht und trat absichtlich auf die Diele, um mich von der Richtigkeit meiner Wahrnehmung zu überzeugen. Die Differenz der Wellenlänge dieser fremden Schwingung muß so geringfügig gewesen sein, daß sie sich wohl kaum in Zahlen ausdrücken läßt. Dennoch, sie war nicht wegzuleugnen. Und wenn ich mein Ohr sehr anstrengte, hörte ich sogar ein ganz leises, seelenloses Piepen, ähnlich dem, durch das man zuweilen irritiert wird, wenn man eine verstopfte Nase hat.
In müßigen Augenblicken frage ich mich manchmal, von welcher Art die Substanz wohl sein mag, über die dieser Andere verfügt. Die Frage interessiert mich nämlich nicht sehr; es ist mehr eine Spielerei, sich damit zu beschäftigen. Immerhin, möglicherweise ist es leichtfertig, sich diesen Dingen gegenüber spielerisch zu verhalten. Es gibt Substanzen, mit denen wir nicht rechnen und denen wir nicht einmal die Bezeichnung Substanz zubilligen. Ich erinnere an das Gestein, das sich an unseren Zähnen bildet oder in Wasserkesseln oder im Klosettbecken. Es wächst und wächst stetig mit einem Anschein von eigenem Lebenswillen. Ja, wenn man nichts dagegen unternähme, könnte es geschehen, daß diese Ablagerungen durch ihr dauerndes Wachstum so sehr die Überhand gewönnen, daß alles Andere sich dagegen als unlebendig vorkommt. Bis unsere gesamte Oberfläche davon überkrustet ist. Dann allerdings würde sich zeigen, daß diese Massen nicht zu singen und nicht zu blühen und nicht zornig zu werden verstehen, sondern daß das, was ein lebendiges Wachstum vortäuschte, nichts als

ungebrauchter Abfall ist, der sich über uns erhebt. Doch dann ist es zu spät. Was ich damit sagen will: es könnte möglich sein, daß unter uns zahlreiche Wesen umherlaufen, die sich breit und breiter machen und mit ihrem Dasein prahlen, obwohl sie es nur als Abfall unserer Gedanken haben. Es ist uns so schwer gemacht, in dieser Hinsicht präzise Feststellungen zu machen, da man uns von früh auf gelehrt hat, gütig zu sein. Wobei es doch sehr ungütig gegen das wirklich Lebendige ist, wenn man es dem Abfall gleichmäßig behandelt.

Eine andere Frage erscheint mir für mich wichtiger: Warum bleibt dieser Andere nicht auf dem Stuhl sitzen, während ich im Zimmer umherlaufe? Ist er an mich gebunden? Braucht er mich und meine Nähe, um sich zu manifestieren? Oder, um es burschikos auszudrücken, ist er ohne mich vielleicht aufgeschmissen? Das zu wissen, wäre äußerst wichtig. Solange er sich nämlich unmittelbar an mich hält, bin ich in der Lage, die Abweichungen, die durch ihn hervorgerufen werden, wieder zu korrigieren. D. h. wenn ich es überhaupt für erforderlich halte. Ich könnte mir sogar den Scherz erlauben, ihn ein wenig an der Nase herumzuführen, indem ich ihn Absichten vermuten lasse, die gar nicht meiner Art sind, die aber sein Nachahmungstrieb flugs in die Tat umsetzt. Doch wie, wenn er sich ganz von mir loslöst? Muß ich dann etwa die Versprechen einlösen, die er gibt? Und sei es auch in gutem Glauben, weil er meint, in meinem Sinne zu handeln? Oder könnte ich vor Gericht sagen: Es ist nicht meine Schuld, sondern die Schuld derer, die so töricht sind, ihn für mich zu halten?

Bei dieser Überlegung angelangt, ist es vielleicht richtig zu erwähnen, daß ich schon seit geraumer Zeit seinen Herzschlag, der mich doch anfangs so besonders überraschte, nicht mehr zu vernehmen vermag, wie angestrengt ich auch in stillen Nächten lausche. Sollte sich mein Gehör verschlechtert haben? Oder bedeutet es, daß er mir nicht mehr so nahe steht wie zu Beginn und daß er sich mehr und mehr von mir absondert? Dies ist mehr eine wissenschaftliche Frage, für die es mir an Vorbildung fehlt. Ich lasse sie daher auf sich beruhen. Sie würde mich nur dazu bringen, meine ursprüngliche Wahrnehmung nachträglich anzuzweifeln, und das wäre nur wieder eine Art Durchstreichen.

Das nächste, was ich feststellte, war, daß dieser Andere sich auch tagsüber hinter oder neben mir befand. Ich hörte seinen Schritt neben dem meinigen auf der Straße. Und zwar wiederum mit diesem kaum merklichen Abstand zum Klang meines eigenen Schrittes. Mehr so, als ob ein Absatz an meinem Schuh locker säße und etwas nachklappte. Oder wie diese Klangtäuschung, der man in frühen Morgenstunden verfallen kann, wenn das Geräusch der Schritte in der leeren Straße von den kahlen Häuserwänden zurückgeworfen wird.

Und erst jetzt sagte ich mir, worauf ich besser mein Augenmerk schon gleich hätte richten sollen: Es müßte doch nicht mit rechten Dingen zugehen, wenn nicht auch andere Menschen merken, was ich merke. Von da an galt meine ganze Aufmerksamkeit diesem Umstand. Ich hielt es für möglich, diesen Anderen, den ich selbst nicht sehen konnte, als Bild in den Augen der Menschen, die mir begegneten, zu erkennen. Ein Schatten oder ein Zucken, das über ihr Gesicht huschte, würde mir genügt haben. Plötzlich schlug ich mir mit der Hand an die Stirn. Mein Gott, lachte ich, wo bin ich nur mit meinen Gedanken gewesen! Sie haben es ja sogar früher bemerkt als ich. Seit jeher war es mir nämlich aufgefallen, daß Passanten auf der Straße und auch sonst Leute, denen ich gegenüberstand, mich nicht ganz genau geradeaus ansahen, sondern mit einer gewissen Unsicherheit in der Richtung ihres Blickes. So als ob eine zarte Brise über die Wasserfläche eines Teiches wischt. Oder als ob sie mich nicht ganz für voll nähmen und auch umgekehrt, sich nicht ganz für voll genommen fühlten. Und wiederum war die Ablenkung ihres Blickes so geringfügig, daß sie nur von dem, der sich im Zentrum wußte, empfunden werden konnte. Bevor ich mich daran gewöhnt hatte, beunruhigte mich das sehr. Ich war noch jung und hielt die Meinung der Leute für wichtig. Ich redete mir ein, daß sie nur aus Höflichkeit einen allzu direkten Blick vermieden, und versuchte, die Sitte nachzuahmen. Ganz zu Anfang dachte ich sogar, daß mit meinem Schlips etwas nicht in Ordnung sei. Oder daß mein Hut ihnen nicht gefalle. Ich sah mich auch verstohlen um, ob nicht irgend etwas hinter mir sei, was ihren Blick anzog. Ungefähr in der Höhe meiner Augen, aber weit, weit hinter mir. Z. B. ein Fischreiher, der über dem Fluß stand, während ich die Brücke passierte. Es kam dazu, daß mein Gang etwas schräge wurde, so wie man es bei Hunden erleben kann, die mit ihren vier Beinen nicht geradwinklig, sondern im Parallelogramm aufs Ziel zustreben. –

Und weshalb ich lachte, als ich den Grund erkannte? Um ganz ehrlich zu sein, ich empfand es als angenehm, daß dieser Andere die Zielscheibe der Blicke war, die mir galten. Mach nur so weiter, Bürschchen, dachte ich; dann wird der Tag kommen, an dem ich nackt und wehrlos über die Straße gehen darf, ohne daß sich jemand daran stört; weil man mich nämlich gar nicht wahrnimmt. Etwas Besseres kann sich ein Schriftsteller gar nicht wünschen. Und so lachte ich denn auch bei mir, als ich ihn zum ersten Mal reden hörte, resp. als ich entdeckte, daß man gar nicht meinen Worten lauschte, sondern nur dem, was dieser Andere schwatzte. Ja, nimm es mir bitte nicht übel: Ganz unter uns, es war nämlich Geschwätz.

Damals bei jener Dame, entsinnst du dich noch? Welch ein wohlgelungenes Exemplar ihrer Gattung! Es war bei dieser langweiligen Cocktail-Party. Der Himmel allein weiß, wie ich dahinein geraten war. Doch es war nun einmal geschehen, und man soll niemandem den Spaß verderben; sonst wird man für hochmütig gehalten, während man nur müde ist. Und da saß nun die Dame weich und warm in den hellen Polstern des Sofas. Und ich saß nicht minder weich und warm in einem Sessel neben ihr. Und sie lächelte wachsam, wie es sich gehört. Und ich sah, daß alles an ihr sanft gerundet war, der Leib und die Arme und sogar das Gesicht, so wie es nur die zärtlichen Bildhauer zustande bringen, damit man sich nirgends an einer Kante weh tut.

Dies alles, erwog ich, kann nur mittels eines sanften Gebläses hergestellt sein. Doch wieviel Geduld gehört dazu! Und gerade, als ich dachte: Wenn ich ihr nun, wie es doch ganz offensichtlich der Wunsch ihres Schöpfers ist, mit meinen beiden Händen die seidige, duftende Damenhaftigkeit abstreifte, dann hätten wir mehr Kurzweil, als wir uns von dieser verfluchten Cocktail-Party erhoffen durften, gerade da merkte ich, wie ihre Augen in den Winkeln spitz wurden, und sie ein klein wenig seitlich an mir vorbeilauerte. Aha! sagte ich, dieser Andere drängt sich dazwischen. Und schon hörte ich ihn auf sie einreden. Es war ein ordentlicher Schwall, der an meinem Ohr vorbeirauschte. Ich war nicht fähig, Einzelheiten seiner Rede zu unterscheiden, so sehr verwirrte es mich. Ja, wenn er noch über die Mode oder über neue Tänze oder neue Autos oder über Pferde und Sport geredet hätte. Dann würde ich mich vielleicht aus Interesse aufgerafft haben, ihm zuzuhören; denn das sind Dinge, von denen ich nichts verstehe, und ich hätte etwas Neues lernen können. Aber soviel begriff ich noch gerade: er redete, ich wage kaum, das hinzuschreiben, über Literatur. Und er redete wie ein Buch darüber. Oder wie eine Zeitung. Was blieb mir anderes übrig, um mein Lachen zu verbergen? Ich wandte mich ab und leerte das Glas mit dem faden Zeug, das sie mir zusammengemischt hatten. Laß ihn, sagte ich mir. So wird er zwar nicht weiterkommen bei ihr, und es ist auch nicht das, was sie erwarten darf, doch schließlich bin ich nicht ihr Hüter.

Nun ja, ich hätte natürlich diesen Anderen beiseite schieben und mein Vorhaben ausführen können. Vielleicht wird man mir einen Mangel an Mitgefühl vorwerfen und mein gleichgultiges Verhalten als eine Beleidigung für die Frauen auslegen. In diesem Falle gehe es ja noch an, aber es seien Situationen denkbar, bei denen es sich als bittere Kränkung auswirken könne, wenn ich diesem Anderen einfach das Feld überließe und mich beiseite drückte. Nun, Beiseite-Drücken dürfte wohl kaum der rechte Ausdruck sein; denn so ist es nun doch nicht. Aber es wäre unehrlich von mir, wenn ich ein Hehl daraus machte, daß ich jede

Frau liegen lassen würde, wenn sich mir die Gelegenheit eines Gespräches mit einem Manne böte. Schon allein des größeren Seltenheitswertes wegen. Daran läßt sich vorläufig leider nichts ändern. Ich sage ›vorläufig‹, da mir selber viel daran liegt, daß dies zur Zeit in der Welt herrschende Mißverhältnis behoben wird, damit die Frauen wieder zu dem ihnen zustehenden Recht kommen.

Weniger zum Lachen, als lächerlich ist jedoch die unerwartete Tatsache, daß sich dieser Andere auch in ein solches Männergespräch zu drängen gesucht hat. Ich will mit meiner Empörung darüber nicht hinterm Berge halten. Es gibt nur eine Bezeichnung dafür: Flegelhaft. Zum Glück waren wir uns beide, d. h. der Mann, mit dem ich sprach, und ich, sofort einig; wir zuckten mit den Achseln und brachen unser Gespräch ab. Denn auf Flegeleien darf man sich nicht einlassen. Diese Geschichte will ich noch zum Schluß erzählen, da sie mir ganz lehrreich zu sein scheint.

Diesmal war es bei einer Sitzung in der Universität. Jemand hielt einen Vortrag, der sehr wichtig war, aber von dem ich nichts verstand. Es waren viele Professoren da; der ganze Raum war gestopft voll davon. Einige dick und sehr repräsentativ, und andere dünn und von Ehrgeiz verzehrt. Alle aber mit würdigen, interessierten Gesichtern. Ich ließ meine Augen, um nicht einzuschlafen, über ihre Reihen schweifen und plötzlich blieben sie auf einer kleinen Figur hängen, die neben dem Vortragenden saß. Sofort schwoll mir das Herz vor Entzücken. Ich hätte rufen mögen: Was willst du denn hier, Bruder? Du gehörst ja genausowenig hierher wie ich! Denn für so etwas gibt es untrügliche Zeichen. Keine Verkleidung täuscht darüber hinweg. Es ist, als träfe man nach einer langen Wanderung durch die Wüste ein Lebewesen, und wenn man näher kommt, sieht man, daß es ein alter Bekannter ist. Und wieviel hat man sich dann zu erzählen. Die ganze Geschichte von Anbeginn der Welt möchte man wiederholen.

Natürlich hielt ich meinen Jubel zurück, doch leider gelang es mir nicht völlig, meine Begeisterung vor diesem Anderen zu verbergen. Vielleicht sah er es meinen Gesichtszügen an.

Jedenfalls wurde er sofort auf meinen neuen Freund aufmerksam, wie ich später zu meinem Ärger erfahren sollte. Als nämlich der Vortrag endlich vorbei war, setzte ich mich mit diesem zusammen, wie es nicht anders sein konnte. Ich fragte ihn, was er denn jetzt mache, und er sagte mir: »Ich bin Hirnforscher. Ich glaube, die Beweise dafür zu haben, daß sich in den kommenden Jahrtausenden unser Großhirn noch mehr ausbreitet.« Er sagte es sehr ruhig und ohne die Miene zu verziehen, nur in seinen Augen schimmerte ein ganz ferner, müder Spott, als wolle er hinzufügen: Es hilft nichts, Bruder. Wir müssen sehen, wie wir damit fertig werden.

Ich liebte ihn sehr, auch für diesen Spott. Wie soll man auch einen Hirnforscher nicht lieben? Einem, der durch diese Schluchten zu wandern gewohnt ist, darf man sich rückhaltlos anvertrauen. Er war von sehr kleinem Wuchs, viel kleiner als ich. Am liebsten würde ich ihn auf den Arm genommen haben und wäre so mit ihm durch die Räume gelaufen. Hätte ich es doch nur getan! Dieser störende Andere wäre mit dummem Gesicht stehen geblieben, und wir hätten, ohne uns zu genieren, Ulk treiben und Wiegenlieder singen können. Denn man soll nicht glauben, daß ein Hirnforscher das nicht verstände. Und wie zierlich war sein Gesicht! Älter als das meinige, ja, er hatte die Maske schon länger getragen und sie war zerknittert und sein Haar angestaubt. Doch welch eine Maske! Ich wollte ihm anbieten, mit mir zu tauschen. Denn trotz des langen Gebrauchs, wieviel vornehmer war die seinige. Man denke sich, mit einem winzigen Schnurrbärtchen und sogar mit einer Fliege am Kinn!

Leider kam es anders. Gerade als ich ihn fragen wollte: Wird uns dies unaufhörlich wuchernde Krebsgeschwür da oben nicht eines Tages die Schädeldecke sprengen, Bruder?, kam mir dieser Andere in seiner üblichen Manier dazwischen. Eine Flut gewichtiger Vokabeln trennte mich von dem kleinen Professor. Ich hörte von Hemisphären, Ventrikeln, Grauer Substanz, Zirbeldrüse, Lebensbaum, Brükke etc. schwatzen, als handle es sich nicht um Dinge, bei

denen man sich etwas vorzustellen brauche, sondern um schäbiges Kleingeld. Als das Wort Brücke an mein Ohr traf, dachte ich noch einen Moment lang, dieser Andere spräche vernünftig, und versuchte aufzupassen. Denn wo es um eine Brücke geht, weiß ich, daß es sich um meine Angelegenheit handelt. Doch ich hatte diesen Anderen überschätzt. Aus Prahlerei wiederholte er das Wort auf Lateinisch. Pons Varolii sagte er zu dem armen Professor, und dabei ist das, wie ich im Lexikon nachgesehen habe, nichts weiter als ein ganz gewöhnliches Maschinenteilchen, das man uns zur Erhaltung unseres körperlichen Gleichgewichts ins Hinterhaupt hineinkonstruiert hat.
Wie gesagt: da war nichts zu machen. Der Hirnforscher und ich wandten uns voller Überdruß ab und ließen diesen Anderen schwatzen. Wir werden uns schon einmal wiederbegegnen, und dann allein. Und als ob dieser Andere unsere heimliche Absicht erriet, oder auch nur aus Wichtigtuerei, jedenfalls versuchte er, selbst diese Wiederbegegnung im Voraus zu verfälschen. Als der kleine Professor in seinem ärmlichen Mäntelchen und einem flachen Künstlerhütchen auf dem Kopf davonging, gesellte sich mein Störenfried eiligst zu mir zurück und wies mit dem Finger auf ihn. ›Ist er nicht wie eine Figur von Toulouse-Lautrec?‹ flüsterte er mir ins Ohr. Zum Teufel mit Toulouse-Lautrec! Soll ich vielleicht ewig an diesen Maler denken müssen, wenn ich mit meinem Professor zusammen bin? Und bitte, mein Lieber, kannst du mir erklären, wieso es kommt, daß Toulouse-Lautrec solche Gestalten wahrnahm, wie sie von anderen ohne ihn nicht wahrgenommen würden, obgleich sie immer unter uns umherlaufen? Diese Frage scheint mir schwerwiegender zu sein als eine geistreiche Anmerkung, die höchstens deine kunstgeschichtlichen Kenntnisse zur Geltung bringen soll. – –
Genug! Man sieht, wie es mit diesem Anderen steht: es ist nichts Unheimliches an ihm noch etwas Gefährliches. Eine Zeitlang war er mir eine ziemliche Plage, das ist wahr; doch die Schuld lag bei mir, da ich ein gewisses kreatürliches Mitleid für ihn empfinden zu müssen glaubte. Das hat

es gar nicht nötig; er ist zufriedener als unsereiner. Wenn man ihm die Beschäftigung überläßt, die er braucht, zweifelt er niemals an sich selbst. Er kommt dann garnicht erst auf die Ideee, sich eine Aufgabe zu suchen. Und was die Art der Beschäftigungen angeht, die ihm liegen, so handelt es sich immer nur um solche, auf die wir gern verzichten. Außerdem hat es den Vorteil, daß man dann von ihm ungestört bleibt.

Soll er statt meiner mit den Leuten schwatzen! Ich bin ihm sogar dankbar dafür. Ich habe mir überlegt, ob ich mir nicht eine Brille mit einem dicken schwarzen Rand anschaffen soll. Nicht weil sie mir gut stehen würde, sondern weil sie zweifellos ihm zu Gesicht stände. Er würde mich sofort nachahmen und sich eine ebensolche Brille auf die Nase setzen, und könnte ich meinerseits den lästigen Apparat wieder ablegen.

Eine andere Frage, die ich demnächst noch entscheiden muß, ist die des Namens. Ich sprach schon eingangs davon, daß alle Versuche, einen passenden Namen für diesen Anderen zu finden, als gescheitert betrachtet werden müssen. Diese Namenlosigkeit aber scheint mir Anlaß zu allerhand Unfug zu bieten. Um ihn gebührend von mir distanzieren zu können, bedarf es daher unbedingt eines Namens, den er, ohne die Tragweite zu überblicken, akzeptiert. Ja, auf den er geradezu hineinfällt.

Ich gehe daher mit dem Gedanken um, ihm der Einfachheit halber meinen Namen zu überlassen. Zugreifen wird er sofort, das sagt mir mein Gefühl. Er wird selig hineinschlüpfen und die abgelegte Schlangenhaut überall als etwas ganz Neues vorzeigen. Und sicher werden ihm das auch die Leute bestätigen. Welch ein angenehmer Bursche, werden sie reden. Es wäre also beinahe eine gute Tat von mir. Und was mich betrifft, was kostet es mich denn? Meinen jetzigen Namen habe ich von meiner Mutter erhalten. Ihr zuliebe gab ich mich damit zufrieden, obwohl er sich nicht recht für mich eignete. Und so wie die Dinge bisher lagen, fiel es auch nicht weiter auf. Gebe ich nun diesen Namen weg, so muß ich natürlich damit rechnen, eine Weile im Namenlosen zu leben. Ja, warum eigentlich nicht? Was dieser Andere kann, werde ich wohl auch können. Und es wäre ja nicht so, als ob wir nur die Rollen tauschten. O nein! Ich würde den vorübergehenden Zustand der Namenlosigkeit ja nicht zum Schwatzen und Unfugtreiben benutzen, sondern ich würde mein ganzes Bemühen darauf richten, mir den sehr zu Unrecht verschwiegenen Namen zu eigen zu machen, den ein Vater mir geben würde. Das wäre, wenn es mir glücken sollte, eine Gelegenheit, der Welt eine neue Richtung zu geben.

1949

Ankunft in Aporée

Nach dem Mittagessen, das mir etwas üppiger zu sein schien als sonst, kommt der Matrose in meine Kajüte und sagt: »Sie möchten zum Dritten kommen.«
»Jetzt gleich?« frage ich.
»Ja.«
Er geht voran und ich folge ihm.
Der Dritte Offizier ist ein sehr junger Mensch, viel jünger als ich. Jeden zweiten oder dritten Tag ist er zu mir gekommen und hat sich erkundigt, ob mir auch nichts fehle und ob ich einen Wunsch habe. Anscheinend gehört das zu seinen Aufgaben. Ich habe ihm jedesmal gedankt und mit Nein geantwortet. Er war dann immer noch einen Augenblick in der Tür stehen geblieben und hatte sich verlegen in meiner Kajüte umgesehen. Da er nichts entdecken konnte, was sich mir zu Gefallen abändern ließ, pflegte er sich einen Ruck zu geben. »Bitte, lassen Sie es mich sofort wissen, wenn Ihnen etwas fehlt«, sagte er dann, während er rückwärts auf den Gang hinausging.
»Ja, vielen Dank.«
Mehr Worte hatten wir während der ganzen Fahrt nicht gewechselt. Der Raum, in den man mich führt, liegt im Vorderschiff. Er ist viel zu groß für eine Kajüte. Vermutlich ist es ein Messeraum. Der Matrose läßt mich hinein, er selbst bleibt draußen.
»Bitte setzen Sie sich, Herr ...« Die Stimme des Dritten Offiziers stockt. Vermutlich ist ihm mein Name nicht geläufig. Er blättert in den Papieren, die vor ihm liegen, doch auch das hilft ihm nicht so schnell, wie er es vielleicht möchte. Er ist kein gewandter Mensch, sondern groß und schwerfällig. Schließlich räuspert er sich und sagt: »Ja, bitte!« Damit weist er mit seiner roten Hand auf einen Stuhl. Tatsächlich stand schon ein Stuhl für mich bereit.
Während ich zu dem Stuhl hingehe und mich setze, sehe ich, daß noch jemand im Raum ist. D. h. ich rieche es vielleicht nur. Links vor mir in der Ecke ist noch jemand, der eine

Zigarette raucht. Ich blicke jedoch nicht hin, sondern setze mich dem Dritten Offizier gegenüber. Er selbst sitzt hinter einem Tisch auf einer Bank längs der Schiffswand. Zwischen zwei Bullaugen.
»Ja, also, Herr Direng«, beginnt er. Er hat also inzwischen den Namen in den Papieren gefunden. »Wir sind am Ziel.«
Er sagte ›wir‹, wahrscheinlich aus Höflichkeit. Es klingt sehr feierlich. Dabei sieht er mich mit seinen blauen Augen an. Er möchte gern autoritativ wirken, aber dazu ist ihm das alles viel zu peinlich. Leider kann ich ihm nicht helfen; denn ich weiß nicht, was er eigentlich von mir will. Darum nicke ich nur mit dem Kopf. »Ja, wie gesagt, wir sind am Ziel«, wiederholt er, da die Phrase ihm Mut zu geben scheint. »Ich habe ... ich bin ... kurz, es sind noch einige Formalitäten zu erledigen. Ich bin damit beauftragt, Sie zu fragen, und zwar in Gegenwart eines Zeugen ... Der Herr Leutnant ist so liebenswürdig, als Zeuge zu dienen ...«
Er macht mit dem Kopf eine Bewegung zu der Ecke hin, in der der Andere sitzt. Ich halte es für besser, keine Neugier zu zeigen, und blicke darum nicht hin.
»Und dann müssen wir alle Drei dies Formular unterschreiben.« Er schlägt mit der Faust auf das eine Papier. »Zu unserer Entlastung«, fügt er hinzu. Offenbar ist er froh, daß er mir damit alles vorschriftsmäßig kundgetan hat.
Ich rücke sofort mit meinem Stuhl näher an den Tisch heran, um die gewünschte Unterschrift zu leisten. Ich will ihm dadurch die Sache erleichtern, aber ich bin im Irrtum.
»Halt, nein?« ruft er beleidigt. »So geht das nicht. Ich muß Ihnen vorher eine Frage vorlegen, und zwar vor Zeugen. Erst dann ... ja, und erst wenn Sie mir diese Frage beantwortet haben, können wir dies Papier ... So lautet die Vorschrift. Nicht wahr?« fragt er nach der Ecke hin.
Ich rücke mit meinem Stuhl wieder zurück und warte. Ich möchte ihn nicht aus dem Konzept bringen. Er räuspert sich umständlich, sieht in das Papier, das vor ihm liegt, und raschelt damit. Endlich richtet er sich straff auf, er bemüht sich, eine behördliche Haltung einzunehmen.

»Ich habe Sie zu fragen, ob Sie Ihre Meinung geändert haben«, beginnt er mit strenger Stimme.
»Meine Meinung?« rufe ich völlig überrascht. Aber er winkt mit der Hand ab. Er möchte nicht unterbrochen werden. Offenbar steht das, was er mich zu fragen hat, vorgedruckt auf dem Formular.
»Falls Sie Ihre Meinung geändert haben sollten, und das kann jetzt noch geschehen, hier vor mir und dem anwesenden Zeugen, so bin ich beauftragt Ihnen mitzuteilen, daß wir, d. h. die Schiffsleitung, verpflichtet sind, Sie in Ihren Ausgangshafen zurückzubringen und dort wieder abzuliefern.«
Er macht eine kleine Pause und blickt auf, um sich zu überzeugen, ob ich ihn auch richtig verstanden habe. Dann fährt er fort vorzulesen: »Sollten Sie jedoch auf Ihrer Absicht bestehen, hier ausgebootet zu werden, so soll ich Sie, bevor Sie durch ein Ja oder Nein entscheiden, darauf aufmerksam machen, daß Sie uns durch Ihre Unterschrift ausdrücklich bestätigen müssen, daß Sie Ihre Entscheidung freiwillig und ohne Zwang getroffen haben, sowie ferner, daß Sie niemanden, weder die Schiffsleitung noch sonst eine Behörde für Ihre Ausbootung in dieser Gegend verantwortlich, jemals verantwortlich machen können, ja, und schließlich, daß Sie damit ein für alle Mal auf das Recht zur Rückkehr verzichten.«
Wieder blickt er auf. »Ist das klar?« fragt er, und ich nicke mit dem Kopf. Er seufzt erleichtert auf. Er scheint froh zu sein, daß alles heraus ist, und daß es ihm so gut gelungen ist. Das Papier mit dem Text legt er auf den Tisch.
»Sie brauchen sich nicht mit Ihrer Antwort zu übereilen. Wir können Ihnen zehn Minuten zum Nachdenken geben, ja, wenn es sein muß, auch eine Viertelstunde.« Er sieht auf seine Armbanduhr und blickt auch fragend zu dem Anderen hin, der in der Ecke sitzt. »Sagen wir also, eine Viertelstunde. Länger geht es nicht. Die Strömung verändert sich hier sehr rasch und gefährlich, der Dampfer könnte gegen die Klippen gedrückt werden. Deshalb, wie gesagt ... aber bitte, nehmen Sie sich Zeit.«

Ich könnte ihm die Antwort natürlich sofort geben. Es ist ja alles längst entschieden. Mir diese Frage mit so viel Wichtigtuerei noch einmal vorzulegen, ist ganz überflüssig. Aber wahrscheinlich geschieht es zu ›ihrer Entlastung‹. Und möglicherweise haben sie schon irgendwelche Erfahrung gemacht.

Trotzdem antworte ich nicht gleich. Ich weiß von früher, daß es die Menschen kränkt und irre macht, wenn man gar zu leicht auf etwas verzichtet, was ihnen eine Selbstverständlichkeit ist. Dieser Dritte Offizier ist sehr jung und schlicht; ich möchte ihn nicht gern irre machen. Darum lasse ich eine oder zwei Minuten verstreichen, bevor ich antworte, und gebe mir den Anschein, als habe ich schwer mit mir zu kämpfen.

Weshalb sie wohl einen so jungen Menschen für diese seltsame Amtshandlung ausgesucht haben? Weshalb nicht der Kapitän, und wenn auch nicht gerade er, weshalb nicht irgendein Älterer von der Besatzung? Und was weiß dieser Dritte Offizier von mir? Gibt es irgendwelche Akten über mich, sozusagen ein Konnossement oder Begleitschein, woraus hervorgeht, wen das Schiff transportiert. Und hat man diesen jungen Mann Einblick in diese Akten nehmen lassen? Vermutlich nicht. Der Verdacht, daß er etwas über mich weiß, entspringt nur der mißtrauischen Vorsicht, die ich seit meiner Abreise der Umwelt gegenüber beobachte. Es ist viel eher anzunehmen, daß man diesem Jungen nur gerade diese Papiere, die vor ihm liegen, in die Hand gedrückt hat mit der Weisung, die Sache zu erledigen. Und wahrscheinlich hat man es ganz bewußt vermieden, einen Älteren damit zu betrauen. Ein Älterer würde sich Gedanken darüber machen und unter Umständen von sich aus dazu Stellung nehmen, was den Vorgang komplizieren würde. Während ein so junger Mann wie der Dritte Offizier zwar einen Augenblick lang das Gefühl hat, daß irgend etwas nicht stimmt; doch im Grunde ist es nur eine unangenehme Aufgabe, die man besser so rasch wie möglich erledigt, um nachher nicht weiter daran zu denken.

»Nein«, sage ich schließlich, »ich habe meine Meinung nicht

geändert.« »Ah, nun gut. Wie Sie wollen«, sagt der Dritte. »Dann können wir ja ... dann wären wir ja so weit. Wollen Sie bitte ... Würden Sie die Güte haben, dies hier zu unterschreiben.«
Er schiebt mir das Papier zu und reicht mir einen Füllfederhalter. Ich rücke mit meinem Stuhl an den Tisch und will den Wisch unterschreiben, ohne ihn erst durchzulesen. Da fällt mir etwas ein und ich zögere.
»Sind Sie sich doch noch nicht schlüssig geworden?« fragt mein Gegenüber besorgt.
»Das schon, aber ... mit welchem Namen soll ich unterschreiben?«
»Mit welchem Namen?«
Seine Überraschung ist echt, das merke ich. Sogar der Andere in der Ecke, zu dem ich bisher noch nicht hingesehen habe, scheint überrascht zu sein, denn er bewegt sich dort unruhig. Das alles bestätigt mir, daß diese Beiden nichts von mir wissen.
»Verzeihen Sie«, sage ich schnell, »das war eine dumme Frage von mir. Ich bin etwas konfus, das werden Sie verstehen.«
Und damit unterschreibe ich mit dem Namen, den man mir kurz vor der Abreise vorgeschlagen hat und mit dem ich mich einverstanden erklärte, da mir die Angelegenheit völlig gleichgültig war. Ich bemühe mich, möglichst flüssig zu unterschreiben, damit der Dritte Offizier nicht merkt, daß ich mich dieses Namens zum ersten Mal bediene. Dabei bleibe ich mit der Feder im Papier hängen, und es spritzt ein wenig Tinte neben meinem Namen aus.
Der Dritte Offizier nimmt mir das Papier aus der Hand und trocknet meine Unterschrift sorgfältig mit einem Löscher. Danach unterschreibt er selber sehr umständlich und ungelenk. Seine Unterschrift nimmt viel Platz ein.
Und nun endlich kommt auch der Andere aus der Ecke hervor. Er rutscht auf der Bank hinter dem Tisch bis zum Dritten Offizier hin, um das Formular zu unterschreiben. Ich betrachte ihn unauffällig unter den Wimpern hervor. Er trägt die Uniform der Kriegsmarine. Es ist mir nicht

klar, wie er auf dies Schiff kommt und was er hier zu suchen hat, doch im Grunde ist es mir gleichgültig.
Er unterschreibt und macht einen forschen Schnörkel unter seinen Namen. Er ist ebenfalls sehr jung, ich glaube noch jünger als der Dritte Offizier. Vor allem viel kleiner als dieser. Er gibt sich selbstsicher und beinahe elegant. Er hat ein schmales, hübsches Gesichtchen mit einem winzigen schwarzen Schnurrbart unter der Nase. Als er unterschrieben hat, begegnen sich unsere Augen. Er hat freche, dunkle Mausaugen.
»Das hätten wir also«, sagte der Dritte Offizier und wischt sich die Stirn mit einem karierten Taschentuch. Es ist in der Tat ziemlich warm in dem Raum. Der kleine Leutnant greift in die Tasche und holt ein Päckchen Zigaretten hervor, das er seinem Nachbarn hinhält. Dieser will eine Zigarette nehmen, besinnt sich aber und wendet sich zu mir.
»Rauchen Sie?«
»Nein danke, jetzt nicht«, sage ich. Ich ziehe es vor, noch eine Weile wachsam zu bleiben, und der Trick mit der Zigarette ist ja nur allzu bekannt. Die Beiden zünden sich ihre Zigaretten an einem Feuerzeug an.
»Das hätten wir also«, wiederholt der Dritte, nach einem tiefen Zug. »Und nun überreiche ich Ihnen hiermit Ihren Ausweis.«
»Meinen was?«
»Ihren Ausweis. Hier bitte.«
»Braucht man denn dort einen Ausweis?«
»Ob man dort ...? Warum soll man dort keinen Ausweis brauchen. Das ist doch überall so. Das heißt, wir wissen ... ich weiß darüber natürlich nichts. Woher soll ich das denn wissen? Aber es ist so Sitte. Und außerdem muß ich mich an die Vorschrift halten.«
Ich betrachte mir den Ausweis. Er ist mit einem Lichtbild von mir versehen. Ich kann mich nicht erinnern, wann die Aufnahme gemacht worden ist. Es gab eine Zeit, in der die Blitzlichter mich öfters blendeten. Daher wird das Bild wohl stammen. Auf der anderen Seite steht: Paul Direng, mit Schönschrift geschrieben. Und darunter: 43 Jahre.

Dann folgt die übliche Beschreibung meiner Haarfarbe, meine Augen, die Größe, Gewicht usw. Besondere Kennzeichen: Kreuzartige Narbe am linken Unterarm.
Das alles scheint zu stimmen. Auch das Alter stimmt ungefähr, auf ein Jahr mehr oder weniger kommt es nicht an. Was den Namen anlangt, so habe ich während der Fahrt hierher zuweilen darüber nachgedacht, doch das auch nur, weil ich sonst nichts zu tun hatte. Ich wäre von selber nie auf den Vornamen Paul gekommen, wenn man mir die Wahl gelassen hätte. Und was den seltsamen Namen Direng betrifft, so kann ich ihn mir schon überhaupt nicht erklären. Vielleicht ist es eine Art Kodewort, und jeder Buchstabe bedeutet etwas. Das D z. B. meine Herkunft, das I meine Fähigkeiten oder meinen Beruf, das R etwa mein Vorleben und ob ich verheiratet bin usw. usw. Im Grunde interessiert es mich nicht sehr, es belustigt mich eher.
»Schön«, sage ich und stecke den Ausweis in die Tasche.
»Ja, und dann ...«
»Noch etwas?«
»Ja. Ich habe Ihnen hier die fünfhundert Gulden auszuhändigen.« Er schiebt ein Bündel Papiergeld bis nah an die Tischkante auf meiner Seite.
Diesmal gelingt es mir, meine Überraschung zu verbergen. Geld geben sie mir? Wozu Geld? Was soll ich dort damit? Über Geld hatte ich mir noch gar keine Gedanken gemacht. Im Gegenteil, ich war froh, nichts mehr damit zu schaffen zu haben.
Und wieso Gulden? Die Währung gibt es doch gar nicht mehr. Vor hundert oder zweihundert Jahren scheint es sie gegeben zu haben. Ich entsinne mich, das irgendwann einmal gelesen zu haben.
»Bitte zählen Sie doch nach«, ermahnt mich der Dritte Offizier. »Sie haben nämlich schon dafür quittiert.«
Ich nehme das Bündel und lasse die Scheine einmal durch meine Finger gleiten. Es sind sehr neue Scheine, ganz neu gedruckt, und sehr bunt. Dann stecke ich das Paket in die Tasche.

»Danke«, sage ich. »Ja, vielen Dank.«
»Sie haben nicht mir zu danken«, wehrt er ab. »Ich habe ja nur den Auftrag. Es soll wohl ein Anfangskapital sein.«
»Ein Anfangskapital, ja, ganz recht«, plappere ich ihm nach. »Trotzdem, vielen Dank. Wem soll ich sonst danken.«
Diese Äußerung scheint den jungen Leuten Freude zu machen. Es gefällt ihnen, daß ich das Geld anerkenne.
»Ja, und dann gebe ich Ihnen noch diesen Schlüssel.«
»Was soll ich damit?«
»Stecken Sie ihn gut weg. Es steht Ihnen nämlich noch ein Seesack zu. Ich weiß nicht, was er enthält. Ich glaube, Kleidung und dergleichen.« Er blickt den kleinen Leutnant fragend an, aber auch der weiß nicht, was in dem Seesack ist. »Den Seesack habe ich bereits in den Leichter bringen lassen, damit Sie ihn nicht zu schleppen brauchen. Es hängt ein Schild mit Ihrem Namen daran. Dies ist der Schlüssel. Bitte.«
»Danke«, sage ich und nehme den kleinen Messingschlüssel an mich.
»Noch etwas?« »Nein, leider nicht. Das wäre alles. Damit wären wir so weit.«
Da er Anstalten macht aufzustehen, stehe auch ich auf. Doch für mich ist das leichter als für ihn. Der Tisch steht sehr nah an der Bank, er ist am Boden festgeschroben und läßt sich nicht vorrücken. So preßt sich die Kante der Bank in seine Kniekehlen, so daß er nicht gerade stehen kann und sich mit den Händen auf den Tisch stützen muß, wenn er nicht wieder zurücksinken will. Der kleine Leutnant macht die Sache richtiger; er rutscht auf der Bank bis zum Tischende und stellt sich dort hin.
Ich warte, was nun von mir verlangt wird. Ob man mir die Hand zum Abschied geben will oder ob dies nicht mit den Vorschriften vereinbar ist. Es scheint so, als sei sich der Dritte darüber auch nicht im klaren. Wie peinlich ist das alles für ihn.
»Ja, Herr Direng, es bliebe nun noch ... wie gesagt, wir haben nicht viel Zeit wegen der Strömung ... sie ist in dieser Gegend sehr reißend, und in der Bucht können wir kei-

ne Zuflucht nehmen, sie ist völlig versandet. Das müssen Sie verstehen. Außerdem haben wir nur den Auftrag, Sie hier ... Glauben Sie mir bitte, es hängt nicht von mir ab. Nicht von uns. Sonst, wie gesagt ... Wir werden uns ja noch oben am Fallreep sehen. Ich werde dort auf Sie warten. Aber was ich Sie noch fragen wollte ...«

»Bitte?«

»Sie müssen mich nicht mißverstehen. Ich bin dazu nicht beauftragt; das alles ist erledigt. Sie haben unterschrieben und ich habe Ihnen die Sachen ausgehändigt, so wie es hier steht. Ich frage nur so von mir aus. Verzeihen Sie, ich will mich natürlich nicht in Ihre Angelegenheiten mischen. Und vielleicht ist das nicht einmal erlaubt. Oder?« Er blickt kurz zu dem kleinen Leutnant hin, doch auch der scheint nicht zu wissen, ob es erlaubt ist. »Immerhin, unter den besonderen Umständen, ich meine damit, unter den Umständen, unter denen Sie uns verlassen, darf man wohl ... ist es vielleicht angebracht ... denn wenn ich mich in Ihre Lage versetze ... selbstverständlich geht mich das alles nichts an, das ist wahr ... aber ... es könnte ja sein, und wenn ich dazu in der Lage bin ... Ich glaube, auch der Herr Leutnant wird nichts dagegen haben, nicht wahr.«

»Sie wollen mich fragen, ob ich noch einen Wunsch habe«, helfe ich ihm aus. »Ja«, ruft er erfreut. Dabei verliert er das Gleichgewicht und sackt auf die Bank zurück. Er richtet sich aber sofort wieder auf. »Verzeihen Sie. Ja, das ist es. Vielleicht haben Sie einen Wunsch. Das kann ich mir vorstellen. Ich jedenfalls würde ... Ja, haben Sie denn einen Wunsch?«

Ich überlege, um was ich ihn bitten kann. Ich möchte ihm gern die Freude machen, mir irgendeinen Wunsch zu erfüllen. Irgendeine Kleinigkeit, nur um ihn nicht zu enttäuschen. Aber es fällt mir leider nichts ein.

»Ich weiß wirklich nicht, was man dort braucht«, sage ich, »sonst würde ich Sie darum bitten. Doch ich bin Ihnen auch so sehr dankbar.«

»Nein, nein, was man dort braucht, das geht mich nichts an«, unterbricht er mich. »Und dafür haben die Behörden vorgesorgt. Das habe ich auch nicht gemeint. Sie verstehen mich falsch. Selbstverständlich, wenn Sie noch irgend etwas haben möchten, und soweit es in meiner Macht steht ... aber das ist es nicht. Ich habe gemeint, weil es doch sozusagen für Sie das letzte Mal ist ... nicht sozusagen, verzeihen Sie, sondern es ist ja nun einmal so ... ja, es ist die letzte Gelegenheit, soweit ich das beurteilen kann, und darum möchten Sie vielleicht, daß ich ... ganz privat natürlich. Ja, nur als Privatmann, und ob so etwas erlaubt ist, darüber müßte ich mich noch erkundigen. Ich bin hier ja nur Angestellter. Doch immerhin, ich könnte, und Sie dürfen sich auf mich verlassen, das verspreche ich Ihnen. Auch der Herr Leutnant wird nicht darüber reden, nicht wahr. Nun, sehen Sie. Also, wenn ich für Sie eine kleine Nachricht ... einen kleinen Gruß oder so ... Sie brauchen mir nur den Namen und die Adresse ...«

»Das wird nicht erlaubt sein«, sage ich.

»O, lassen Sie das meine Sorge sein«, fleht er mich geradezu an. »Selbst wenn es nicht erlaubt sein sollte, Herr ... Herr ... Verzeihen Sie, ich vergesse Ihren Namen immer ... selbst wenn, ja ... man ist doch ein Mensch. Und es gibt Mittel und Wege, Ihre Angehörigen ... Und für Sie ist es die letzte Gelegenheit, deshalb.«

Wiederum zögere ich einen Augenblick, ehe ich ihm antworte; nicht meinetwegen, sondern seinetwegen. »Ich kann Ihnen gar nicht sagen, wie dankbar ich Ihnen für dies Anerbieten bin. Für Ihre Freundlichkeit. Und bitte, halten Sie mich nicht für schlecht oder kaltschnäuzig. Aber die Sache ist ganz einfach die, daß ich niemanden weiß, dem mit einem letzten Gruß von mir gedient wäre. In diesem Sinne habe ich keine Angehörigen, und wenn Sie so wollen, habe ich nie welche gehabt, obwohl ich das nicht immer so genau gewußt habe, wie jetzt. Und deswegen bin ich ja auch hier. Doch ganz gleich, ich weiß gar nicht, wie ich Ihnen danken soll. Ich habe so etwas nicht erwartet.«

»Ja, dann ...« er rafft sich auf ... »Soll ich Ihnen einen Matrosen schicken, der Ihnen beim Kofferpacken hilft, damit es schneller geht?«

»Ich habe ihn schon gepackt. Als heute morgen die Maschinen stoppten, dachte ich mir schon, daß ich angelangt sei. Ich habe ja nur die paar Sachen, die man mich mitnehmen ließ, einmal Wäsche zum Wechseln undsoweiter. Der kleine Pappkoffer liegt auf meinem Bett. Ich brauche ihn nur zu holen und meinen Mantel anzuziehen. Ich kann in einer Minute oben sein.«
»Ja, also . . .«
Ich gehe bis zur Tür des Messeraums, und habe schon den Drücker in der Hand, da fällt mir etwas ein. Wie ich mich umdrehe, sehe ich, daß die Beiden – ja auch der Leutnant mit den frechen Augen – mir ratlos nachgeschaut haben.
»Ich habe doch einen Wunsch«, sage ich und gehe ein paar Schritt zurück. Der Dritte steht immer noch in seiner ungemütlichen Haltung und starrt mich beinahe erschrocken an.
»Haben Sie vielleicht etwas Papier für mich?« frage ich.
»Papier?« rufen die Beiden.
»Ja, zum Schreiben. Ein kleines Heft. Oder auch nur einzelne Bogen; ich mache mir dann selber ein Heft daraus.«
Der Dritte ist durch meine Bitte so aus der Fassung gebracht, daß er nicht zu antworten vermag. Statt seiner bricht der kleine Leutnant zum ersten Mal das Schweigen. Ein Zeichen dafür, daß auch er völlig überrascht ist.
»Was wollen Sie denn damit anfangen?« fragt er.
»Schreiben.«
»Ja, wieso denn schreiben? Das hat doch gar keinen Zweck.«
»Ja, da haben Sie recht. Viel Zweck hat es nicht.«
»Erlauben Sie bitte, es dürfte Ihnen doch wohl bekannt sein, daß keine Briefe von hier befördert werden.«
»Briefe! An wen sollte ich Briefe schreiben. Nein, ich will mir nur so ein paar Notizen machen.«
»Aber wozu denn? Das wird doch nie jemand lesen.«
»Nur zum Zeitvertreib. Vielleicht langweile ich mich mal, dann kommt man schneller darüber weg. Es ist nur so eine Idee von mir. Vielleicht lasse ich es auch, das läßt sich jetzt noch nicht sagen. Und wenn es nicht geht, das mit dem Pa-

pier, meine ich, dann ist es auch nicht weiter schlimm. So wichtig ist das alles nicht.«
»Haben Sie denn einen Federhalter?« fragt der Dritte.
»Ich habe hier noch ein Stück Bleistift. Nein, es ist sogar ein Tintenstift«, sage ich. Ich hole den Stift aus meiner Brusttasche und zeige ihn ihm. Er ist nicht mehr sehr groß, nur noch ein Drittel seiner ursprünglichen Länge. Außen ist er blau lackiert. Die beiden jungen Leute sehen sich an. Dann zwängt sich der Dritte hinter seinem Tisch hervor und geht an ein kleines Wandschränkchen, in dem Bücher und Zeitschriften zu liegen scheinen. Im obersten Bord findet sich tatsächlich Schreibmaterial, Briefpapier, Umschläge, Karten und dergleichen. Und tatsächlich findet der Dritte zwei Wachstuchkladden. Vielleicht sind sie für irgendwelche Eintragungen der Schiffsleitung bestimmt. Er blättert beide Hefte durch und legt das eine wieder zurück, da auf der ersten Seite schon etwas geschrieben ist. Dann fühlt er mit der Hand hinten im obersten Bord nach, und wirklich, es bleibt ein ganz neuer, noch nicht angespitzter Bleistift zwischen seinen Fingern. Ein kantiger, dunkelroter Stift. »Da«, sagt er und reicht mir die Sachen hin. Dabei wendet er das Gesicht ab, wie ein ungezogenes Kind, das von den Erwachsenen zu einer ihm unsinnig erscheinenden Handlung gezwungen wird.
»Vielen Dank«, sage ich. »Und noch eine Frage: Stimmt das da?« Dabei zeige ich auf einen Umsteckkalender, der an der Wand hängt. Die beiden jungen Leute folgen wie gebannt meinem Zeigefinger mit ihrem Blick und nicken dann mit dem Kopf.
Ich gehe an den Tisch zurück, hole meinen Bleistiftstummel wieder hervor und schreibe auf die erste Seite der Kladde, oben links: 29. Januar. Dann schlage ich das Heft zu.
»Damit ich es nicht vergesse«, sage ich. »Also ich hole jetzt den Koffer und bin sofort oben.«
Damit gehe ich hinaus.
Auf dem Gang vor der Tür steht kein Matrose, wie ich es erwartet hatte. Ich weiß nicht, ob es nur Nachlässigkeit ist. Ich gehe den Gang nach hinten und dann eine Treppe hin-

unter, wie ich es vom Herweg in Erinnerung habe. Dabei denke ich an die beiden jungen Leute. Ich stelle mir vor, daß sie einen Schnaps trinken, um sich von ihrer schweren Aufgabe zu erholen. Die Schnapsflasche und Gläser werden vielleicht in einem der anderen Wandschränke der Täfelung stehen.

Unten an der Treppe wird mir bewußt, daß die Maschine schon wieder läuft. Sie haben es also wirklich sehr eilig. Plötzlich weiß ich nicht mehr, ob es vorhin zwei Treppen waren oder nur eine. Ich stehe ganz ratlos da. Zum Glück kommt von unten ein junger Kerl in einem Monteuranzug herauf. Er singt, während er zwei Stufen der eisernen Stiege auf einmal nimmt. Auch er hat es eilig. Ich frage ihn, wo die Kabinen der Passagiere seien. Ich sage ›Passagiere‹, und er wundert sich gar nicht darüber. Es ist ihm ganz gleichgültig. Er zeigt auf den Gang neben mir und verschwindet nach oben.

In meiner Kabine ist alles wie vorher. Der Koffer liegt auf meinem Bett. Niemand hat ihn berührt. Ich öffne ihn und werfe die Kladde obenauf. Dann schlage ich ihn wieder zu.

Dann ziehe ich meinen Mantel an. Ich fasse in die Taschen, ob alles drin ist. Ich zögere es etwas hinaus, nach oben zu gehen. Ich stehe mitten in der kleinen Kabine und blicke umher, ob ich auch nichts vergessen habe. Auf dem kleinen Klapptisch neben dem Bett liegt eine Taschenbibel. Wahrscheinlich versorgt irgendeine Sekte die Schiffe damit. Ich habe manchmal nachmittags, wenn ich traurig war, in dem Teil, den sie das Alte Testament nennen, gelesen.

Die Überfahrt hat nur etwas über drei Wochen gedauert. Genau kann ich es nicht angeben, da ich die ganze Zeit meine Kabine nicht verlassen habe. Vielleicht würde man es mir erlaubt haben, wenn ich darauf bestanden hätte. Man war ja sehr um mein Wohl besorgt, und wenn ich ihnen gesagt hätte, daß ich frische Luft schnappen müßte, würden sie das sicher verstanden haben. Aber ich wollte nicht an Deck. Ich traute mir selber nicht. In der Kabine fühlte ich mich geborgener.

Plötzlich höre ich das klagende, langgezogene Aufheulen einer Schiffssirene und fahre zusammen. Es heult noch einmal auf. Es kann nicht von unserem Dampfer kommen, und ich stürze ans Bullauge.
Meine Kabine liegt zur Seeseite hin, und ich kann nichts sehen als das Grau des Wassers. Die See ist nicht sehr bewegt, nur leichte Wellen. Ich will schon zurücktreten, und wie ich mich dabei nach links beuge, um mir den Kopf nicht zu stoßen, sehe ich, daß draußen ganz rechts in einiger Entfernung ein Zerstörer liegt. Ich nehme jedenfalls an, daß es ein Zerstörer ist. Er hat zwei Schornsteine, der Bug ist höher als das Heck. Vielleicht ist es auch ein Minensucher. Ich kenne mich in Schiffstypen nicht aus.
Als ich oben an Deck komme, fällt ein feiner Sprühregen. Es ist nicht kalt, die Luft ist eher lau. Ich bin auf der Landseite, aber ich vermeide es noch hinzusehen. Ich achte darauf, daß ich nicht über irgend etwas stolpere. Unter meinen Füßen quietscht es leise, es ist mir unangenehm. Ich kann ja nicht wissen, ob ich aus einer der Ecken hinter den Decksaufbauten beobachtet werde. Aber das ist nur Einbildung. Das Geräusch kommt von meinen Kreppgummisohlen.
Ich sehe, daß vorne die Ladebäume noch ausgeschwungen sind und daß etwas über die Bordwand herabgelassen wird. Ich vermute, daß auch das Fallreep dort ist und gehe dorthin. Und so ist es auch. Ich sehe den Dritten Offizier; er hat sich einen Ölmantel umgehängt und eine Mütze aufgesetzt. Ich freue mich richtig, ihn zu sehen.
»Ah, da sind Sie ja«, sagt er.
»Haben die da meinetwegen gepfiffen?« frage ich, indem ich mit dem Kopf in Richtung des Zerstörers zeige.
»Nein, nicht Ihretwegen. Aber wir müssen fort. Es ist höchste Zeit. Haben Sie keinen Hut?«
»Ich habe hier eine Kappe«, sage ich und klopfe auf meine linke Manteltasche, in der die Kappe steckt.
»Dann wäre ja alles . . .« Er reicht mir die Hand.
»Ich wünsche Ihnen eine glückliche Heimfahrt.« Seine Hand ist warm und so groß, daß die meine darin verschwindet.

»Danke, ja, auch ich ... das heißt, ja, ... Alles Gute.« Er blickt schnell weg. Er muß auf die Ladung achten, die an dem Ladebaum hängt. Ich steige das Fallreep hinab. Ich muß aufpassen, daß ich auf den feuchten Sprossen nicht ausrutsche. Die Gummisohlen erweisen sich als sehr ungünstig. Ich trage den Koffer in der rechten Hand und halte mich mit der linken an dem Tau fest.

Unten liegt ein Leichter, sehr verrostet und verbeult. Es sind auch einige Leute darin beschäftigt, die Güter, die an dem Ladebaum schweben, in Empfang zu nehmen und zu verstauen. Sie bewegen sich sehr langsam, soweit ich sehen kann. Vor dem Leichter liegt eine grau angestrichene Barkasse. Der Motor läuft und pufft. Sonst ist alles sehr ruhig.

Als ich an einem Bullauge vorbeikomme, sehe ich ein Gesicht dahinter. Es grinst, als unsere Blicke sich treffen, es grinst ganz verzerrt. Vielleicht aus Verlegenheit. Ich gehe schnell weiter. Ich weiß nicht, ob es jemand von der Schiffsmannschaft ist, der von dort aus auf mich aufpassen soll, oder einer wie ich, der sich im letzten Augenblick entschlossen hat, sich nach seinem Ausgangspunkt zurücktransportieren zu lassen, wie der Dritte Offizier sich ausdrückte.

Zwischen der Schiffswand und dem Leichter ist eine Spalte von einem Meter, und man sieht das dunkle Wasser. Das macht mich unsicher, und ich zögere. Ich möchte nicht dazwischenfallen und zerquetscht werden. Ich taste mit meinem Fuß vor und berühre den Rand des Leichters, aber der Leichter schaukelt etwas und sinkt zu mir hin ab. Ich habe Angst wegen der Gummisohlen und ziehe den Fuß zurück. Es ist niemand da, der sich bereit zeigt, mir zu helfen oder einen Rat zu geben, wie ich es machen soll. Die im Leichter sind beschäftigt und kümmern sich nicht um mich; möglicherweise haben sie mich längst gesehen, tun aber absichtlich so, als gehe sie das alles nichts an. Und mich umschauen, ob sich oben jemand über die Reling beugt, will ich nicht. Ich kann keinen Entschluß fassen. Ich komme mir sehr verlassen vor.

Da sehe ich vorne in der Barkasse den kleinen Leutnant stehen. Er hat eine weiße Mütze auf dem Kopf. Er raucht

eine Zigarette und klopft die Asche nach jedem Zug ungeduldig auf die Bordwand ab. Der Schirm seiner Mütze läßt es nicht zu, festzustellen, ob er zu mir hinblickt.
Ich entschließe mich. Ich lange den Koffer hinüber und lasse ihn in den Leichter hineinfallen. Es ist sowieso ein billiger Koffer, und wenn er entzweigehen sollte, ist es nicht schade. Ich werde ihn auch kaum mehr brauchen. Dann hocke ich mich auf der untersten Sprosse des Fallreeps hin. Mit der linken Hand halte ich mich an dem letzten Geländerpfosten fest und mit der rechten greife ich nach dem Rand des Leichters. Dann ziehe ich mein rechtes Bein nach. Es ist mehr ein Hinüberkriechen, es muß sehr ungeschickt und ängstlich aussehen. Aber ich bin kein Fachmann. Schließlich lasse ich los und bin auch mit dem linken Bein drüben. Ich sitze auf dem Rand des Leichters und lasse die Füße hineinbaumeln.
Kaum ist das soweit, wird das Fallreep hinter mir hochgezogen. Sie müssen dort oben also doch nur auf mich gewartet haben. Die Rollen der Winde kreischen. Ich lasse mich in den Leichter hineingleiten. Zwischen den verrotteten Traljen quatscht ölhaltiges Schlammwasser auf, als ich darauf trete. Mein Koffer ist auch da, er ist nicht aufgebrochen, sondern nur schmutzig. Überhaupt ist alles sehr schmutzig.
Der Leichter ist sehr flach, wie ich jetzt sehe, mehr eine Art Ponton, vorne genauso wie hinten. Aber sehr alt. In der Mitte sind einige Ballen und Fässer aufgestapelt, so daß ich nicht nach der anderen Seite sehen kann. In dem Raum zwischen der Ladung und dem Rand des Leichters liegen grauweiße Flocken, größere und kleinere. Ich bücke mich nach einer und reibe sie zwischen den Fingern. Dann lasse ich sie wieder fallen. Es scheint Schafswolle zu sein, und ich wundere mich darüber.
Plötzlich fällt mir der Seesack ein, den mir der Dritte Offizier versprochen hat. Ich schlendere an der Ladung entlang, möglichst unauffällig. Als ich dorthin komme, wo der Haufen aufhört, grölt es über mir. Wie ich nach oben blicke, sehe ich, daß über mir zwei eiserne Tonnen schwe-

ben und sich rasch auf mich zu bewegen. Ich springe beiseite und klemme mich flach an die Bordwand. Die Tonnen kommen ganz nah an mir vorbei, sie streifen mich beinahe. Ich schiebe sie mit den Händen von mir fort und mehr in die Mitte des Leichters zur anderen Ladung hin. Und das ist richtig so. Denn auf einmal sind auch noch zwei Männer da, die mir dabei helfen. Sie nehmen aber keine Notiz von mir, sie tun so, als ob ich nicht da sei. In der Mitte werden die Tonnen ganz niedergelassen, die Männer lösen sie aus der Schlinge, und das Tau wird wieder nach oben gezogen. Ich habe dort nichts mehr zu suchen.

Ich gehe auf die andere Seite. In einer Nische zwischen den Ballen und Tonnen sitzt eine Frau. Sie trägt einen braunen Pelzmantel, auf dem Regentropfen glitzern. Ihr Gesicht ist durch ein grünes Kopftuch verdeckt. Außerdem hat sie einen Regenschirm aufgespannt, einen von diesen kleinen Damenschirmen, rot und braun kariert und mit kurzem Stiel. Das sieht sehr komisch aus hier auf dem schmutzigen Leichter. Doch es ist nicht meine Angelegenheit.

Etwas weiter finde ich tatsächlich den Seesack. Ich weiß nicht, ob man dieser Dame auch einen Seesack gestiftet hat. Vielleicht sitzt sie darauf. An meinem Seesack hängt ein Pappschild, auf dem der Name steht, der auch in meinem Ausweis steht. Er ist mit Tintenschrift geschrieben und bereits blau ausgelaufen. Lange wird man ihn nicht mehr lesen können. Irgendwie befriedigt es mich, daß ich den Seesack gefunden habe, obwohl ich nicht weiß, was er enthält, und obwohl ich gar nicht damit gerechnet habe. Es ist wohl wegen des Dritten Offiziers, daß ich mich darüber freue.

Ich will meinen Koffer holen, um ihn neben den Seesack zu stellen, damit alles beieinander ist. Wie ich wieder auf der Seite bin, die dem Dampfer zugekehrt ist, sehe ich, daß die hohe Schiffswand an mir vorbeigleitet, als ob sie weggezogen wird. Es macht mich schwindlig; natürlich ist es nur Einbildung, aber ich halte mich mit der Hand an irgend etwas fest. Und dann höre ich auch ganz leise das Klingeln des Maschinentelegraphen.

Plötzlich verschwindet die Wand, und es wird ganz leer. Ich sehe das Meer; das Wasser reicht fast bis an die Bordwand, ich könnte es mit der Hand berühren, wenn ich mich auf die Zehen stelle. In der Nähe sieht es pockennarbig aus wegen des Regens. Und dann sehe ich auch weiter hinten den Zerstörer wieder. Er gleitet in einem weiten Bogen von rechts nach links vorbei. Dann kommt plötzlich eine felsige Landzunge in mein Blickfeld, und ich merke, daß wir es sind, die fahren.
In der Tat machen wir eine große Kurve und halten auf die Bucht zu. Wir fahren ziemlich rasch, hinter uns ist eine breite Kiellinie. Die Barkasse schleppt uns; sie gehört wohl zum Zerstörer und hat einen kräftigen Motor. Wo die Männer sind, die die Ladung in Empfang genommen haben, weiß ich nicht. Ich kümmere mich nicht um sie; ich verhalte mich genauso wie sie es vorher getan haben. Wenn es hier so Sitte ist, um so besser. Auch um die Frau mit dem Regenschirm kümmere ich mich nicht. Ich tue so, als ob mir das alles gleichgültig und selbstverständlich sei. Ich möchte nicht auffallen. Das ist immer verkehrt. Es wird auch hier verkehrt sein.
Das ist also die Bucht. Als wir einfahren, habe ich das Gefühl, daß der Leichter hochgeschoben wird und über etwas hinwegrutscht. Dann sind wir wieder frei. Es scheint also eine Barre da zu sein. Und drinnen in der Bucht ist das Wasser ganz ruhig, mehr wie ein Binnensee. Und sehr flach und versandet. Die Einfahrt ist weit, aber die Bucht selber ist noch viel weiter. Die Landzunge im Norden ist hügeliger, und die Spitze der Zunge faßt weiter herum. Im Schutz der Hügel, der Bucht zugewandt, sehe ich ein längliches flaches Gebäude mit Fenstern. Doch ich kann es nicht genau sehen; es ist zu weit fort. Wir fahren nämlich in dem südlichen Bogen der Bucht. Die Barkasse wird schon wissen warum; der kleine Leutnant wird seine Vorschriften haben. Hier im Süden scheint die Küste flacher. Alles macht einen sehr kahlen Eindruck. So hatte ich es ja auch erwartet. Menschen sehe ich dort nicht. Nach Osten hin, also dort, wo wir hinfahren, hebt sich das Land langsam ins

Innere. Darüber, aber ganz in der Ferne, schließt alles mit einem ziemlich geraden violetten Streifen ab.
Ich blicke noch einmal zurück und sehe, daß der Dampfer schon gewendet hat und sich davonmacht. Man sieht nur noch Schornstein und Oberbau über der Düne der südlichen Landzunge. Bald wird er ganz fort sein. Aber der Zerstörer ist noch da, er wartet auf die Barkasse und den kleinen Leutnant. Es sieht so aus, als liege er an der nördlichen Landzunge vor Anker, doch das ist natürlich eine Täuschung.
Und dann sehe ich auch, weshalb wir in der Bucht den weiten südlichen Bogen machen, statt gerade hindurch zu fahren. Genau in der Mitte der Bucht ist eine Sandbank oder ein Kliff. Es sieht wie ein Pickel auf der glatten Fläche aus.
Das also ist die Bucht von ›Aporée‹. Schon in der Schule war mir der Name aufgefallen. Ich zeichnete damals gern Landkarten. Ich fragte den Lehrer in der Geographiestunde, was dort los sei. Eine ziemlich große Fläche auf der nördlichen Halbkugel war mit Aporeé bezeichnet, und westlich am Meer stand in kleinerer Schrift: Bucht von Ap. Die Fläche selbst war ganz leer und ohne Farben; es waren keine Flüsse und Gebirge eingezeichnet, von den kleinen Punkten, die man für Städte macht, oder von den Strichen für Eisenbahnen und Straßen ganz zu schweigen. Es war ähnlich wie in der Sahara oder an den Polen. Der Lehrer antwortete, daß es unbewohnbares Gebiet sei. Warum unbewohnbar? fragte ich. Es fiel mir nämlich auf, daß dieses Aporée nicht so weit nördlich oder südlich lag wie sonst unbewohnbare Gebiete. Im Gegenteil, es gibt Gegenden, die sehr bewohnt sind, und wo sich große, wichtige Städte befinden, die viel mehr außerhalb liegen. Das sagte ich dem Lehrer auch. Er wies mich darauf hin, daß auch im Innern von Brasilien noch leere Stellen seien, aber das war eine Ausrede. Denn soviel wußte ich schon, daß diese Stellen in Brasilien nur leer waren, weil man sie noch nicht brauchte, und weil es sich nicht lohnte, Straßen und Eisenbahnen dorthin zu bauen. In Wirklichkeit waren diese Stellen auch

gar nicht leer. Man kannte die Gebirge und Flüsse; man hatte sie von Flugzeugen aus aufgenommen. Wenn ich älter gewesen wäre, hätte ich dem Lehrer eingewendet, daß dieses leere ›Aporée‹ doch eigentlich ein wichtiger strategischer Stützpunkt sein müsse. Zum mindesten könne es doch die Fluglinien sehr abkürzen. Doch an so etwas dachte ich damals noch nicht. Schließlich sagte der Lehrer, der auch nicht genau Bescheid zu wissen schien, es gebe dort in Aporée kein Wachstum.

Dieser Ausdruck blieb mir im Gedächtnis. Er reizte mich irgendwie. Ich dachte zuweilen an eine Gegend, wo es kein Wachstum gäbe. Abends beim Zubettgehen, wenn ich mich auszog, suchte ich auf meinem Körper nach so einer Stelle. Links unterhalb des Herzens, mehr zur Seite hin, hatte ich einen braunen Fleck, eine Art Muttermal oder einen Leberfleck, ganz gleich. Aber es kam Blut heraus, wenn ich daran herumkratzte oder hineinstach; also war noch Wachstum da.

Später hatte ich an andere Dinge zu denken. Aber immer wieder kam ich auf Aporée zurück. Es nützte wenig, bei anderen nachzuforschen, wie es sich damit verhielt. Fast niemand wußte wohl etwas davon; die meisten hatten sogar den Namen vergessen, obwohl sie ihn ebensogut wie ich in der Schule hatten lesen können. Es war wie eine Lücke, wenn man danach fragte, aber niemand beunruhigte sich über die Lücke, wie es doch sonst geht. Alles, was ich darüber erfahren wollte, mußte ich aus mir selbst holen.

Manchmal verspottete ich mich auch deswegen. Ich sagte mir, daß dies Aporée für mich nichts anderes sei als das, was einige früher Thule oder Orplid nannten, ein Traum vom Goldenen Zeitalter, in den sie sich flüchteten. Nur daß es Thule oder Orplid nicht auf der Landkarte gab, während Aporée sehr sichtbar, wenn auch als leerer Fleck, eingezeichnet war. Oder ich hielt es für das, was hin und wieder Leute dazu treibt, nach einer einsamen Südseeinsel aufzubrechen, um dort primitiv zu leben. Unternehmungen, die von vornherein zum Scheitern verurteilt sind, daß sie gar nicht mehr primitiv sind. Sie können es gar nicht ertragen, daß ihnen die Früchte und die Brüste von sanften Frauen sozusagen in den Mund wachsen.

Mir aber ging es nicht um Früchte und Brüste, wenn ich an Aporée dachte. In einem Land ohne Wachstum wird es so etwas auch kaum geben. Manchmal dachte ich auch, daß es gar nicht nötig sei, sich nach Aporée zu sehnen. Solche Gedanken kamen mir, wenn ich nach Mitternacht durch das Vergnügungsviertel der Stadt ging und in einer Speisehalle landete, um dort noch einen Teller Suppe zu essen. Das geschah nur, wenn ich nicht schlafen konnte.

Ich forschte auch in den Bibliotheken nach, wenn ich nicht gerade unterwegs war. Aber nirgends fand ich etwas über Aporée, weder in den Erdbeschreibungen noch bei den Historikern. Nicht einmal im etymologischen Lexikon wird der Name erklärt. In Brasilien gibt es einen großen Fluß namens Guaporé; er bildet die Grenze gegen Bolivien und fließt später in den Amazonas. Ich bin ein paar Jahre lang dort gewesen. Der Name stammt aus der Indianersprache und hat nichts mit Aporée zu tun. Der Gleichklang ist Zufall.

Ich fragte einmal einen Bibliothekar, ob es Bücher darüber gebe. Er war ein alter, verstaubter Mann; ich wunderte mich, daß sie ihn noch nicht pensioniert hatten. »Wozu wollen Sie das wissen?« fragte er und sah mich mit einem schnellen, mißtrauischen Blick über den Rand seiner Brille an. Das war eine komische Frage, doch konnte es ja immerhin möglich sein, daß er wissen wollte, in welcher Hinsicht ›Aporée‹ mich interessierte, politisch, historisch, geographisch oder was auch immer. Darum antwortete ich, wie es sich ja auch verhielt: »Ich habe gehört, daß es ein Land ohne Wachstum sei.« »Wer hat Ihnen das erzählt?« forschte er nach. »Der Lehrer in der Schule.« Er lachte auf; es war ein tonloses Meckern. »Die Lehrer erzählen manches. Sie sind nicht dazu da, die Wahrheit zu erzählen, sondern das Erlaubte und was man für zuträglich hält.« Er stockte und sah sich blitzschnell im Lesesaal um; aber er sprach viel zu leise und zischend, als daß ihn jemand hätte hören können. »Na und?« fauchte er mich an. »Nichts. Dies Land kommt mir manchmal vor wie – verzeihen Sie den sentimentalen Ausdruck – wie eine Art Heimat.« Ich dachte, er würde wieder lachen, aber es geschah nichts. Er nahm mit seinen dürren Fingern eine Kartothekkarte aus einem Kasten, der neben ihm stand, und betrachtete sie. Ich hoffte schon, daß die Karte etwas mit ›Aporée‹ zu tun habe, doch ich täuschte mich. Er verglich sie mit einer Liste, die vor ihm lag, machte einen Haken mit einem Rotstift und steckte die Karte in den Kasten zurück. Ich räusperte mich. »Na und?« fauchte er wieder. »Ich habe Sie nach Büchern über ›Aporée‹ gefragt«, flüsterte ich. »Darüber haben wir nichts. Tut mir leid.« Und da ich noch stehenblieb, fügte er hinzu, ohne seine Arbeit mit den Kartothekkarten zu unterbrechen: »Ich kann Ihnen nicht helfen. Haben Sie verstanden. Darüber steht nichts in Büchern.« – Ich ging dann zum Mittagessen und von da nach Haus. Spät nachmittags gegen fünf gab es ein Gewitter; es dauerte nicht lange und brachte auch nicht viel Abkühlung. Ich nahm die elektrische Bahn und fuhr zur Bibliothek zurück. Sie wurde um sechs geschlossen. Ich beobachtete, wie das Publikum aus dem Hauptportal herauskam; es waren nicht allzuviele Leute, und dann wurden die großen Türen mit den schmiedeeisernen Gittern vor dem Glas von innen zugesperrt. Ich ging seitlich um das Gebäude und fand einen Nebeneingang. Dort wartete ich auf gut Glück. Es konnte ja sein, daß es auf der anderen Seite noch einen Nebeneingang gab und daß ich bei dem falschen wartete. Wie gesagt, es war immer noch ziemlich schwül. Es hatte zu kurz geregnet, die kurz geschorenen Rasenflächen um das Bibliotheksgebäude schienen schon wieder ganz trocken. Auf den Simsen der unechten Barockfassade saßen ein paar Tauben und putzten sich. Aus zwei Fenstern von der anderen Seite des Platzes blendete die Abendsonne, die sich gelb darin spiegelte. Endlich kamen ein paar Angestellte aus dem Eingang und dann auch der alte Bibliothekar. Er muß sehr kurzsichtig gewesen sein. Er schritt mehr tastend die drei Stufen herab und trippelte, ohne den Blick vom Boden zu heben, den mit Fliesen belegten Gang zwischen den Rasenstücken bis zur

Straße hin, wo ich stand. Ich hob meinen Hut und sagte: »Ich habe Sie heute vormittag nach Aporée gefragt.« Er zuckte nicht zusammen, sondern trippelte einfach weiter. Es war fast so, als ob er damit gerechnet hätte, daß ich hier auf ihn warten würde. »Ich möchte Sie bitten . . .« »Ich bin außer Dienst«, sagte er, ohne mich anzusehen und ohne seinen Schritt zu mäßigen. »Ja, gerade deshalb«, sagte ich. Ich ging links von ihm; er war einen Kopf kleiner als ich. Wir gingen schweigend bis zum Platz weiter. Dort mußten wir mit anderen Leuten warten, da das Licht rot war. »Ich habe Ihnen doch gesagt, daß ich Ihnen nicht helfen kann«, sagte das Männchen. Ein Mädchen vor uns drehte sich um und blickte mich prüfend an. Sie dachte wohl, daß es sich um eine Bettelei handle. Dann wurde das Licht grün und wir schoben uns mit dem Strom über den Platz. »Ich bin zwar nicht mehr so jung«, sagte ich, »und habe schon allerhand gesehen. Doch immerhin, Sie sind älter, und Sie wissen doch, daß es unserer Generation ganz an älteren Leuten gefehlt hat. Ich meine das nicht den Jahren nach, natürlich gibt es Siebzigjährige und vielleicht sogar Hundertjährige, ich meine Ältere, auf die man hört. Verzeihen Sie, selbstverständlich kann das auch an mir liegen. Mein Großvater zum Beispiel war ein Gelehrter.« »Mütterlicherseits?« fragte er zu meiner Überraschung. Doch ich freute mich über seine Frage, denn ich wollte ihn zum Sprechen bringen. »Nein, väterlicherseits. Der Vater meiner Mutter war Kaufmann; ich kenne ihn nur von alten Bildern. Der richtige Großvater war Botaniker. Doch damals war ich noch zu klein, um an so etwas zu denken; sonst hätte ich ihn gefragt, und er würde mir sicher eine Erklärung gegeben haben.« »Wenn er Botaniker war . . .«, warf das Männchen ein. Er hörte mir also zu. Wir waren schon fast auf der anderen Seite des Platzes. »Ich weiß, was Sie sagen wollen. Es ist wohl deshalb, weil ich es nicht glaube.« Inzwischen waren wir auf der anderen Seite angelangt, hinter uns fuhren die Autos wieder an. Mein Männchen steuerte auf den Eingang vom U-Bahnhof zu. Ich erkannte zu meinem Kummer, daß ich zu viel Zeit mit Vorreden vertrödelt hatte. »Können Sie mir nicht wenigstens sagen, denn ich will Sie nicht belästigen, warum sich niemand für dies Land interessiert. Das ist doch auffallend.« »Es fällt viel mehr auf, daß ... Übrigens werden Sie es schon aufgeben.« »Warum soll ich es aufgeben?« schrie ich beinahe; denn wir waren auf der Treppe des Bahnhofs, und ich mußte aufpassen, daß ich im Gedränge nicht von ihm getrennt wurde. »Und warum wollen Sie mir nicht helfen?« »Weil ich keine Zeit für sowas habe. Meine Frau hat mich gebeten, pünktlich zu sein. Es gibt heute Fischfilet. Sonst verbrennt es.« Ich gab es auf. Er hatte eine Monatskarte und wurde durch die Sperre geschleust. Ich stand neben dem Schalter und hatte keine Karte. Ich verlor ihn aus den Augen. Und dann brauste auch schon ein Zug herein. Ich beeilte mich, die Treppe wieder hinaufzusteigen, bevor der Strom der Aussteigenden mich packte.

Als ich wieder ins Helle komme und auf der vorletzten Stufe bin, sehe ich, daß genau vor dem Eingang eine große Pfütze stehengeblieben ist. Das Pflaster hat sich dort gesenkt und müßte ausgebessert werden. Zwei Spatzen benutzen die kleine Pause, um sich zu baden. Dann aber fliegen sie auch schon auf; ein junger Mann schießt an mir vorbei; er nimmt drei Stufen auf einmal. Und dann werde ich auch schon von hinten gestoßen.

Ja, mir fällt auf, daß gar keine Möwen da sind. In dieser Bucht müßten eigentlich Möwen sein. Sie begleiteten doch den Dampfer noch bis zuletzt. Ich hörte zuweilen ihre Schreie in meiner Kabine. Das mit den Möwen ist viel wichtiger als diese alten Geschichten. Auslöschen, ja.

Aber das, was man über das Wachstum erzählt hat, stimmt nicht. Wir fahren jetzt an der inneren Seite der Bucht entlang nach Norden zu. Wir gleiten fast lautlos dahin; das Tuckern des Barkassenmotors gehört so wenig hierher, daß man es für Einbildung hält. Oder als ob einem das Blut in den Ohren klopft. Das Ufer ist kaum hundert Meter entfernt. Es ist steinig, aber etwas weiter hinten wächst Gras, auch auf den Hügelwellen dahinter. Und auch irgendwelches Gesträuch ist da. Einige dunklere Flecke sehen wie

Latschenkiefern aus. Das alles gleicht ein wenig den Gebieten über der Baumgrenze im Hochgebirge, bevor die nackten Felsen beginnen. Es ist also nichts Fremdartiges. Das mit dem Wachstum ist gelogen.
Schnee liegt nirgends, obwohl wir Januar haben. Ich finde es auch nicht kalt, aber natürlich bin ich trotz allem etwas gespannt. Ich schätze es auf drei Uhr Nachmittags. Die Sonne ist nicht zu sehen; ich besitze keine Uhr. Ich beuge mich über den Rand des Leichters. Das flache Haus an der nördlichen Landzunge liegt jetzt ein wenig links von unserer Fahrtrichtung. Man kann es jetzt schon genauer sehen. Es besteht aus fünf Fenstern, mehr läßt sich nicht davon sagen. In dem einen Fenster steht jemand, ohne sich zu bewegen. Eine Figur in einem weißen Kittel. Es scheint, als beobachte sie uns durch einen Feldstecher. Vielleicht beobachtet der Mensch mich, vielleicht treffen sich unsere Blicke, ohne daß ich es weiß. Deshalb wende ich mich ab. Ich will keine Neugierde zeigen. Ich gehe hinten um die Ladung herum, so daß ich den Blicken des Beobachters entzogen bin. Aber hier stehen die Männer, die zum Leichter gehören. Ich weiß nicht, wo sie gehockt haben, aber da sie jetzt aufgestanden sind, nehme ich an, daß wir bald da sind.

1952/53

Wie sonst

Ich will Ihnen eine Geschichte erzählen, die mir passiert ist. Die Geschichte eines Irrtums. Es ist zwar nur eine erfundene Geschichte, von einem Schriftsteller oder meinetwegen von einem Dichter erfunden, aber mein Irrtum war echt und nicht erfunden. Vor ein paar Jahren mußte ich in einem Stück spielen, das ich für gut hielt. Ich setzte mich sogar dafür ein. Den Titel habe ich vergessen. Ich dachte, das ist die Wahrheit, das muß man spielen, doch ich hatte mich getäuscht; es war ein großer Reinfall und das Stück mußte rasch wieder abgesetzt werden. Die Fachleute sagten hinterher: Das war doch vorauszusehen, und in den Kritiken hieß es: Welch ein Fehlgriff. Das wunderte mich sehr. Es machte mich sogar etwas traurig. Nicht wegen des Autors, den ich gar nicht kannte und der vielleicht schon gar nicht mehr lebte, sondern weil ich es für eine gute Rolle gehalten hatte.

In dem Stück war ich die Frau eines großen Tiers, wie man es nennt, keines Politikers, sondern eines Finanzmannes oder Industriellen, ganz gleich, eines großen Unternehmers, von dem viel abhing. Ich war alles andere als das, was man eine brave Ehefrau nennt. Ich hatte meine Liebschaften und dergleichen mehr. Das alles war sozusagen Nebensache. Auch für den, dessen Frau ich darstellen sollte, fiel es nicht ins Gewicht. Wahrscheinlich hatte auch er seine Affären, das war so unwichtig, daß ich es vergessen habe. Darüber zerbrachen wir uns nicht den Kopf. Ich redete ihm nicht in sein Unternehmen hinein und er kam nicht auf die Idee, mir vorzuschreiben, wie ich mich kleiden sollte. In der Hinsicht verließen wir uns aufeinander. Ich repräsentierte neben ihm und mein Bild kam in die Illustrierten. Das nützte wiederum seinem Unternehmen und insofern war alles in Ordnung. Vielleicht gehörten selbst die kleinen Zerstreuungen zur Repräsentation. Die Leute, die unser Bild in den Illustrierten sahen, seufzten: Die können es sich leisten. Kurz, mir gefiel die Rolle, weil all diese Nebensächlichkeiten für so selbstverständlich gehalten wurden, daß gar nicht mehr die Rede davon war. Große Sprüche werden ja auch deswegen nur bei Ehescheidungen gemacht und dann geht es um Geld und Versorgung, nicht um Wahrheit.

Aber der Mann, dessen Frau ich war, rauchte zu viel. Das klingt lächerlich, und natürlich war das zuviele Rauchen nicht der Grund. Hinterher pflegt man zu sagen: Er hat zuviel geraucht. Man weiß zwar, daß es nicht stimmt, aber es ist so einfach. Der Mann sagte zu seinem Arzt – auf der Bühne, bitte vergessen Sie das nicht – er sagte zu einem berühmten Professor, der, wenn ich mich recht entsinne, Nobelpreisträger war; denn wir konnten uns ja das Beste vom Besten leisten und mußten es sogar tun, um unserer Stellung vor der Welt Genüge zu leisten – er sagte zu dem Professor – und sicher wird er dabei geraucht haben, schon der Bühnenwirksamkeit wegen, denn er war ein großer Schauspieler. Er wird also die Zigarettenasche lässig wie immer im Aschenbecher abgestrichen haben, einem großen Aschenbecher aus Bergkristall, der auf dem Schreibtisch seines Privatbüros stand. Ja, die Szene spielte in seinem Privatbüro, und ich war nicht dabei.

Mein Mann hatte den Professor zu sich kommen lassen. Wenn ich ihn gefragt hätte, was ich nicht einmal tat: Wozu läßt du denn den Arzt ins Büro kommen?, würde er mir lachend geantwortet haben: Weshalb denn nicht? Aus Zeitersparnis. Es ist höchstens eine Kostenfrage. Er würde es nicht einmal für nötig gehalten haben zu lügen. Zum Beispiel konnte er sagen, daß es sich um gesundheitliche Maßnahmen zugunsten der vielen Leute, die für das Unternehmen arbeiteten, handelte, Maßnahmen nach dem neuesten Stand der Wissenschaft und so weiter. Das ging mich in der Tat ebensowenig an wie ein Kraftwerk oder ein Staudamm oder was auch immer da irgendwo im Ausland gebaut werden sollte und dessen Finanzierung und politische Folgen vorher genau bedacht sein wollten. Ich hörte davon und sah Abbildungen in den Zeitungen. Zuweilen war ich auch bei der Einweihung eines solchen Werkes dabei. Es wurden langweilige Reden gehalten und Blitzlichtaufnahmen durch die Presseleute gemacht, es wurden Hände mit fremdartigen Leuten geschüttelt und man lächelte dazu, es wurde ein Glas Sekt getrunken, und das war alles, soweit es mich anging. Und man beneidete mich.

Das war jedoch, ehe der Vorhang aufging. Mein Mann sagte zu dem Arzt: ›Setzen wir einmal den Fall, Herr Professor, Sie hätten zehn Jahre oder mehr an eine Forschung gewendet, die Ihnen von unbedingter Wichtigkeit zu sein scheint, und Sie ständen nun kurz vor dem gewünschten Ergebnis. Sagen wir, in zwei oder drei Monaten wird es Ihrer Schätzung nach soweit sein, daß Sie der Welt das Resultat Ihrer Bemühungen vorlegen dürfen, ein Resultat sehr zum Heile der Welt, wie Sie meinen. In drei Monaten intensiver Arbeit allerdings, oder wenn Sie lieber wollen, in sechs Monaten; das ist gleichgültig, denn wir sprechen ja nur hypothetisch. Und nun käme Ihr Arzt zu Ihnen, von dem Sie sich wegen irgendeiner ganz geringfügigen Unregelmäßigkeit Ihres Körpers haben untersuchen lassen, wegen einer kleinen lästigen Heiserkeit, die nicht aufhören will, wegen eines nicht einmal schmerzhaften winzigen Drucks oder eines komischen Zerrens irgendwo, das Ihnen in letzter Zeit mitten bei Ihren Beschäftigungen aufgefallen ist, und auch das nur, weil es sich wiederholte, obwohl es bislang, soweit Sie sich erinnern können, nie dagewesen war, und Ihr Arzt sagte zu Ihnen: Sie müssen sofort alles liegen lassen und in eine Klinik, um sich dort einer langwierigen Behandlung zu unterziehen, einer Bestrahlung oder einer Operation, ganz gleich. Nur dann, wenn es sofort geschieht, besteht eine Aussicht auf Rettung. In drei Monaten wird es zu spät sein.

Was würden Sie darauf antworten, Herr Professor?

Gestatten Sie, daß ich die Antwort für Sie zu geben versuche, und wenn sie falsch sein sollte, halten Sie mir bitte zugute, daß ich von einem anderen Manne nur anzunehmen vermag, er reagiere genau so wie ich. Sie würden vielleicht Ihrem Arzt zunächst für seine Offenheit danken und auch sonst noch ein paar Fangfragen stellen, um sich zu überzeugen, ob es sich tatsächlich um ein exaktes Untersuchungsergebnis handelt, das keine andere Auslegung zuläßt, und nicht etwa um das wohlgemeinte, übliche Angstmachen der Ärzte, verzeihen Sie. Und dann würden Sie sagen, daran zweifle ich nicht: Nun gut, rechnen wir so präzise wie möglich, um alle romantischen Fehlentscheidungen auszuschalten. Bei sofortigem Beginn der langwierigen Behandlung besteht, wie Sie sagen, Herr Doktor, eine gewisse Chance der Heilung. Wie hoch wollen wir diese Chance einsetzen? Mit zehn Prozent? Ist das nicht reichlich hoch, wenn wir an die ärztlichen Erfahrungen denken? Aber bleiben wir bei zehn Prozent, seien wir optimistisch. Und nun die Gegenrechnung. Wir haben angenommen, daß die Forschungen, mit denen Sie sich seit zehn Jahren befassen, in etwa drei Monaten zum Abschluß gebracht werden können, und zwar mit einer fünfzigprozentigen Sicherheit. Wahrscheinlich liegt der Prozentsatz sogar eher bei hundert, aber seien wir in diesem Fall getrost pessimistisch. Es bedarf wohl keiner Worte, Herr Professor, daß Sie sich für die fünfzig Prozent entscheiden werden und nicht für die zehn. Doch lassen wir das Jonglieren mit Zahlen; denn da es sich um Ihr Leben handelt, mag das blasphemisch anmuten. Es wird Ihnen aufgefallen sein, daß ich von dem Wert Ihrer Arbeit an sich überhaupt nicht spreche, dem Wert für die Menschheit, die Zukunft oder was es sonst für großartige Begriffe geben mag. Desgleichen stelle ich nicht die Frage, ob Sie für ein Zuendeführen der Arbeit unbedingt nötig sind oder ob nicht ein anderer Gelehrter Ihre Ideen ebensogut zur Ausführung bringen kann. Man predigt uns ja von Jugend auf, um uns fügsam zu machen, daß niemand von uns unersetzlich sei; ich selber pflege mich dieses schlagkräftigen Arguments zu bedienen, wenn einer meiner Mitarbeiter zu hohe Gehaltsforderungen stellt. Und schließlich habe ich auch nicht erwähnt, daß Sie schon in der nächsten Stunde durch einen Verkehrsunfall oder durch eine Explosion in Ihrem Laboratorium ums Leben kommen können. Das sind Dinge, die uns nichts angehen, da sie nicht von uns abhängen. Ich spreche einzig und allein von dem Wert, den Ihre Arbeit für Sie selber hat, einen Wert also, dem nicht dadurch beizukommen ist, daß man ihn imaginär nennt und nachweist, daß er auf Selbsttäuschung beruht. Von dem biologischen Wert sozusagen, um mich Ihrer Ausdrucksweise zu bedienen. Da gibt es doch gar keine Wahl, Herr Professor. Der Fall ist doch schon vorher entschieden. Ich würde Sie beleidigen, wenn ich annähme, daß Sie auch nur eine Sekunde zögerten; damit würde ich Ihre Arbeit und Ihre Existenz entwerten. Es handelt sich ja nicht um Pflicht, Verantwortung oder Heroismus oder was sonst in Schulbüchern zu lesen ist, sondern darum, daß Sie gar nicht in der Lage sind, Ihr Leben oder sich selbst zu verraten, um ein paar zweifelhafte Jahre länger als gesunder Kretin zu vegetieren, ganz überflüssig für sich selbst. Das wäre eine ganz unwürdige Art des Selbstmordes, zu der Sie gar nicht fähig sind, da sie nicht auf die Kraft der Verneinung verzichten können. Sprechen wir also nicht von Gesundheit, mein lieber Herr Professor. Und von Krankheit erst recht nicht. Jedenfalls nicht, solange wir noch da sind. Es ist unanständig, von unserm kleinen privaten Ungemach zu reden; es ist ein Verstoß gegen den guten Ton der Gesellschaft. Also verschweigen wir es.‹

Die Leute sagten hinterher: Kein Industrieller wird so reden, das ist Unsinn, und ich gebe zu, daß ich noch keinem Industriellen begegnet bin, dem solche Worte zuzutrauen wären. Aber es war ein Theaterstück und geschah auf der Bühne, und da darf auch das gesagt werden, was sonst ungesagt bleibt. Außerdem waren die Worte ja nicht für mich bestimmt, ich war nicht auf der Bühne, als sie gesagt wurden. Trotzdem erfuhr ich davon, durch Klatsch oder Indiskretion, ganz gleich. Es war da, glaube ich, irgendeine Privatsekretärin meines Mannes, die gelauscht hatte und die mich natürlich haßte. Eine völlig unwichtige Anekdote. Mein Verhalten war mir vom Autor des Theaterstückes vorgeschrieben, aber es gefiel mir, wie gesagt; ich hätte auch ohne den Autor nicht anders gehandelt. Ich sollte nämlich nicht das tun, was das Publikum von mir erwartete. Ich sollte nicht ein einziges Mal zu meinem Mann sagen: Rauch doch bitte nicht so viel. Schone Dich. Laß Dich bitte behandeln. Oder was eine besorgte Ehefrau bei solchen Anlässen zu sagen hat. Ich durfte mir auch nicht Gedanken über meine eigene Zukunft machen, über die Vermögensverhältnisse und dergleichen, was doch immer in Betracht gezogen werden muß, ohne daß eine Frau deswegen schlecht zu sein braucht. Überhaupt, ich war nicht eigentlich schlecht. Dann hätte das Stück sicher Erfolg gehabt. Das Publikum wäre befriedigt nach Haus gegangen, weil es einen Sündenbock gehabt hätte. Es würde gedacht haben: dies Frauenzimmer empfindet eine geheime Freude, daß es mit ihrem Mann bald zu Ende geht und sie dann tun und lassen kann, was ihr behagt, ohne dafür getadelt zu werden. Dabei ist sie an allem schuld und ihr Mann würde noch leben, wenn sie ihn so geliebt hätte, wie es sich gehört. Aber so wollte es der Autor nicht. Er erlaubte mir nicht, zu denken oder zu sagen: an dem Krebs oder was auch immer es war, bin ich nun wirklich nicht schuld, sondern wenn überhaupt, dann seine Arbeit. Er erlaubte mir nicht einmal den Gedanken, der doch sehr nahe lag und einiges Recht für sich hatte, daß ich, die Frau, bei der Entscheidung, die mein Mann traf, überhaupt nicht in Betracht gezogen wurde, so daß auch ich mir also keine Vorwürfe zu machen brauchte, etwas versäumt zu haben. So wollte es der Autor nicht. Er wollte mich ebenbürtig, wenn ich ihn recht verstanden habe, das war das Besondere und war wohl auch der Grund, weshalb das Stück durchfiel. Ich durfte keine Gewissensbisse fühlen und kein Ungenügen daran empfinden, daß ich nur gesellschaftlich und nur auf den Pressefotos zu meinem Mann gehörte. Es war mir nicht gestattet, plötzlich die liebende und pflichtgetreue Gattin zu spielen, um mir einen guten Abgang zu sichern. Es war mir vorgeschrieben, genau so weiterzuleben wie vorher, das heißt so, als ob ich nicht das geringste davon wüßte, wie es um meinen Mann stand. Ich mußte zu diesem Zweck sogar meinen Liebhaber behalten. Ich durfte ihn nicht fortschicken.

Eine gute Rolle. Nicht ganz leicht zu spielen, aber sie lag mir; sie war mir wie auf den Leib geschrieben, dachte ich. Drei Akte lang mußte ich die Täuschung aufrechterhalten. Nur daß es schon keine Rolle mehr war, darin täuschte ich mich und auch der Autor hatte sich getäuscht. Es war Wirklichkeit, beinahe wenigstens. Die Kritiker sagten nachher, aus einer so unmöglichen Rolle hätte selbst ich bei all meinem Können nichts machen können. Man bedauerte mich. Und dabei dachte ich, gut gespielt zu haben. So geht es beim Theater. Die Wirklichkeit darf man nicht spielen, das zieht nicht.

Nachdem ich erfahren hatte, was mein Mann zu dem Professor sagte, war ich mit meinem Liebhaber zusammen. Liebhaber, das ist eine Theaterbezeichnung, mehr nicht. Auch wenn es sich nur um einen Gigolo handelt, den man sich zum Zeitvertreib hält, nennt man ihn Liebhaber. Das hatte mir der Autor nicht einmal zugemutet, obwohl ich auch das gespielt hätte, denn so wie die Dinge lagen, war der Unterschied nicht wichtig. Nein, bei meinem Liebhaber handelte es sich um einen wertvollen und, soweit ich mich entsinnen kann, angesehenen Mann. Ob er wertvoller war als der, mit dem ich verheiratet war, wäre eine müßige Frage gewesen; er war in mich verliebt, er nahm sich die Zeit, in mich verliebt zu sein, und da man sich mit ihm sehen lassen konnte, war auch ich verliebt. Doch von nun an mußte ich drei Monate oder drei Akte lang verliebt spielen. Denn auch dem Liebhaber gegenüber durfte ich mir nicht merken lassen, daß ich Bescheid wußte; ich sollte mich weiter von ihm lieben lassen, als ob nichts wäre. Es war das einzige, was ich tun konnte, wenn ich meinem Mann helfen wollte. Das begriffen die Zuschauer nicht. Sie sahen nur: da geht sie mit ihrem Kerl in Restaurants oder zum Tennisspielen oder in die Oper oder zum Tanzen und natürlich auch ins Bett. Das ist doch unerhört. Das tut keine Frau.

Ich tat es aber doch, so war es mir vorgeschrieben. Die Szene verlangte von mir, daß ich gleich, nachdem mir alles mitgeteilt war, mit dem Liebhaber zusammen war, daß wir uns unterhielten wie sonst, daß er mich küßte und daß ich mich von ihm lieben ließ. Eine gute Szene! Aber schwer zu spielen, nicht nur auf der Bühne sehr schwer, auch im Leben. Es war ja nicht mehr alles wie sonst, ich hatte dies ›Wie sonst‹ nur zu spielen. Aber versuchen Sie das einmal. Hören Sie sich all den zärtlichen Quatsch an und tun berauscht davon. Lassen Sie sich berühren und streicheln wie gestern, obwohl es nicht mehr Gestern ist. Das will gespielt sein. Da muß man sich in der Gewalt haben, um nicht bei jeder Berührung aufzuschreien: Laß doch die Kinderei.

Einem Verliebten kann man so etwas eine Zeitlang vorspielen, das ist kein Kunststück. Am Schluß des Stückes ist er natürlich gekränkt, das läßt sich nicht vermeiden. Ich bemühte mich, es ihm schonend beizubringen, aber er merkte es doch, daß er nun nicht mehr gebraucht wurde, um den Tod meines Mannes zu verheimlichen. Wenn ich noch edel gewesen wäre, wie es genannt wird. Aber der Autor wollte mich nicht edel, deshalb fühlten sich die Leute an der Nase herumgeführt. Sie durften sich nicht sagen: Sie hatte nun einmal diesen Liebhaber, und wenn sie es für das Wirksamste hielt, ihn solange zu behalten, so ist das zwar ungewöhnlich und nicht zu empfehlen, doch es läßt sich immerhin verstehen. Sie hat sich sozusagen für ihren Mann geopfert, ja, es liegt sogar eine gewisse Größe darin. Aber nichts da von Größe! So wollte es der Autor nicht, und ich auch nicht. Es sollte keine der alltäglichen bürgerlichen Tragödien werden, das machte die Leute so wütend. Während ich mich da drei Akte lang mit dem abgeben mußte, was man Liebe nennt, sollte ich mit offenen Augen zuschauen, wie mein Mann in eine andere Richtung ging, die nicht meine Richtung ist. Das nämlich sollte ich lernen und mich daran gewöhnen. Ganz gleich, was mein Mann von mir dachte und was ich von ihm dachte, dadurch wurde offenbar, daß ich trotz Liebhaber und Cocktail-Parties genauso allein war wie der, mit dem ich verheiratet war. So etwas darf man nicht laut sagen, das war der Fehler.

Ich hätte während der drei Monate in die Richtung meines Mannes hinüberrufen können: Ich weiß Bescheid. Mach dir nichts aus mir. Aber was wäre dadurch geändert? Und ich glaube, er wußte es auch so. Ich hatte das Gefühl, daß er sich auf mich verließ. Plötzlich gehörten wir zusammen. Als es dann schließlich so weit war, und mein Mann zu mir sagte, daß er in die Klinik müsse, um zu sterben – er drückte sich natürlich anders aus, nicht so deutlich –, da sagte ich nur: Ja, es ist gut. Mehr brauchte ich von da an nicht zu sagen, denn es war die Wahrheit. Er ging zur Tür hinaus in die Klinik, und ich blieb allein auf der Bühne. So schloß das Stück. Was den Liebhaber angeht, so hatte ich ihn schon entlassen, da er nicht mehr nötig war. Liebhaber, das ist immer eine undankbare Rolle. Sie wirkt so leicht komisch, wenn sie nicht sehr gut gespielt wird.

Die Kritiker schrieben: Wie? Und nicht ein einziges Mal ist von Kindern die Rede? Und die das lasen, nickten mit dem Kopf und sagten: Ja, da haben wir es.

Das Stück war eben nicht zu retten. Eine erfundene Geschichte. Allzu wirklich, darum muß man sie für sich behalten. Die Leute wollen einem einreden, das alles sei nur ein Traum gewesen. Erinnern Sie sich, Herr Nachtportier, wie ich einmal, als ich noch glücklich war und Sie bei uns waren, graue Haare auf Ihrem Kopf entdeckte und zu dem Jüngling, aus dem Sie einen Gott machen wollten, sagte: Er ist doch noch viel zu jung dafür. Ich zupfte Ihnen sogar ein paar graue Haare aus. Ich war rücksichtslos, weil ich glücklich war, verzeihen Sie. Die grauen Haare, die ich Ihnen auszupfte, waren also nur ein Traum. Und es war ein Traum, daß ich damals glücklich war, und daß es mich an jenem letzten Abend beunruhigte, weil Sie nicht von dem Verhör zurückkamen. Ich fragte den, den ich liebte, und auch das war also nur ein Traum: Wo bleibt er nur? Und er antwortete: Warten wir nicht länger, ich bin müde. Es wehte auch tatsächlich ein solcher Wind, der einen müde macht, und so legten wir uns schlafen. Ich glaube jetzt selber, daß man mir in jener Nacht ein Mittel eingegeben hatte, damit ich ihnen keine Umstände machte. Ich hatte doch die ganze Zeit keinen so festen Schlaf gehabt. Ich mußte doch alle Augenblicke nach meinem Glück fühlen, ob es noch da sei. Aber in jener Nacht war ich so müde, daß ich mein Glück vergaß und die Zeit verschlief. Das kann nur an dem Mittel gelegen haben, womit sie mir alles zu einem Traum machen wollten. Als ich aufwachte, war ich zornig. Mir ging es um das Glück, das sie mir genommen hatten, und sie redeten von Gott. Sie hatten mir diesen meinen Leib gelassen, dies dumme niedliche Fleisch, aber als ich aufwachte, wußte ich nicht wozu. Mir tat alles weh. Nicht einmal Tränen wollten mir kommen, so verzweifelt war ich. Und das nennen sie aufwachen. Warum hat euer Gott das zugelassen, schrie ich sie an? Was ist das für ein Gott, der so etwas zuläßt? Er hatte doch die Macht. Er brauchte nur mit der Hand zu winken und alles gehorchte. Warum hat er mich betrogen? Ist er es gewesen, der den Mann mit dem grauen Haar rechtzeitig fortgeschickt hat, damit ich ihn nicht um Hilfe bitten konnte? Denn das hätte ich getan, Herr Nachtportier. Ich hatte volles Vertrauen zu Ihnen. Mein Gebieter hatte mir gesagt: dieser Mann da ist nur für uns da; er ist nicht verheiratet, und deshalb vertraute ich Ihnen. Wie sollte ich damals wissen, daß auch Sie lieber einen Gott aus meinem Geliebten machen wollten als ihn in meinen Armen zu lassen? Doch, doch! Heute versteh ich das, aber damals war ich sehr böse auf Sie. Die beiden, dachte ich, dieser Grauhaarige und sein Gott, haben sich verabredet, um mich dummes Ding loszuwerden. Zu mir hieß es: ich bin müde. Komm, laß uns schlafen. Und als ich schlief, sind sie auf leisen Sohlen gekommen, haben den Finger an den Mund gelegt und geflüstert: Es ist so weit. Und der, den ich liebte, ist heimlich aufgestanden und hat geduldet, daß sie mir eine Spritze gaben oder was es sonst war, und hat zugesehen, wie sie mich forttrugen wie ein Stück Fleisch, das man nicht mehr braucht und das nur stört, wenn es ›so weit‹ ist.

Das zu denken, war natürlich sehr unrecht, ich weiß. Später ließ ich es auch, da der Kummer dadurch nicht geringer wurde. Eines Tages sagte ich zu den Leuten, die mich beruhigen sollten: Nun gut, es war ein Traum, ich sehe es ein. Da freuten sie sich und hielten mich von nun an für gesund. Da war ich wieder brauchbar für sie, und sie verheirateten mich und ich bekam zwei Kinder, die schon von Anbeginn viel zu große, fremde Augen hatten, so daß man wissen konnte, daß sie jung sterben würden. Und als sie dann starben, sagte ich: Nun gut, es war ein Traum. Und wurde Schauspielerin.

1960

Image 71
Aktenzeichen: 30101 – Berichterstatter: N/bhe

Aufgrund der anonymen Anzeige wurde die Beobachtung des Betreffenden sofort in die Wege geleitet und zwei Monate lang (vom 15. 4. bis 15. 6.) durchgeführt. Soweit erforderlich wurden Auskünfte auswärtiger Zweigstellen eingeholt und sind dem Bericht beigelegt. Dabei wurde lt. Direktive nur Material aus den letzten fünfzehn Jahren berücksichtigt, frühere Akten, vor allem solche aus der Zeit vor 1945 oder gar 1933, soweit überhaupt vorhanden, wurden als belanglos und unkontrollierbar nicht beachtet.
Die Beobachtung des Betreffenden ließ sich um so unauffälliger durchführen, als im Parterre des Nachbarhauses eine bolivianische Familie wohnt. Wegen des kürzlich hier erfolgten und noch nicht aufgeklärten Attentates auf den bolivianischen Konsul, das nur etwa zehn Minuten entfernt stattfand, konnte bei Befragung von Nachbarn und Anwohnern der Vorwand benutzt werden, daß die in Hamburg ansässigen Bolivianer vor weiteren Attentaten geschützt werden müßten. Das lenkte vom Ziel der Beobachtung ab und machte die Befragten auch sehr bereitwillig. Insbesondere ist dem Vorwand das Entgegenkommen eines Hauswartes in der Straße Nonnenstieg zu verdanken; er stellte den Beobachtern eine unbenutzte Bodenkammer zur Verfügung, von der aus die Wohnung des Betreffenden überwacht werden konnte. Da der Betreffende nicht nach der Oderfelderstraße, sondern nach hinten hinaus wohnt, war dies sehr dienlich. Weder der Betreffende noch dessen Frau haben irgendwelchen Kontakt mit der erwähnten bolivianischen Familie, die schon seit mehreren Jahren im Nachbarhaus wohnt, jedenfalls lange, bevor die Frau des Betreffenden in die Oderfelderstraße zog und der Betreffende selber ihr ein Jahr später aus Frankfurt dorthin nachfolgte. Stutzig macht allerdings, daß bei der Herkunft der Waffe, mit der der bolivianische Konsul erschossen wurde, der Name einer Mailänder Persönlichkeit genannt

wird, dessen Firma ein paar Bücher des Betreffenden in Italien herausgegeben hat, jedoch bereits um 1960. Es wird sich da aber um einen wenn auch seltsamen Zufall handeln. Es kann als zuverlässig angenommen werden, daß der Betreffende nie mit subversiven bolivianischen Elementen in Berührung gekommen ist.

Verwirrend war zu Anfang der Beobachtung, daß der Betreffende oft zwei oder drei Tage das Haus nicht verläßt. Es wurde sogar vermutet, daß er durch einen Kellerausgang und durch die Hintergärten entschlüpft sei.

Es wurde ein jüngerer Beamter mit einem Studentenausweis und als Zeitschriftenwerber beauftragt, frühnachmittags an der Wohnungstür des Betreffenden zu klingeln. Tatsächlich öffnete der Betreffende, mit einer fleckigen Lederjacke bekleidet, sehr unrasiert und mit zerzaustem Haar, denn er hatte offenbar gelegen, und fertigte den Beamten mit den Worten ab: Pech, mein Junge, daß du ausgerechnet an den einzigen in Hamburg geraten bist, der keine Illustrierten liest. Später ergab sich durch die Umfragen, daß es zu den Gewohnheiten des Betreffenden gehört, das Haus so selten zu verlassen, allenfalls abends auf einen Sprung, um eine Plastiktüte in die vorne an der Straße stehenden Mülleimer zu werfen. Drei solcher Plastiktüten wurden im Laboratorium sorgfältig analysiert. Sie enthielten den üblichen Küchenabfall, leere Dosen und Flaschen, Fettpapier, Kaffeesatz, Zigarettenstummel, eine volle Staubsaugertüte usw. An medizinischem Material nur ein Fläschchen für ein rezeptpflichtiges Herzmittel und eine Glasröhre für Vitamintabletten. Beide Behältnisse wurden daraufhin untersucht, ob sie andere Chemikalien enthalten haben, mit negativem Ergebnis. Ferner enthielt der Abfall Papierschnitzel in großer Menge. Es handelte sich um auffallend kleingerissene Briefumschläge, Drucksachen, Reklame und vervielfältigte Rundschreiben. Von den letzteren wurden einige zusammengestellt, es waren jedoch nur Protokolle, Berichte oder Einladungen von irgendwelchen Institutionen (s. Anlage 1).

Die Überprüfung der Post ergab, daß der Betreffende ver-

hältnismäßg viel Post erhält, vor allem aus dem Ausland, so aus den USA, aus Brasilien, aus Tokio und aus Tel-Aviv. Sämtliche Briefe sind nicht weiter interessierenden beruflichen Inhalts, sogenannte private Post war überhaupt nicht darunter. Die Frau des Betreffenden erhält mehr private Post, aus dem Ausland nur aus Helsinki. Hin und wieder erhält der Betreffende eine Büchersendung. Daß es sich tatsächlich um Bücher handelt, ließ sich am Gewicht und an der Art der Verpackung feststellen. Als Absender firmiert ein Verlag in Frankfurt oder ein Grossohaus in Stuttgart. Der Geldbriefträger hat nur selten bei dem Betreffenden zu tun, in den beiden Monaten der Beobachtung überhaupt nicht. Es soll sich in den wenigen Fällen, an die sich der Geldbriefträger erinnert, nur um geringfügige Beträge gehandelt haben.
Auch der Abhördienst der Telefongespräche hat keinerlei Aufschluß ergeben. Immerhin fiel auf, daß der Betreffende in den beiden Monaten nicht ein einziges Mal von sich aus jemanden angerufen hat, sondern sich nur anrufen ließ, was auch nicht sehr häufig vorkam. Der Betreffende wird dann von seiner Frau, die offenbar das Telefon bedient, an den Apparat gerufen. Von den wenigen Anrufen, die dem Betreffenden galten, war nur einer aus Hamburg und zwar vom Rundfunk, die anderen sämtlich von auswärts, so aus Frankfurt vom Verlag, aus Köln von einem Redakteur, aus München von einem Fernsehregisseur und dreimal aus Würzburg von einem Professor der Theologie, mit dem der Betreffende sich duzt. Das Gespräch mit dem letzteren gab Anlaß zum Aufhorchen, da sich beide Teilnehmer wiederholt des Wortes ›Sprachbarrieren‹ bedienten. Es zeigt sich jedoch beim Abhören des Bandes, daß damit nur rein theologische Begriffe wie Gott, Gnade, Schuld und dergleichen gemeint sind (s. Anlage 2). Die Frau des Betreffenden spricht öfters mit Damen ihrer Bekanntschaft, jedoch nur über Familienangelegenheiten, Krankheiten, Todesfälle usw.
Bei dem auffallend zurückgezogenen Leben des Betreffenden erschien es nötig, auch dessen Frau zu überwachen, da

sie ja als Vermittlerin fungieren konnte. Sie verläßt das Haus täglich zum Einholen in den Geschäften am Eppendorferbaum. Nachmittags besucht sie zuweilen eine ältere Bekannte, eine Halbinderin, die im Johanniskloster an der Heilwigstraße wohnt. Bei gutem Wetter geht die Frau des Betreffenden in die Anlagen an der Alster und füttert dort die Enten. Sie ist stets zwischen 17 und 18 Uhr wieder zuhaus. Irgendwelche Kontaktaufnahme mit Leuten in den Alsteranlagen ist nicht festgestellt worden, höchstens mit Hundebesitzern und auch das offensichtlich nur wegen der Hunde. Wie überhaupt zu beobachten war, daß sowohl der Betreffende als auch dessen Frau jeden fremden Hund anreden, z. B. solche, die vor den Läden angebunden sind, werden nie ohne Zuspruch gelassen.
Jeden zweiten oder dritten Nachmittag begleitet der Betreffende seine Frau beim Einholen, offenbar um beim Tragen zu helfen. Die große Wäsche wird regelmäßig bei einer Wäscherei am Eppendorferbaum abgeliefert und abgeholt. Der Betreffende und dessen Frau scheinen sich bei den Verkäuferinnen einiger Beliebtheit zu erfreuen, nicht weil sie große Kunden wären, sondern ihres freundlichen Wesens wegen. Die üblichen Lebensmittel werden in dem Selbstbedienungsladen am Eppendorferbaum eingekauft, Brot, Butter, Joghurt und viel Apollinaris. Wenig Alkohol, nur selten eine Flasche Weinbrand und dann und wann ein paar Flaschen Sekt. Seine Zigaretten kauft der Betreffende auf Vorrat für etwa zehn Tage in dem Geschäft Ecke Isestraße. Ein einziges Mal hat er in dem kleinen Blumenladen am Eppendorferbaum einen Kranz bestellt, der zu einer Beisetzung nach Ohlsdorf, Kapelle 2, geschickt werden sollte.
Der Betreffende verläßt also kaum sein Straßenviertel und umkreist höchstens einmal den Wohnblock. Eine Ausnahme gibt es nur am Dienstagvormittag, dann verläßt der Betreffende etwas nach acht das Haus und gegen neun kommt eine junge Frau, die der Frau des Betreffenden beim Reinemachen der Wohnung hilft. Der Betreffende selber geht sofort in die U-Bahn-Station Klosterstern, fährt bis Ste-

phansplatz, geht die Colonnaden hinunter, überquert den Jungfernstieg und begibt sich in seine Bank Ecke Große Bleichen, wo er nur seine Post abholt und manchmal ein paar Worte mit dem Kontoführer wechselt. Von der Bank geht der Betreffende ohne sich aufzuhalten, höchstens daß er vor der einen oder anderen Buchhandlung stehen bleibt, über den Gänsemarkt und die Dammtorstraße zum Dammtorbahnhof, kauft am Zeitungsstand eine Zeitung (›Die Welt‹), setzt sich in den Wartesaal und liest sie dort, während er eine Tasse Kaffee trinkt. Gespräche mit Durchreisenden oder anderen Personen, z. B. mit dort arbeitenden Studenten, hat er nicht geführt. Pünktlich gegen zehn verläßt der Betreffende den Bahnhof, fährt mit der U-Bahn zum Klosterstern zurück, kauft in einem Gemüsegeschäft Bananen und ist gegen halbelf wieder zuhaus. Die junge Frau, die beim Reinemachen hilft, verläßt das Haus gegen elf. Diese Routine änderte sich nur zweimal, beide Mal gegen Ende des Monats. In diesen Fällen begab sich der Betreffende von der Bank noch in eine Buchhandlung am Neuen Wall und erwarb dort eine Zeitschrift. Da er die Zeitschrift uneingewickelt bei sich trug, konnte der Titel festgestellt werden; sie nennt sich ›Merkur‹. Die der Zeitschrift beigelegte Reklame warf der Betreffende in den nächsten Papierkorb.
Dasselbe eintönige Leben soll der Betreffende auch schon die fünfeinhalb Jahre geführt haben, die er vorher in Frankfurt verbrachte, wie aus den Akten der dortigen Zweigstelle hervorgeht (s. Anlage 3), und zwar sowohl in den ersten vier Jahren in der Wohnung Goethestraße, die er zusammen mit seiner Frau innehatte, als auch in der Gr. Eschenheimerstraße, wo der Betreffende die letzten anderthalb Jahre allein wohnte, da seine Frau angeblich des Klimas wegen nach Hamburg gezogen war. Die Zimmer in der Eschenheimerstraße machte jeden Samstagabend ein italienisches Ehepaar sauber, rechtschaffene Leute mit einem dreijährigen Kinde, die schon seit zehn Jahren in Frankfurt arbeiteten und sogar einen Hauswartposten hatten. Die Frankfurter Zweigstelle hatte überhaupt nur

zweimal Anlaß, sich mit dem Betreffenden zu befassen, einmal wegen eines versuchten nächtlichen Einbruchs bei ihm in der Goethestraße und dann indirekt wegen eines Persers, der unten im Haus Goethestraße einen Teppichladen hatte und eine Zeitlang wegen Verdachtes illegaler Importe unter Beobachtung stand. Es wurde jedoch festgestellt, daß weder der Betreffende noch dessen Frau, die damals im sechsten Stock wohnten, Umgang mit dem Perser hatten. Das Teppichgeschäft soll sich jetzt nicht mehr dort befinden, statt dessen ein Reisebüro.

Eine so ungewöhnliche Eintönigkeit der Lebensführung mag der Grund sein, weswegen sich fast jedesmal, wenn der Betreffende oder dessen Frau das Haus Oderfelderstraße verlassen, im ersten oder zweiten Stock eine Gardine bewegt und man den Weggehenden nachblickt, auch dann, wenn der Betreffende nur zum Mülleimer geht. Es fiel den Beobachtern auf, daß der Betreffende keine Notiz davon nahm, vielleicht war er sich dessen nicht einmal bewußt. Auf der Straße fällt der Betreffende durch seine schlechte Haltung auf, vor allem wenn er mit seiner Frau zusammen geht, die sehr viel jugendlicher ausschreitet. Überhaupt macht der Betreffende einen ungepflegten Eindruck, zu lange Hosen, ungebügelter Regenmantel usw. Zuweilen glaubt man, er habe Schmerzen. Daß der Betreffende seit seiner Kindheit hinkt, ist aktenmäßig bekannt. Seit Weihnachten jedoch tritt er noch vorsichtiger auf, achtet sorgfältig auf alle Unebenheiten des Pflasters und soll sogar ein paar Wochen mit einem Stock mit Gummizwinge gegangen sein. Lt. Aussage der jungen Inhaberin des Papiergeschäftes am Eppendorferbaum, wo der Betreffende bzw. dessen Frau täglich eine Zeitung (›Die Welt‹) und sonstiges Büromaterial kaufen, soll er bei Glatteis auf dem Zebrastreifen Oderfelderstraße hingeschlagen sein und sich einen Zeh gebrochen haben. Ärztliche Hilfe hat er nicht in Anspruch genommen. Dagegen befand sich die Frau des Betreffenden bis etwa Mitte Mai in zahnärztlicher Behandlung und zwar nur vier Häuser weiter in der Praxis Ecke Isestraße. Sie pflegte durchweg abends als letzter Patient hinzugehen. Daß es

wirklich um zahnärztliche Behandlung ging, wurde festgestellt.
Ferner ergab die Überprüfung einwandfrei, daß weder der Betreffende noch dessen Frau die ganzen zwei Monate Privatbesuch empfangen haben. Es dürfte eine Vorrichtung zum Abstellen der Türglocke vorhanden sein, denn die Glocke ist sonnabends und sonntags fast immer und meistens auch nachmittags nach der letzten Post abgestellt. Das wurde kontrolliert. Der Betreffende scheint demnach hier in Hamburg keinerlei privaten oder beruflichen Verkehr zu haben; eine Erklärung für eine so ungewöhnliche Zurückgezogenheit ließ sich bislang nicht finden. Nur zweimal hat der Betreffende aus anscheinend beruflichen Gründen die Wohnung verlassen. Einmal ist er für zwei Tage nach Mainz gefahren, angeblich wegen der Tagung der dortigen Akademie der Wissenschaften, einer Körperschaft öffentlichen Rechts. Er fuhr am Donnerstag-Nachmittag mit dem TEE über Frankfurt nach Mainz, wohnte im dortigen Central-Hotel, war nur mit sogenannten Akademikern zusammen, fuhr sonnabends zurück und war gegen 21 Uhr wieder zuhaus (s. Anlage 4). Es wurde besonderer Wert darauf gelegt festzustellen, ob der Betreffende beim jeweiligen Umsteigen in Frankfurt Kontakt mit irgendwelchen Individuen aufnahm, die sich dort auf dem Bahnhofsgelände herumzutreiben pflegen. Es ergab sich jedoch, daß er sowohl auf der Hin- als auch auf der Rückfahrt eiligst durch die Unterführung von einem Bahnsteig zum andern ging und dort allein auf den Anschlußzug wartete. Der Betreffende fuhr 1. Klasse, hat nicht den Speisewagen benutzt und keine Gespräche mit Mitreisenden geführt. Er las einen Krimi in englischer Sprache.
Das andre Mal verließ der Betreffende gegen 19.30 Uhr das Haus, um an einer Veranstaltung des Italienischen Kulturinstituts in der Hansastraße teilzunehmen. Er ging zu Fuß die Rothenbaumchaussee dorthin. Es wurde ein Vortrag von einem jungen Dozenten der Universität gehalten, und zwar über eine Person namens Cesare Pavese, die sich angeblich umgebracht haben soll. Hinterher war

der Betreffende mit einigen Teilnehmern der Veranstaltung in einem Steak-Haus am Grindelhof zusammen. Er wurde gegen 23.30 Uhr von dem Leiter des Instituts in dessen Wagen nach Haus gebracht.
Zu erwähnen wäre noch, daß die Frau des Betreffenden dreimal und jedesmal Mitte der Woche ziemlich früh morgens das Haus verließ, mit der Hochbahn vom Eppendorferbaum nach Landungsbrücken fuhr, den Neun-Uhr Elbdampfer nahm, um mit ihm bis Twielenfleet zu fahren, von dort zu Fuß auf dem Deich bis zur Lühe zurückging und nachmittags wieder mit einem Elbdampfer zurückfuhr. Etwas nach 18 Uhr war sie dann wieder zuhaus. Es lag kein Anlaß vor, diese Art Ausflug mehr als einmal zu kontrollieren. Der Betreffende verläßt an solchen Tagen das Haus pünktlich um zehn vor zwölf, ißt in dem kleinen Lokal Ecke Isestraße bei der Hochbahnstation zu Mittag und betritt um 12.20 Uhr wieder das Haus.
Schwieriger war die Befragung der andern Hausbewohner, da der Vorwand mit der bolivianischen Familie aufrecht erhalten werden mußte. Es handelt sich um eine in kleine Einzelwohnungen umgebaute Villa, in der acht Parteien einschließlich der Hausbesitzerin und des Hauswartsehepaars wohnen. Von Hausbesitzerin und Hauswartsehepaar waren keine nennenswerten Auskünfte zu erhalten. Drei der Mieter, alleinstehende berufstätige Leute, gaben an, den Betreffenden nicht zu kennen bzw. nur im Hauseingang gesehen zu haben. Mit der Partei im 1. Stock scheint ein gespanntes Verhältnis zu bestehen, vermutlich wegen der drei Kinder, die mit andern Kindern der Straße im Treppenhaus spielen und Lärm machen. Es soll sogar mit Polizei gedroht worden sein, was nur unter Vorbehalt weitergegeben wird. Noch gespannter, ja geradezu feindselig scheint das Verhältnis zu dem Ehepaar zu sein, das die Wohnung im 2. Stock, also auf demselben Flur wie der Betreffende, innehat. Der Grund für eine so offensichtliche Feindseligkeit ließ sich nicht in Erfahrung bringen. Es handelt sich bei dem Paar um ordentliche Leute, die sonntags zur Messe gehen, auch die Frau ist halbtags berufstätig.

Der Mann verhielt sich zurückhaltend und bemerkte nur achselzuckend: Bei solchen Leuten ist heutzutage alles möglich. Um so entrüsteter äußerte sich die Frau. Na, wenn die nichts zu verheimlichen haben, rief sie empört. Nicht mal Fernsehen haben sie, stellen Sie sich so was vor. Und woher hat das Frauenzimmer immer andre Kleider und ihre Pelzmäntel, frage ich Sie? Ich sag immer zu meinem Mann: Kommt dir das nicht verdächtig vor? Doch er ist zu gutmütig und sagt: Was geht uns das an! Mir ist das ganz unheimlich, denn die da nebenan flüstern nur miteinander. Halten die mich für so dumm, daß ich das nicht merke? Deren Küche geht genau wie unsre auf den verglasten Lichtschacht, man kann jedes Wort hören, wenn man nichts zu verheimlichen hat. Und dabei weiß ich genau, daß sie in der Küche sind und essen, ich höre es doch am Geschirr, mir kann man nichts vormachen. Wozu flüstern die also? Wenn Sie mich fragen, bei denen ist bestimmt etwas nicht in Ordnung.
Die Beobachtung vom Nonnenstieg, die wenn nötig mit Nachtglas vorgenommen wurde, ergab folgende Daten: Das rechte Fenster der Wohnung des Betreffenden gehört zum Zimmer von dessen Frau. Das Fenster wird gegen sechs Uhr geöffnet und die Betten dort zum Lüften ausgelegt. Zuweilen pfeift die Frau des Betreffenden kurz in den Garten, jedoch nur wegen der Meisen, die auf dem Fensterbrett gefüttert werden. Das linke Fenster wird ebenfalls von der Frau zwischen sieben und halbacht geöffnet und auch da werden Betten von ihr ausgelegt. Dies Fenster gehört zum Zimmer des Betreffenden, ein großes altmodisches Zimmer und daran anschließend noch ein fensterloser Raum, in dem der Betreffende schläft. Dieser Raum ist tagsüber zur Hälfte durch eine Portiere verdeckt, die nachts zugezogen wird. Die Betten werden gegen acht wieder fortgenommen, offenbar wird das vom Nonnenstieg aus nicht sichtbare Bett in dem hinteren Raum gemacht und zwar, soweit sich das feststellen ließ, von dem Betreffenden selbst. Er pflegt dann vor die linke Seite des Fensters eine Tüllgardine zu ziehen, das bleibt bis zum nächsten Morgen

so, wodurch eine genauere Beobachtung des Zimmers leider erschwert wurde. Der Betreffende pflegt nämlich auf der linken Seite des Zimmers zu sitzen, ob er da nun schreibt, liest oder seine Schreibmaschine dort hat. Nur wenn er sich eine Zigarette anzündet, ist die Flamme zu sehen. Das geschieht recht häufig, der Betreffende ist ein starker Raucher. Außerdem verrät sich seine Anwesenheit dadurch, daß er sehr viel im Zimmer auf und ab geht, sowohl tagsüber als auch nach Dunkelwerden. Oft tritt er auch ans Fenster, bleibt dort stehen ohne sich zu bewegen und blickt in die Gärten zwischen Oderfelderstraße und Nonnenstieg, ohne daß es dort etwas zu sehen gäbe oder sich jemand dort aufhielte, dem ein Zeichen gegeben werden könnte. Vor das rechte Fenster wird gegen 20 Uhr von der Frau des Betreffenden der Vorhang vorgezogen, doch bleibt noch länger ein Lichtschimmer zu sehen. Die Deckenbeleuchtung wurde übrigens in beiden Zimmern nicht ein einziges Mal angeknipst, was eine genauere Beobachtung des Tuns der Insassen unmöglich machte. Das sehr gedämpfte Licht im Zimmer des Betreffenden, vermutlich das einer Schreibtischlampe, wird gegen 23 Uhr ausgeknipst, es ist dann aber, wie die rötlich angestrahlte Portiere verrät, noch lange Licht im hinteren Raum. Offenbar liest der Betreffende im Bett. Er schläft bei offenem Fenster. An dieser Regel hat sich die ganzen zwei Monate nichts geändert, auch sonnabends und sonntags nichts.
Die Beobachtung hat keinerlei Anhalt ergeben, der den in der anonymen Anzeige geäußerten Verdacht bestätigen könnte. Bei der allerdings auffallend eintönigen Lebensweise des Betreffenden kann eine Kontaktaufnahme mit illegalen Elementen als unmöglich bezeichnet werden.
Die Beobachtung wurde vorläufig eingestellt, bis weitere Weisungen erfolgen.

1970

In Quarantäne

»Unser Gatte hat noch nie zuvor seinen eigenen Namen im Schlaf gerufen«, sagten die Frauen.

Aus einem Indianer-Märchen

Nach der Uhr habe ich nicht gesehen, aber als ich wegging, war es noch zu früh für die Putzfrauen, die die Büros saubermachen. Es war nirgends Licht an den Fenstern und kaum Verkehr auf den Straßen. Die Laternen brannten nur fahl, es war nämlich etwas diesig und das war mir sehr angenehm. Ich wußte allerdings nicht, ob man es einem ansieht, wenn er beim Weggehen ist. Auch Sie, Großvater, haben mir ja sofort etwas angesehen und gesagt: Du bist nicht schwer zu erkennen, Enkel. Darüber müssen wir noch sprechen, denn es beunruhigt mich sehr, aber damals wollte ich nur vermeiden, daß jemand mich anredet und fragt: Was ist mit Ihnen los? Kann ich Ihnen helfen? Das hätte doch nur zu dummen Redensarten geführt. Darum nahm ich auch kleine Seitenstraßen, denn da, wo die Nachtlokale sind, die bis morgens offen haben, hätte mir leicht jemand begegnen können. Als Pressemann kannte ich ja die Stadt in- und auswendig, in den Hintergassen lassen sich häufig die besten Aufnahmen machen, und außerdem kürzte es den Weg zu der großen Ausfallstraße ab. Nicht daß ich Eile hatte, wenn man sich einmal entschlossen hat wegzugehen, drängt einen nichts mehr, doch ich wollte so schnell wie möglich aus der Innenstadt heraus.

Die große Ausfallstraße zum Fluß hat man ja nach dem Krieg sehr verbreitert, weil der Verkehr so zunahm. Aber in der Zeitung heißt es, daß sie schon wieder nicht breit genug sei und daß die Stadtplaner das hätten voraussehen müssen, weil die Statistik es doch deutlich zeigte. Das ist nur politisches Gerede, damit die Unzufriedenen dann eine andere Partei wählen. Auch von einer Schnellbuslinie wird geredet, die endlich eingerichtet werden sollte, damit die Leute nachts nicht mehr zu Fuß zur Fähre zu gehen brauchten. Das sei ganz altmodisch, heißt es, und in unserem Zeitalter könne man sich das nicht mehr leisten.

Es war aber gar kein Betrieb auf der großen Ausfallstraße, so brauchte ich nicht aufzupassen. Die Kamera hatte ich mir natürlich umgehängt, das tut man rein aus Gewohnheit. Ich ging nie ohne die Kamera aus, sie hing da immer parat unter meinem Regenmantel am Garderobenhaken. Es konnte sich ja unterwegs etwas ereignen, woraus sich ein Bild für die Zeitung machen ließ. Das war mein Beruf, wie man es nennt, und man nahm meine Aufnahmen gern, weil ich Dinge sah, auf die andere Kollegen nicht achteten, sagte man. Das ist keine Prahlerei, Großvater. Ich verdiente nicht schlecht, daran lag es nicht. Doch ich wußte damals noch nicht, daß es Dinge gibt, aus denen kein Bild wird und die sich nicht aufnehmen lassen, obwohl es sie gibt. Das habe ich dann erst erfahren, und seitdem fotografiere ich nicht mehr, weil es Lüge wäre. Die Kamera besitze ich noch, sie liegt da zuunterst im Koffer. Ich könnte sie verkaufen, das ist wahr, aber ich scheue mich davor. Ich habe sie in ein Wolltuch eingewickelt.

So ging ich dahin und dachte an nichts Besonderes. Ich dachte überhaupt nichts, das war angenehm. Die Ärmel meines Jacketts waren ja auch wieder ganz trocken. Meine Schwiegermutter hatte die Heizsonne angestellt, damit sie schneller trockneten. Es war das alte Tweedjackett, das ich meistens trug. Meine Schwiegermutter wollte es auch aufbügeln, doch ich sagte: Laß nur, ich bringe den Anzug morgen zur Reinigung da unten zwei Häuser weiter. Ich wollte nämlich, daß meine Schwiegermutter mich allein ließ, obwohl ich sie gut leiden konnte, und sie meinte, daß sie mich nicht allein lassen dürfe, aber schließlich ging sie dann doch.

Warum die Ärmel naß waren? Aber das ist doch klar, Großvater, wie sollen sie denn nicht naß dabei werden. Sie troffen geradezu, es gab eine Wasserspur vom Badezimmer zum Schlafzimmer, meine Schwiegermutter hat es dann aufgewischt, als die Polizei fort war. Ich selber hatte es gar nicht bemerkt, daß die Ärmel sich voll Wasser gesogen hatten, doch die Polizei sah es sofort und fragte: Warum sind Ihre Ärmel so naß? Was für eine dumme Frage. Erst da merkte ich es selber und hängte das Jackett über die Stuhllehne. Auch unter dem Stuhl gab es noch eine Pfütze. Das war noch, bevor meine Schwiegermutter kam, die sie herbeigeholt hatten, weil ich ihnen nicht die richtigen Antworten gab.

Wie soll man es denn machen, ohne daß die Ärmel dabei naß werden? Das ist doch unmöglich. Wenn man abends nach Hause kommt wie jeden Abend und man wird an der Tür nicht begrüßt wie sonst immer, dann ruft man Hallo! und ruft den Namen und man pfeift den Pfiff, an dem man sich erkennt. Er war aus Cavalleria Rusticana. Der eine pfiff vier Töne und der andere, wenn er das hörte, setzte die Melodie mit ein paar Tönen fort, so fand man sich gleich mitten in der Menge. Es macht etwas traurig, wenn man daran denkt, weil nun niemand mehr antwortet. Aber damals an der Wohnungstür dachte ich: Sie ist wohl noch rasch etwas einholen gegangen, was sie vergessen hat, obwohl das noch nie vorgekommen war. So hängt man denn die Kamera und den Regenmantel an den Haken und geht durch die Wohnung. Und dann findet man sie in der Badewanne.

Da kommt doch niemand auf die Idee, die Jacke auszuziehen, man will die Frau doch gleich aus der Badewanne heben, das ist doch klar. Nicht einmal das Wasser läßt man vorher ab, denn wie soll man den Stöpsel herausziehen, man würde ihr mit der Kette weh tun, und auf dem Rükken könnte es einen Kratzer geben. Die Polizei hat mich dann sehr gelobt, weil ich das Wasser in der Wanne ließ. Es war noch lauwarm, sie nahmen in einer kleinen Flasche Proben von dem Wasser mit, um es mit dem Wasser zu vergleichen, das sie in der Lunge finden würden, wie sie sagten. Welch ein Unsinn! Was für Wasser sollte es denn sonst sein? Dasselbe wie das in meinen Ärmeln.

Aber wie unglaublich schwer ist es, eine Frau aus der Badewanne zu heben, wenn sie nicht mehr dabei hilft, davon macht sich niemand einen Begriff. Man muß mit dem einen Arm unter die Schultern und mit dem andern unter die Knie fassen, aber wie leicht kann man dabei ausrutschen. Ich hatte den Badeteppich mit dem Fuß beiseite gestoßen, doch man kann auch auf den Fliesen ausrutschen, wenn man nicht aufpaßt, und dann platscht einem die Frau ins Badewasser zurück und man selber womöglich auch.

Doch es gelang trotz allem beim ersten Versuch und ich trug sie ins Schlafzimmer und legte sie aufs Bett. Die Überdecke zog ich unter ihr hervor und deckte sie damit zu, weil sie doch ganz naß war, und damit sie sich nicht erkältet. Erst dann rief ich die Unfallstation an.

Das Bett war natürlich auch naß davon geworden, meine Schwiegermutter bezog es dann neu, als die Leute mit der Bahre fortgingen. Sie schimpfte dabei sehr, weil die Wäsche zum Wechseln nicht da lag, wo sie liegen sollte und nicht alles so war, wie sie es haben wollte. Sie machte mir auch Kaffee und strich mir ein paar Brote, weil ich noch nichts gegessen hatte und sie es für wichtig hielt, daß ich etwas aß, sie war nicht davon abzubringen und ich tat ihr lieber den Gefallen. Aber daß die Polizei endlich ging, habe ich ihrer Schimpferei zu verdanken, das ist wahr. Die Polizei war mehrere Stunden da, glaube ich, wer sieht denn nach der Uhr. Fragen und Fragen, es ist nicht auszudenken, was sie alles fragten, bis es meiner Schwiegermutter zuviel wurde und sie die Leute hinausjagte. Nun aber Schluß, meine Herren, schrie sie sie an, sonst beschwere ich mich. Die da war immer schon ein Luder, machen Sie nicht so dumme Gesichter, und es hat gar nicht anders kommen können, ich muß es doch wissen.

Jetzt aber geht es um den jungen Mann da, und damit Schluß. Da zog die Polizei ganz erschrocken ab. Sie war keine böse Frau, wir mochten uns gern, aber es war so ihre Art, und mit ihrer Tochter konnte sie sich nicht vertragen.

Und schließlich gelang es mir, auch sie wegzuschicken. Ich mußte ihr hoch und heilig versprechen, mich gleich ins Bett zu legen, am liebsten hätte sie mich noch selber ins Bett gepackt. Und wieviel Ratschläge sie mir noch gab! Doch endlich ging sie. Ich horchte auf ihre Schritte auf der Treppe und auf die Wagentür der Taxe, die ich bestellt hatte, und horchte, ob die Taxe auch wirklich mit ihr abfuhr, denn bei ihr war alles möglich. Dann ging ich durch die Wohnung und es war alles so leer. Es war nur eine Zweizimmerwohnung mit einer kleinen Abstellkammer, dort hatte die Schwiegermutter die Überdecke zum Trocknen aufgehängt. Aber es war alles so leer, sogar die Aschenbecher waren ausgeleert. Und all die kosmetischen Fläschchen und Dosen, die sonst immer auf dem Glasbord über dem Waschtisch standen, waren auch weggeräumt, ich weiß nicht wohin. Sogar die Badewanne hatte meine Schwiegermutter umgewischt, weil es sonst einen Rand geben würde, wie sie sagte, denn das Wasser hatte ziemlich lange darin gestanden. Ja, so leer war alles, es läßt sich nicht schildern, man wußte nicht, was man da noch sollte. So dachte ich denn, es ist besser, du gehst weg. Ich rief aber die Redaktion vorher an, denn ich sollte am nächsten Morgen auf dem Flugplatz sein, um eine italienische Sängerin zu fotografieren, die abends im Opernhaus Koloratur singen wollte. Ich bat die Leute, einen andern zu schicken wegen des Unglücksfalls. Eine italienische Diva mit Blumen im Arm, wenn sie aus dem Flugzeug steigt, zu fotografieren, ist kein Kunststück, das kann jedes Kind und dazu brauchten sie mich nicht. So ging ich denn weg.

An all das dachte ich überhaupt nicht mehr, meine Ärmel waren ja trocken. Doch mehr zum Stadtrand hin, da wo die Bausparkassen die Siedlungen gebaut haben, ein Haus wie das andere, so weit man sehen kann, weil es dort gesünder sein soll, wie es in den Prospekten heißt, man kriegt da keinen Lungenkrebs vom Benzindunst und abends kann man in dem kleinen Garten herumbuddeln, der mitgeliefert wird, und für die Kinder sei es besser, wird behauptet, ja, auch eine Kirche mit einem komischen Turm hat die Sparkasse gleich mitgebaut, weil die Frauen es so haben wollen, meinen sie – übrigens ist es da gar nicht so gesund, ich weiß es von einem Journalisten, mehr zum Fluß hin ist es feucht, es wird über Rheuma geklagt und man jammert auch, daß viel mehr Heizung gebraucht wird als vorgesehen, es läßt sich eben nicht alles berechnen und geschimpft wird ja so oder so ...

Ja, und um es nicht zu vergessen, da am Stadtrand war die Sirene eines Unfallwagens zu hören, das war das erste, was man hörte, aber nicht laut, sondern weit hinter einem in der Stadt, nur eben daß man es hörte, weil man sonst nichts hörte. Das Krankenhaus liegt ja auch auf der anderen Seite der Stadt, mehr zu den Hügeln hin. Man wird da hinten wohl eine Frau in die Klinik geschafft haben, die ein Kind kriegte. Auch in den Siedlungen will man ein Krankenhaus bauen, steht in der Zeitung, es fehlt sehr an Krankenbetten, doch es fehlt auch an Geld, heißt es.

Also da am Stadtrand sah man denn doch ein paar Leute, Frühaufsteher sozusagen. Sie kamen ganz vereinzelt aus den Nebenstraßen oder aus den winzigen Vorgärten, wobei sie sehr darauf achteten, daß die Gartenpforte nicht zuschlug, weil die Nachbarn nicht merken sollten, daß sie weggingen. Sie gingen ziemlich schnell auf ihrer Seite die Straße entlang in Richtung des Flusses, ohne sich ein einziges Mal umzusehen. Es winkte ihnen ja auch niemand aus dem Fenster nach.

Zuerst nur ganz wenige, bei der Breite der Straße fielen sie kaum auf, man hörte auch ihre Schritte nicht. Sie nahmen auch keine Notiz voneinander, so als ob jeder für sich allein dort ging. Mehr zum Fluß hin wurde es auch etwas dunstig, die Windschutzscheiben der Wagen, die da am Rande standen, waren beschlagen. Wie gesagt, es ist feucht dort. Ob da auch Wäsche hing? Warum soll Wäsche dort hängen? Es hängt immer Wäsche da in der Gegend? Das muß früher gewesen sein, Großvater, zu Ihrer Zeit vielleicht, da wurde wohl noch nicht soviel gestohlen, aber wer läßt denn heute Wäsche draußen hängen, und außerdem haben sie doch alle Waschmaschinen und Trockenschleudern.

Aber immer mehr Leute wurden es, je näher man zum Fluß

kam. Sie kamen von links und rechts auf die Straße und dann alle in Richtung des Flusses. Männer und Frauen, ja, auch Frauen. Eine trug ein Baby, obwohl es doch noch so früh war und ungesund für das Baby. Sie versuchte sogar die andern zu überholen, sie hatte es eilig. Auch die andern hatten es jetzt eiliger, sie wollten sich nicht überholen lassen. Da, wo die Siedlung zu Ende ist und die Sportplätze und Anlagen sind, noch vor dem Deich, war schon ein richtiges Gedränge, die Leute gingen sogar auf der Fahrbahn, für einen Autobus wäre da kein Platz gewesen. Einer wollte die Menge seitlich überholen, so hatte er es sich wohl gedacht. Er sprang die Böschung hinab und rannte auf dem Rasen nach vorne, doch als er sich wieder einreihen wollte, gelang ihm das nicht, die Masse, die auf der Straße zur Fähre drängte, war schon zu kompakt, er wurde immer wieder die Böschung hinuntergestoßen. Was wohl aus ihm geworden ist? Aber niemand achtete auf ihn, niemand sah sich nach ihm um, alles drängte zum Fluß. Es redete auch niemand.

Da, wo der Durchlaß für die Straße im Deich ist, wurde es natürlich ganz schlimm. Die großen eisernen Torflügel, die da wegen des Hochwassers sind, standen weit offen, und auf jeder Seite oben auf dem Deich stand ein Mann in einer Lederjacke, wegen des Dunstes waren sie nur undeutlich zu sehen. Die beiden Männer fuchtelten ungeduldig mit den Händen, um die Menschenschlange anzutreiben. Sehr komisch, doch niemand machte sich darüber lustig. Es war ja gar nicht möglich, daß die Leute sich schneller bewegten, sie preßten sich in den Durchlaß und man wurde mit hineingequetscht. Ja, wie Hampelmänner sahen die in den Lederjacken aus, es hätte ein witziges Foto ergeben, doch wie sollte einer bei dem Gedränge fotografieren? Man konnte die Arme nicht hochkriegen.

Auf der anderen Seite des Deiches, da, wo die Wiesen zum Fluß abfallen, war es um nichts besser, denn links und rechts bis zum Landeplatz der Fähre war Stacheldraht, damit die Leute nicht auf die Wiesen liefen. Es kam alles darauf an, sich in der Mitte zu halten, denn sonst wäre man

an den Stacheldraht gepreßt und hätte sich die Kleidung zerrissen.
Aber die Fähre lag schon da und wartete, das war gut zu sehen, wie ein gewaltiger Schatten zeichnete sie sich im Nebel ab. Sie schwebte geradezu über dem Wasser, denn den Fluß selber konnte man nicht sehen, es lag eine Dunstschicht darauf. Überhaupt konnte man nicht weit sehen und von einem anderen Ufer war natürlich auch nichts zu sehen, es war das erste, wonach man mit den Augen suchte, man wollte doch gern wissen, wie weit es bis dahin ist, aber da war nur Nebel. Es soll sehr selten zu sehen sein, heißt es, der Fluß ist dort sehr breit, und vielleicht hat es noch nie jemand gesehen und es ist nur Gerede. Die Leute denken, wozu ist eine Fähre da, wenn es kein Ufer gibt, aber genau wissen sie das nicht.
Doch die Fähre jedenfalls war gut zu sehen, wenn man näher kam. Man sah den Schornstein und an den Seiten die hohen Verkleidungen für die Räder. Ja, ein Raddampfer so wie immer, sehr breit und flach, das ist wohl praktisch für so einen Zweck. Er lag da mit dem Heck zum Ufer und man hatte die Laufplanken zum Landeplatz ausgelegt. Über die strömte die Menge und verteilte sich dann auf Deck. Von hinten wurde man gedrängt, da gab es kein Zurück. Ja, und da passierte es.
Es ist schwer, davon zu erzählen, Großvater, denn wer glaubt einem denn das, und man erschrickt sogar noch, wenn man es nur erzählt. Es klingelte nämlich. Nicht laut, o nein, nicht so laut wie ein billiger Küchenwecker, eher so wie die kleinen Glocken, die man an die Weihnachtsbäume hängt und die leise klingeln, wenn man an den Zweig kommt, und das ist doch sehr angenehm und niemand erschrickt deswegen. Dies Klingeln da am Fluß war deshalb so schrecklich, weil sonst alles so still war und man nicht damit rechnen konnte. Es gab auch einen Ruck in der Menge, alles blieb vor Schreck stehen.
Es läutete nämlich im Maschinenraum des Dampfers, das war es, doch wer denkt an so etwas. Und gleichzeitig wurde ein Schlagbaum niedergelassen, so daß niemand mehr wei-

terkonnte. Darum gab es den Ruck. Eben noch hatten alle gedacht, wir brauchen nur noch ein paar Schritte weiterzugehen, dann haben wir es hinter uns – auch ich hatte es gedacht, denn so ein Weg zur Fähre macht müde, und was soll man denn sonst denken –, und nun muß man plötzlich stehenbleiben. Die Fähre war auch ganz voll, das konnte man sehen. Die Leute standen da dicht gedrängt wie die Heringe auf dem flachen Deck, einige mußten sich sogar mit dem Oberkörper über die Reling beugen, so wenig Platz hatten sie da.

Da gab es ein großes Seufzen. Die, die vorne am Schlagbaum standen und nicht weiterkonnten, seufzten wohl. Wie ein einmaliges Aufseufzen von allen zugleich. Doch vielleicht war es kein Seufzen, es klang nur so und man bildete es sich ein, weil einem danach zumute war. Eine Brise war es nicht, denn der Dunst auf dem Wasser lag so unbeweglich da wie vorher. Vielleicht waren es die Laufplanken, die vom Heck der Fähre heruntergezerrt wurden, und dabei gab es ein Geräusch, das wie Seufzen klang. Auf den Laufplanken lag ein Regenschirm, den jemand verloren hatte, er lag da ganz verlassen und niemand kümmerte sich darum. Oder es war die Fähre selbst, die seufzte und ächzte, als sie vom Landeplatz ins Wasser rutschte. Die Räder an der Seite begannen sich zu drehen, die Schaufeln warfen das Wasser auf, auch das kann es gewesen sein, das ist hinterher schwer zu sagen. Aber man hielt es für Seufzen, denn es war der richtige Augenblick dafür. Ja, und da passierte es, weshalb ich nicht mehr fotografiere.

Natürlich war nachher mein erster Gedanke, daß es eine verdorbene Filmrolle gewesen sein muß. Das kommt zuweilen vor, wenn auch selten, und schließlich war ich doch Fachmann, wie man es nennt. Ich wußte, wo ich meine Filme kaufte, und achtete auf das Herstellungsdatum. Als Pressefotograf mußte ich mich ja darauf verlassen, daß das Bild jederzeit zuverlässig herauskam. Und es zeigte sich denn ja auch, daß es kein verdorbener Film war, weil die anderen Aufnahmen darauf scharf herausgekommen waren und so, wie ich sie haben wollte.

Die eine Aufnahme war vom Nachmittag vorher, ein sehr gelungenes Bild, die Zeitung hätte es mit Kußhand genommen. Für solche Bilder war ich bekannt, das ist keine Prahlerei, Großvater, denken Sie das nicht, Sie können sich im Archiv der Zeitung erkundigen. Das Bild war ein Zufallstreffer, ich wollte es »Raub der Sabinerinnen« nennen. Ich hatte es von der anderen Straßenseite her aufgenommen. Mitten durch die nachmittägliche Menge, die sich am Kaufhaus vorbeischiebt, laufen zwei Kerle, jeder mit einer nackten Frau über der Schulter. Ob die Frauen dabei zappelten? Warum sollten sie denn zappeln, Großvater? Weil Frauen meistens dabei zappeln? Aber sie konnten doch gar nicht zappeln, Großvater, sie waren aus Kunststoff, es waren Schaufensterpuppen. Für das andere Bild fehlte mir noch eine Unterschrift. Etwa so ähnlich wie: »Wie kann man nur so alt und so blöd sein«, doch das ist zu lang, es wäre mir schon noch etwas eingefallen. Auch die Aufnahme war nicht schlecht, man konnte sogar die Fahne der Eisfirma sehr deutlich sehen, die an der Tür des Ladens befestigt war. Das Bild hätte sich auch zur Reklame an die Eisfirma verkaufen lassen. Da sitzen zwei kleine Mädchen von vier oder fünf Jahren auf der Stufe vor der Ladentür und lutschen an ihrem Eis. Gerade ist ein alter Mann an ihnen vorbeigegangen, man sieht es an seiner schlechten Haltung und wie er dahinlatscht, daß er alt ist. Beim Vorbeigehen hat er zu den beiden Kindern gesagt: Erkältet euch nur nicht da auf der Steinstufe, oder so ähnlich. Kaum ist er vorbei, tippt sich das eine Mädchen, es war wohl die Ältere, ein paar Mal mit dem Zeigefinger an die Stirn, ohne deswegen mit dem Eislutschen aufzuhören. Wie gesagt, es fehlte nur die passende Unterschrift, darauf kommt es bei solchen Aufnahmen an.

Es war also kein verdorbener Filmstreifen, das ist klar, selbst ein Laie wird das zugeben müssen. Nur diese eine Aufnahme war nicht gelungen. Nein, das ist falsch gesagt. Wenn das Bild nur verwackelt gewesen wäre, nun gut, das kommt vor, wenn es einem Fachmann auch nicht passieren dürfte. Oder falsche Belichtung und dergleichen. Oder daß mit der Kamera etwas los war und Licht hineingekommen war. Oder was sonst. Doch in allen solchen Fällen wären auf dem Bild verwischte Schemen zu sehen gewesen, und man hätte sich natürlich sehr geärgert über den Fehler. Auch daß sie uns bei dem Durchlaß durch den Deich vielleicht durchleuchtet hatten, kann es nicht gewesen sein, zuzutrauen wäre das denen da, dann aber wäre die ganze Filmrolle schwarz geworden, aber auf dieser waren ja die anderen Aufnahmen intakt geblieben. Nur dieser eine Abschnitt war pechschwarz. Das ist doch Betrug, Großvater, es lohnt nicht zu fotografieren, wenn aus dem, was man sieht, kein Bild wird.

Und was für eine einzigartige Aufnahme hätte es geben müssen, die Kollegen hätten mich darum beneidet. Daß es dort dunstig war, schadet nichts, im Gegenteil, das gibt der Sache Atmosphäre, wie man es nennt, Dunst kann sehr reizvoll sein. Ich stand ja auch schon nah genug am Schlagbaum, als es läutete, bis dahin hatte ich es geschafft. In der zweiten, höchstens in der dritten Reihe, und das war sozusagen ein Glücksfall. Wenn ich nämlich weiter hinten gestanden hätte, wäre mir die Sicht genommen gewesen, vor allem aber hätte ich nicht genug Bewegungsfreiheit gehabt wegen des Gedränges. So aber lehnten sich die Leute vor mir an den Schlagbaum, weil sie müde waren und darauf gefaßt, lange warten zu müssen, bis die Fähre zurückkam, und so war das Blickfeld frei und ich konnte die Arme bewegen, um die Kamera hochzuheben.

Was für ein einzigartiges Bild! Ein Bild, das einem nur einmal im Leben gelingt. Dies enorme schattenhafte Monstrum, den Dampfer meine ich, dies Urwelttier, wie es mit seinen Flossen, die Räder meine ich, das Wasser aufwirft und sich schwerfällig vom Ufer in den Dunst fortbewegt und dann die Deckladung, Mensch an Mensch gepreßt und dahinter nichts als Nebel. Sogar der verlorene Regenschirm vorne auf der Laufplanke hätte meiner Berechnung nach mit auf dem Bild sein müssen, das hätte sich gut gemacht. Ich weiß nicht, ob Sie sich das vorstellen können, Großvater, es ist schwer mit Worten zu schildern.

Ich griff natürlich sofort zur Kamera, ohne lange nachzudenken. Das ist eine reine Reflexbewegung bei unsereinem, sie hängt einem ja immer schußbereit am Riemen um den Hals. Man braucht nur geistesgegenwärtig zu sein, ohne das bringt man es in dem Beruf zu nichts, denn das Technische kann jedes Kind lernen. Wenn man erst nachdenkt, ist der richtige Moment längst vorbei.
Ich hob also die Kamera hoch und da passierte es. Genau in dem Moment, als die Kamera klickte, schrie es vom Fluß her, ein entsetzlicher Schrei und es fiel etwas Schweres vom Dampfer ins Wasser, denn das Wasser platschte auf. Ein schriller Schrei, Großvater, es war eine Frau, die da schrie, besser man redet nicht zuviel davon. Wenn die Aufnahme gelungen wäre, könnte man sehen, warum die Frau über Bord fiel, ob aus Versehen oder weil die andern sie über die Reling geschubst hatten oder weshalb sonst, für die Polizei wäre das doch sehr aufschlußreich gewesen. Doch nun kann das niemand mehr genau sagen, nur der furchtbare Schrei bleibt, Großvater.
Mir fiel vor Entsetzen die Kamera aus der Hand, das ist mir noch nie passiert, denn was für ein Fotograf ist das, dem die Kamera aus der Hand fällt, der sollte lieber seinen Beruf an den Nagel hängen. An sich ist es ja nicht weiter schlimm, sie hängt ja an einem Riemen und fällt einem einfach auf die Brust, aber welch eine Blamage.
Und dann war auch schon der Aufpasser da und zupfte mich am Ärmel: Kommen Sie bitte mit. Und keine Umstände bitte.
Wer dachte denn an Aufpasser? Es gibt überall Aufpasser, sagen Sie, Großvater. Das mag sein, und wenn man es nachher bedenkt, dann waren ja auch die in den Lederjakken oben auf dem Deich Aufpasser. Doch jenseits des Deiches hatte ich an nichts gedacht als an die Fähre und den Fluß vor mir, etwas anderes konnte man doch gar nicht im Sinn haben. Auch die kleine Pforte, die es da im Stacheldraht gab, war mir nicht aufgefallen, und daß von da ein Pfad zu einer langgestreckten Baracke führte, oder wie man so etwas nennen soll, das interessierte doch keinen.

Durch die Pforte ließ ich mich von dem Aufpasser ziehen, und inzwischen war die Fähre im Nebel verschwunden. Ich machte keine Umstände, ich war viel zu benommen. Haben sie denn keine Rettungsringe? fragte ich, vielleicht kann die Frau nicht schwimmen, doch der Aufpasser sagte nur: Kommen Sie bitte. Das ist nicht unsere Sache. Aber wir müssen doch etwas tun, rief ich, doch er sagte immer nur: Das ist nicht unsere Sache. Keine Umstände bitte!

Ich ließ mich einfach von ihm mitziehen, so benommen war ich. Ich weiß nicht, ob das jemand verstehen kann, daß ich so benommen war, es ist schwer zu erklären, und entschuldigen Sie bitte, Großvater, daß ich überhaupt davon rede. Man schämt sich sogar, weil es kitschig klingt, wie man es nennt. Der Aufpasser sagte immer nur, das ist nicht unsere Sache, und seine Sache war es ja vielleicht auch wirklich nicht, das mag sein, aber ich, Großvater, ich hatte immer gedacht, daß wir glücklich wären, wie man es nennt, wenn es auch kitschig klingt, das weiß ich selber, doch es hört ja sonst niemand zu, ja, ich hatte mir keine weiteren Gedanken darüber gemacht, ich dachte, wir wären glücklich, das ist es, und nun war ich so benommen, daß ich nicht gleich in den Fluß sprang, um zu versuchen, ob sich etwas retten ließe. Statt dessen fragte ich vor lauter Benommenheit: Aber was geschieht denn mit der, die ins Wasser gefallen ist, und immer hieß es nur: Das ist nicht unsere Sache. Sie wird wohl ins Meer abgetrieben. Kommen Sie bitte. Ins Meer abgetrieben? Aber man kann sie doch einfach ...

Ob sie die Kamera beschlagnahmen wollten? Die Kamera interessierte den Aufpasser überhaupt nicht, auch nachher fragte keiner danach, es war ihnen völlig gleichgültig, denn sie waren sich wohl ihrer Sache sicher und wußten, daß sich dort keine Aufnahmen machen ließen. Sie fragten nur nach der Vorladung, das war alles. Der Aufpasser hatte mich ja inzwischen zu dem Schuppen oder der Baracke geführt, wo sie ihr Büro hatten. Wie soll einer ahnen, daß es da jenseits des Deiches ein Büro gibt? Ein richtiges langgestrecktes Büro und ganz modern eingerichtet wie überall heute. So etwas braucht man nicht zu fotografieren. Und durch die ganze Länge des Büros eine Schranke für das Publikum, ja, von einer Seite bis zur andren, und hinter der Schranke zwei Beamte, nur zwei, ja, denn sie hatten wohl keinen großen Betrieb dort. Der eine saß weiter hinten mehr zum Ausgang auf der anderen Seite, denn das Büro war nur eine Art Durchgang, den man passieren mußte, wenn man dorthin geraten war. Der Beamte da am anderen Ende war mit einem jungen Mann beschäftigt, der ihm etwas zu erklären versuchte, ich konnte nicht hören was. Später hat er es mir erklärt, doch das ist eine andere Geschichte. Der Beamte aber, zu dem mich der Aufpasser gebracht hatte, telefonierte gerade, darum mußte ich warten. Er telefonierte wegen dessen, was draußen passiert war, das konnte ich hören, und daß ich zuhörte, war ihm ganz gleichgültig. Ich betrachtete mir unterdessen den kleinen Fernsehschirm, den sie dort hatten, denn wie gesagt, sie waren ganz modern eingerichtet. Darauf konnte man den Landeplatz sehen und wie die Menge dort vor dem Schlagbaum wartete, ohne sich zu bewegen und als ob nichts passiert wäre. Er entschuldigte sich am Telefon bei jemandem, ich weiß nicht bei wem, aber daß er sich sozusagen entschuldigte, war zu hören. Er sagte ins Telefon: Ja, sehr bedauerlich. Wir werden die Wachen verstärken müssen. Wie bitte? Nein, es wird bestimmt nicht wieder vorkommen, verlassen Sie sich darauf. Oder so ähnlich, wie man eben ins Telefon redet, aber daß man ihm Vorwürfe machte, war zu hören. Auch der junge Mann, der da weiter hinten vor der Schranke stand und den man inzwischen abgefertigt hatte, hörte es und blieb da noch an der Tür stehen. Und wegen der Vorwürfe war der Beamte auch sehr verärgert, als ich ihm meinen Presseausweis zeigte. Das ist doch das erste, was unsereiner tut, daß er seinen Presseausweis aus der Tasche zieht, das tut man ganz instinktiv, auch wenn man noch so benommen ist, er steckte bei mir links in der Außentasche des Jacketts, um ihn gleich zur Hand zu haben, und meistens hat es auch Erfolg, die Leute werden sofort höflicher, aber dieser Beamte sah ihn sich gar nicht erst an, er schnauzte mich an, so verärgert war er. Ihre Vorladung bitte! Vorladung? Was für eine Vorladung? Und da ich keine Vorladung hatte, wie er es nannte, schrie er: Dann warten Sie gefälligst, bis Sie eine Vorladung von uns bekommen, und winkte mich verächtlich mit der Hand fort zu dem anderen Ausgang hin. Der Fall war für ihn erledigt.

Da ich wegen meiner Benommenheit noch stehenblieb und nicht wußte, ob ich ihn richtig verstanden hatte, sah ich, wie der junge Mann da weiter hinten mir mit dem Zeigefinger ein Zeichen machte, daß ich zu ihm kommen sollte, denn er hatte da offenbar auf mich gewartet. So ging ich denn die Schranke entlang zu ihm hin, er hielt mir sogar die Tür auf und ließ mich zuerst hinausgehen, weil ich der Ältere war, und man mußte da eine Stiege hinuntergehen, denn sie hatten die Baracke auf einen Betonsockel gebaut, wegen des Hochwassers, nehme ich an.

Der junge Mann war Student, er studierte Musikwissenschaft in Freiburg. Er hat es mir dann erzählt, aber das ist eine andere Geschichte. Mit ihm war alles ganz anders als mit mir, aber er kannte sich da aus. Er sagte: Die haben es nicht gern, wenn einer ohne Vorladung kommt. Da läßt sich nichts machen, Sie müssen hier warten.

Aber wo sind wir denn hier?

Dies hier ist die Quarantänestation. Sie können hier warten, wenn Ihnen das nicht zu langweilig wird, aber Sie können auch zurückgehen und sich da so lange die Zeit vertreiben, bis Ihre Vorladung kommt. Das liegt ganz bei Ihnen.

Mit ihm war es nämlich anders, er wollte dort warten, aber das ist eine andere Geschichte. Immerhin bin ich durch diesen jungen Mann hierher in diese Stadt, wie heißt sie noch, gekommen, und auch von Ihnen, Großvater, habe ich erst durch ihn etwas gehört, denn ich wußte ja nichts von Ihnen und daß Sie hier wohnen. Es hat mit der Geschichte des jungen Mannes zu tun, eine ganz andere Geschichte. Und er hat mich wohl hierher und zu Ihnen geschickt, sozusagen mit einem Auftrag, aber das kann ein Vorwand sein, weil er meinte, daß ich mich dort gar zu sehr langweilen würde und es leichter für mich wäre, wenn ich hier mit seinem sogenannten Auftrag die Zeit verbringe. Es hängt ja auch mit seiner Geschichte zusammen, das ist wahr, aber das ist eine andere Geschichte.

Daß ich nun in Quarantäne bin, darüber will ich nicht klagen, man gewöhnt sich daran, nehme ich an, und deswegen spreche ich nicht davon. Es geht die Menschen nichts an, es ist sozusagen meine Sache, die Hauptsache, daß niemand es merkt.

Das ist es aber, was mich beunruhigt, Großvater, und weshalb ich Ihnen davon erzähle. Wie kommt es, daß Sie mich da in der kleinen Seitengasse vor dem Laden, wo sie Kartoffelpuffer braten und es nach Öl riecht und wo ich heimlich auf Sie wartete, bis Sie vorüberkämen, denn entschuldigen Sie, Großvater, ich wollte Sie mir erst ansehen und wissen, woran ich bin, wie kommt es, daß Sie mich dort sofort entdeckt haben und mich gleich mit Enkel anredeten? Das hat mich sehr beunruhigt. Was ist denn an mir, daß man es gleich sieht? Als ich Sie fragte, haben Sie nur gelacht und gesagt: Na, du bist nicht schwer zu erkennen, Enkel.

Nehmen Sie es bitte nicht übel, Großvater, aber woran erkennt man das, denn vielleicht läßt sich etwas dagegen tun. Denn ich möchte nicht, daß man es merkt. Wie macht man es, Großvater, damit niemand es merkt?

1971

Das Herbstkostüm

Um es gleich vorauszuschicken, die Nachforschungen haben nichts ergeben, was zur Erklärung des Unglücks dienen könnte. Und wenn ich auch das schon jetzt hinzufügen darf, diese Nicht-Erklärbarkeit, dies völlige Fehlen einer Begründung, ist das Erschreckendste an allem. Ich habe nur ein einziges Mal mit einem vom Bereitschaftsdienst darüber gesprochen, ohne meinen persönlichen Fall zu erwähnen, aber darauf werde ich noch zurückkommen, wenn es mir gelingen sollte, diesen Bericht zu Ende zu schreiben.
Meine Frau war vormittags, während ich schlief, wie üblich mit den Kindern zum Einholen gegangen, der Kleine natürlich in seiner Karre und das Mädchen an der Hand. Die Geschäftsstraße mit den Läden ist ja gleich um die Ecke. Sie hatte nicht nur Lebensmittel eingekauft, Milch, Brot, Fleisch, Obst und was sonst noch – das alles fand sich dann im Kühlschrank –, sondern hatte sich im Ausverkauf sogar noch ein Herbstkostüm gekauft, und sicher hatte sie es doch vorher anprobiert. Und um es nicht zu vergessen, in einem Ramschladen daneben hatte sie noch zwei billige Kaffeetassen erworben, zum täglichen Gebrauch, um das gute Geschirr, ein Hochzeitsgeschenk von irgendwelchen Verwandten, für besondere Gelegenheiten zu schonen. Beim Abspülen unter dem Heißwasserhahn stieß man leicht ein Stück Porzelllan ab, darüber hatten wir oft gesprochen, und auch wegen der Kinder ging leicht etwas kaputt. Ich erwähne diese Alltäglichkeiten, die sicher manchem überflüssig erscheinen, nur deshalb, um zu zeigen, daß sie an jenem Tag genauso wie immer für den nächsten Tag vorsorgte, oder wenn man will, für die Zukunft. Nichts deutete darauf hin, daß sie etwa des Lebens, das wir führten, überdrüssig war.
Auch die Verkäufer und Verkäuferinnen in den Läden, die später befragt wurden – nicht von mir, das ist klar, denn das war mir nicht möglich; ich habe mich in der Straße, in der wir gewohnt hatten, kaum mehr sehen lassen, sondern

von Kollegen und auch von der Tante meiner Frau – wußten nicht zu berichten, daß sie einen deprimierten oder nervösen Eindruck gemacht habe. Die Alte im Obstladen soll gerufen haben: ›So eine vergnügte junge Frau! Das war jedesmal wie ein Sonnenstrahl, wenn sie in den Laden kam, wo doch heute alle so brummig sind. Und die reizenden Kinder! Wer hätte das erwartet.‹ Selbstverständlich braucht man keinen großen Wert auf solche nachträglichen Aussagen zu legen.

Das Herbstkostüm hatte meine Frau mir nachmittags, als ich aufstand, gezeigt, aber da ich in Eile war, denn man hatte angerufen, daß man mich brauchte, hatte ich nur gesagt: ›Ja, sehr hübsch‹, und weiter keine Notiz davon genommen. Sollte sie das gekränkt haben? Hielt sie es für ein Zeichen von Gleichgültigkeit und daß mir nichts daran lag, wie sie sich anzog? Manchmal verändern ja solche Geringfügigkeiten die Situation, es ist daher durchaus nicht ganz von der Hand zu weisen, daß ich, ohne mir dessen bewußt zu sein, so sehr von dem, was mir der Bereitschaftsdienst auferlegte, absorbiert war, daß meine Frau sich vernachlässigt fühlte. Wer will das jetzt noch beantworten? Hat es überhaupt Sinn, danach zu fragen?

Das Herbstkostüm hing dann, als es so weit war, auf einem Kleiderbügel an der Wäscheleine auf dem hinteren Balkon. Sogar das Preisschild war noch dran, darauf war der Originalpreis dick durchgestrichen und der ermäßigte Preis darunter gesetzt, wie das Geschäfte zu tun pflegen, um die Frauen anzulocken. Wahrscheinlich hatte meine Frau, wie ich sie kenne, das Kostüm dorthin gehängt, um den Ladengeruch auslüften zu lassen, sie war sehr ordentlich.

Auf dem Balkon sah ich das Kostüm zum ersten Mal mit Bewußtheit, es war von der Zimmerbeleuchtung angestrahlt. Ich erschrak sogar. ›Was soll denn das da?‹ fragte ich die Leute, die mich herbeigerufen hatten. Im ersten Augenblick dachte ich, daß vielleicht noch jemand bei uns zu Gast sei. An dies Kostüm, ich kann mir nicht helfen, das nie getragen worden war und nur höchstens einmal im Geschäft anprobiert wurde, und wie es da nun auf dem Balkon hing und leicht hin und her wehte, muß ich oft denken. Es war aus grobgewebtem Stoff, eine Art Tweed vermute ich, denn ich kenne mich da nicht aus, dunkelrot, und mit eingewebten Karos, möchte ich als Laie sagen.

Und noch einmal bitte ich um Verständnis, daß ich den Namen meiner Frau nicht nenne. Es geschieht nicht aus Heimlichtuerei, bestimmt nicht, und auch nicht aus falscher Sentimentalität oder gar aus Selbstbemitleidung, sondern ihretwegen. Ich habe eine unüberwindliche Scheu, anders kann man es nicht nennen, wenn auch einem Chemiker solche mystischen Gefühle schlecht anstehen, sie mit Namen wie eine Zeugin oder gar wie eine Angeklagte aufzurufen. Das hieße ja ihr die Schuld zuschieben wollen, um sich selber freizusprechen, und das wäre eine bodenlose Niedertracht. So behalte ich ihren Namen für mich, um sie vor allen billigen Vorwürfen zu schützen.

Und wer sagt uns, ob es nicht vielleicht schon viel zu anmaßend ist, überhaupt von Schuld zu sprechen, aber das müssen andre entscheiden.

Ich wurde morgens um 1 Uhr achtzehn über Sprechfunk gesucht. Die Uhrzeit steht genau fest, sie wurde bei uns immer sofort notiert. Ich wurde aufgefordert, sofort und auf schnellstem Wege nach Haus zu fahren, weil man mich dort brauchte. Mehr wurde über Sprechfunk nicht gesagt, doch die Andeutung genügte.

Ich saß in einem der Einsatzwagen, wir kamen gerade aus Wandsbek, einem Vorort von Hamburg, zurück. Hinten im Wagen hatten wir ein Opfer der Epidemie liegen, einen jungen Mann, der sich mit Cyankali umgebracht hatte, wie leicht am Mundgeruch festzustellen war, dazu bedurfte es keiner chemischen Kenntnisse. Woher er das Zeug hatte, das für einen gewöhnlichen Sterblichen nicht leicht zu beschaffen ist, das herauszufinden war nicht unsre Aufgabe, dafür waren andre Stellen zuständig, denn natürlich forschte man damals nach der Herkunft rezeptpflichtiger Gifte. Für uns war es nichts als ein Routinefall. Ein grausames Wort, das sehe ich ein, denn jeder Fall ist ein Einzel-

fall und keine Routine, doch man muß unsre damalige Lage in Betracht ziehen.
Mit Genehmigung der Zentrale brachte mich unser Einsatzwagen zu mir nach Haus, denn an sich war das nicht unser Stadtteil. Doch es kam nicht darauf an, ob wir unser Opfer eine halbe Stunde früher oder später im Leichenhaus ablieferten. Keiner der Kameraden sprach während der Fahrt etwas, sie hatten alle begriffen, um was es ging. Der Fahrer fuhr in rasendem Tempo durch die nächtlichen Straßen. Übrigens war es uns schon seit einiger Zeit untersagt, die Sirene zu benutzen, um die Bevölkerung nicht zu beunruhigen. Wir fuhren immer nur mit dem blauen Blinklicht.
Laut Fahrtenbuch kamen wir um 1 Uhr siebenundvierzig vor unserm Haus an. Ein andrer Einsatzwagen mit Blaulicht stand davor, und trotz der späten Stunde hatten sich auf der andern Straßenseite allerhand Zuschauer angesammelt. Das waren wir gewohnt. Vor allem aber fiel auf, daß sämtliche Fenster im Haus von oben bis unten hell erleuchtet waren, allerdings sah man auch in den Fenstern gegenüber Licht, wenn auch nicht so hell, und aus einigen beugten sich Gestalten heraus.
Ich bedankte mich bei den Kameraden und sprang aus dem Wagen, der sofort weiterfuhr. Wenn ich nicht irre, legte der, der neben mir gesessen hatte, noch seine Hand auf meinen Arm, bevor ich hinaussprang, doch gesagt hat keiner von ihnen etwas. Was sollte da jemand auch sagen, es wären nur Redensarten gewesen.
Die Leute, die da herumstanden, hielten mich für einen vom Bereitschaftsdienst, den man noch schnell aus irgendwelchen Gründen zu Hilfe gerufen hatte. Die Haustür stand weit offen, sie war durch einen Holzkeil festgestellt, damit sie nicht wieder zuschlug. Solche Holzkeile führten wir stets in den Einsatzwagen mit uns, sie hatten sich als praktisch erwiesen, vor allem wegen der Tragbahren.
Im Treppenhaus roch es nach Gas, ein mir von vielen Einsätzen nur zu bekannter Geruch.
Wir wohnten im zweiten Stock. Die Wohnungstüren standen überall offen, ob zur Lüftung oder nur, weil die Be-

wohner neugierig waren, läßt sich nicht mehr sagen. Auch das Dreiminutenlicht im Treppenhaus hatte jemand durch ein Streichholz festgeklemmt, so daß es nicht ausgehen konnte. Das taten wir immer.
Oben auf der Treppe zum dritten Stock standen auch Leute auf den Stufen, doch ein Polizist paßte auf, daß sie nicht weiter herunter kamen und sich in unsre Wohnung drängten. Auch mich wollte er zurückhalten, da er mich natürlich nicht kannte, aber jemand von der Treppe sagte: ›Das ist doch ihr Mann‹, und so ließ er mich durch.
Auf dem kleinen Flur mit der Garderobe kam mir der Arzt entgegen, er wollte gerade weggehen, seine Aufgabe war erledigt. Ich kannte ihn nicht, oder vielleicht kannte ich ihn doch, aber ich sah es an seiner Tasche, daß er der Arzt war. Ein junger Mann, kaum älter als ich. Die meisten Ärzte, die mit uns fuhren, waren junge Assistenzärzte, es war mehr eine Formsache, das sagte ich wohl schon, denn um den Tod festzustellen, brauchte man nicht Medizin studiert zu haben, das konnten wir selber.
Er sagte: ›Leider nichts mehr zu machen, mein Junge. Kommen Sie, trinken Sie erst einen Schnaps.‹ Er wollte mich tatsächlich erst in die Küche zum Kühlschrank lotsen, aber da hörte ich Musik aus dem Wohnzimmer. Operettenmusik, glaube ich, so spät nachts haben sie wohl so ein Programm im Radio. Ein Frauenzimmer sang einen von diesen altmodischen Schlagern. Zufällig kannte ich ihn, weil meine Mutter ihn manchmal am Küchenherd gesummt hatte, als wir noch Kinder waren.
›Was soll denn das‹? fragte ich den Arzt.
›Sie hat es wohl vorher angestellt, um Musik beim Einschlafen zu haben. Das geschieht zuweilen, das wissen Sie ja selbst. Wir haben alles so gelassen, bis Sie kommen. Na, stellen wir das Ding ab.‹
Ja, er sagte ›Einschlafen‹, das ist mir im Gedächtnis geblieben. Er blieb an meiner Seite, vermutlich hatte er Angst, ich würde umkippen. Erst als er merkte, daß nichts dergleichen zu befürchten war, ging er. Das war auch ganz in Ordnung, es gehörte nicht zu unsern Pflichten, uns auch

noch um die Angehörigen zu kümmern; dazu fehlte es uns an Zeit und dafür waren die Ärzte aus der näheren Umgebung da.
Alle Fenster standen offen, es war eine entsetzliche Zugluft. Und dabei war meine Frau doch so empfindlich gegen Zug, sie bekam so leicht Neuralgien davon, besonders auf der linken Seite des Gesichts. Wirklich, ich möchte den sehen, der bei so einer Gelegenheit umkippt. Man denkt an die Zugluft und auch an die Gardinen, die zum Fenster hinauswehen, wenn sie sich irgendwo festhaken, können sie leicht einen Riß kriegen. Und dazu noch die Lichtverschwendung in allen Zimmern. An was soll man denn sonst denken? Und vor allem liegt einem doch daran, daß all die fremden Leute endlich die Wohnung verlassen. Welch einen Schmutz tragen sie herein, man hat morgen nur die Arbeit davon, man wird gründlich Staubsaugen müssen. Auch die Wohnungstür müßte endlich wieder geschlossen werden, was geht die Nachbarn da auf der Treppe unser Privatleben an.
Dabei können wir noch von Glück sagen, daß nichts Schlimmeres passiert ist. Jeder weiß doch, wie leicht es zu einer Explosion kommen kann, wenn eine Wohnung voller Gas ist. Es sind schon ganze Häuser davon in die Luft geflogen. Es braucht nur einer auf den Klingelknopf zu drücken oder arglos das Licht anzuknipsen, schon springt der Funke über und es gibt eine Explosion. Uns vom Bereitschaftsdienst hatte man davor gewarnt, wir benutzten beim geringsten Verdacht von Gasvergiftung immer nur unsre Taschenlampen.
Meine Frau aber hatte den Kühlschrank laufen lassen, daran hatte sie wohl nicht mehr gedacht, obwohl sie sonst an alles gedacht hatte. Beim Anspringen des Kühlschranks hätte es leicht ein Unglück geben können, doch es war noch einmal gutgegangen, vielleicht auch deshalb, weil die Luft in der Küche nicht genügend mit Gas gesättigt war.
Die Mieter über uns, ein älteres Ehepaar, waren spät nach Haus gekommen wegen der Geburtstagsfeier bei ihrem Sohn. Ich kannte sie nur vom Grüßen auf der Treppe.

Sonst pflegten sie immer schon gegen elf zu Bett zu gehen, wir konnten es unten hören, wenn der Mann seine Stiefel auszog und hinstellte. Das Haus war sehr hellhörig, auch wir mußten uns oft wegen der Kinder entschuldigen. Das mit den beiden alten Leuten über uns hat man mir nachher erzählt, wahrscheinlich die Tante meiner Frau, denn ich selber habe nicht mit ihnen darüber gesprochen, wozu auch.
Ob sie schon im Treppenhaus den Gasgeruch bemerkt hatten oder erst oben in ihrer Wohnung, weiß ich nicht. Häufig dringt ja der Gasgeruch durch die Heizungsanlage oder die Wasserrohre und vor allem auch durch die Entlüftung in der Toilette nach oben. Jedenfalls waren die beiden beunruhigt, sie waren wieder einen Stock tiefer gegangen und hatten an unsrer Wohnungstür geklingelt. Ohne an die Gefahr zu denken, wie sollten sie auch, daraus kann man ihnen keinen Vorwurf machen. Sie haben dann auch noch an die Tür gepocht, da sie hörten, wie drinnen das Radio lief, das beunruhigte sie. Erst als niemand sich rührte, hatten sie die Polizei alarmiert, die dann sachgemäß vorging.
Daß es zu keinem größeren Unglück kam, ist allein der Sorgfalt meiner Frau zu verdanken, denn im Flur und in den übrigen Räumen gab es nicht genügend Gas, um zu einer Explosion zu führen.
Nur die Kammer in der sogenannten zweieinhalb Zimmer-Wohnung war vergast. Die Kammer, in der die Bettchen der Kinder standen und wo sie auch ihre Spielsachen hatten, lag direkt neben der Küche. Wir mußten nachts, wenn es in der Küche noch etwas zu hantieren gab, immer sehr leise sein, damit es die Kinder nicht weckte, denn die Zwischenwand war nur sehr dünn.
Nun besaßen wir einen schmalen roten Gummischlauch, er hing, soweit ich zurückdenken kann, seit jeher aufgerollt an einem Wandhaken im Keller. Nach meiner heutigen Schätzung wird er fünf oder sechs Meter lang gewesen sein, doch ich habe ihn nicht nachgemessen und habe ihn meines Wissens auch nie in der Hand gehabt. Meine Frau muß ihn schon mit in die Ehe gebracht haben, wozu sie ihn früher gebraucht hatte, könnte ich nicht sagen, vielleicht zu

irgendeinem altmodischen Wäsche- oder Einmachtopf. Der Schlauch gehörte eben zu den Dingen, die aus Gründen, die kein Mensch mehr feststellen kann, übrigbleiben, obwohl niemand Verwendung dafür hat. Es wäre wahrscheinlich besser, wenn man solche Dinge gleich wegwürfe.

Und wann meine Frau den Schlauch aus dem Keller geholt hat, ob erst in jener Nacht oder schon vorher, ist auch nie geklärt worden. Möglich, daß ich ihn wegen des Bereitschaftsdienstes und wegen meiner Müdigkeit nicht in der Wohnung beachtet hatte.

Diesen Schlauch hatte sie an den Hauptgashahn am Küchenherd angeschlossen. Wie sie das fertiggebracht hat, ist ein Rätsel, denn eine so große Spezialzange, um damit die Schraubenmutter am Zuleitungsrohr zu lösen, gab es in unserm Handwerkskasten nicht. Vielleicht hatte sie einmal beim Hausputz entdeckt, daß die Schraube nicht ganz fest angezogen war.

Sie hatte das eine Ende des Schlauches sogar etwas aufschneiden müssen, da er zu schmal war, um ihn über das Gewinde zu ziehen. Dort hatte sie ihn dann mit einem Bindfaden festgebunden, so daß er nicht abrutschen konnte, und sogar mit Leukoplast umwickelt, damit dort kein Gas ausströmte.

Die Männer vom Bereitschaftsdienst zeigten mir das alles, weil ich ja auch einer von ihnen war und in solchen Dingen einige Erfahrung hatte. Ich tat auch so, als ob ich zu ihrer Einsatzgruppe gehörte und mich das alles nur wegen des kurzen Berichts, den wir nachher aufsetzen mußten, interessierte. Das war das einfachste für sie und für mich, so brauchte niemand überflüssige Worte zu machen. Präzise Antworten auf präzise Fragen und damit Schluß. Vielleicht gibt es noch eine Akte über den Fall, doch das ist nicht meine Sache und geht nur die Behörden an.

Leukoplast hatten wir für alle Fälle immer in dem kleinen Apothekerschrank im Badezimmer liegen, die Schachtel, in der es sich befand, hatte meine Frau sorgsam wieder in das Schränkchen zurückgelegt. Aber im Abfalleimer neben dem Herd, das zeigten mir die Männer, wurden die Stramin-

fetzen gefunden, die sie von der Klebseite des Pflasters abgerissen hatte. Meine Frau ließ nichts herumliegen.
Den Schlauch hatte sie dann vorsichtig, damit er nicht vom Gasrohr abrutschte, von der Küche um den Türpfosten ins Nebenzimmer gelegt, das heißt in die Kammer, so weit reichte er gerade. Und zwar unter der Kammertür durch, dort klemmte er natürlich etwas, aber nicht genug, um das Ausströmen des Gases zu verhindern. Die Türen haben ja meistens unten einen Schlitz, damit sie sich auch schließen lassen, wenn man einen Läufer ausgelegt hat. Diesen Schlitz hatte meine Frau noch sorgfältig mit einem Stück grünen Schaumgummis abgedichtet. Es war der restliche Streifen von einem Sitzkissen für den Küchenstuhl; den Streifen wird sie aufgehoben haben, um gelegentlich das Balkonfenster damit abzudichten. So kam es also, daß sich das Gas nur in der Kammer ansammeln konnte, wodurch eine Explosion durch das Anspringen des Kühlschrankes verhütet wurde.
Die Kinder lagen friedlich in ihren Gitterbettchen. Meine Frau hatte daneben gesessen, und zwar in einem kleinen Korbsessel, in dem für gewöhnlich die Puppen und Teddys der Kinder saßen. Sie muß dann, als es so weit war, vom Stuhl geglitten sein. Als ich in die Wohnung kam, hatte man sie natürlich auf dem Boden ausgestreckt, um sie abzuhorchen und wegen etwaiger Wiederbelebungsversuche. Sie hatte ihren warmen blauen Morgenrock an und darunter nur ein Nachthemd. So wurde sie dann auch weggetragen, die beiden Kleinen auf derselben Tragbahre. Meine Frau wog nicht viel.
Wenn ich das alles so kaltschnäuzig erzähle, wird man annehmen, ich sei bereits abgestumpft gegen solche Tragödien gewesen, da ich ähnliches während meiner Tätigkeit reichlich zu sehen bekommen hatte. Das mag auch sein, doch ich glaube es nicht einmal, obwohl ich mich für meine Kühle nicht entschuldigen will. Der Grund dafür ist ein andrer. Es gab nämlich etwas weit Erschreckenderes, wenn der Ausdruck in diesem Zusammenhang erlaubt ist. Nicht meine Frau und die Kinder, wie sie da in der Kammer la-

gen, kommen mir vor Augen, wenn ich an das Unglück denke, dann schon eher das neue Kostüm, das auf dem Balkon hing, wie ich schon berichtete. Von dem andren, was ich das Erschreckendere nenne und was mich beinahe aus der Fassung brachte, spreche ich nur ungern, doch leider muß es wohl sein.

In der Küche war nämlich schon der Frühstückstisch für die Kinder gedeckt. Das tat meine Frau immer schon abends zuvor, da sie morgens mit dem Waschen und Anziehen der Kleinen genug zu tun hatte, und außerdem sollte ich nicht geweckt werden, da ich um die Zeit schlief.

Da stand also das Kindergeschirr auf dem Wachstuch bereit, die kleinen Suppenteller mit den Seehunden, die zum Vorschein kamen, wenn die Grütze ausgelöffelt war, und die Becher mit den Bären. Auch die beiden Lätze für die Kinder lagen ordentlich neben den Tellern, und selbstverständlich stand der Kinderstuhl für den Jüngsten am Tisch.

Um ein Haar hätte ich gerufen: ›Wer hat sich denn den schlechten Scherz erlaubt?‹, aber ich konnte es mir gerade noch verkneifen, denn es war doch klar, daß die Leute es so vorgefunden und so gelassen hatten. Wie sollten Fremde auch wissen, wie der Tisch gewöhnlich gedeckt wurde, welche Teller und so weiter und in welcher Tischschublade die Lätze für die Kinder lagen. Das hätte ich mir gleich sagen können, aber im ersten Augenblick war ich viel zu erschrocken.

Meine Frau muß demnach doch, während sie den Tisch für die Kinder deckte, des Glaubens gewesen sein, daß am nächsten Morgen alles so sein würde wie immer. Warum hätte sie sich sonst die Mühe gemacht? Erst danach muß die Ansteckung sie befallen haben, wenn es sich um Ansteckung handelt, was ja immer noch niemand weiß. Oder hat sie vielleicht im Radio etwas gehört, was den Stimmungsumschwung verursacht hat? Ich habe mir die Mühe gemacht, das Radioprogramm durchzusehen, aber nichts Besonderes für die entscheidenden Stunden entdeckt. Doch das besagt wenig, es kann ja irgendein Satz gefallen sein, auf den niemand sonst achtet, ein ganz nebensächlicher Satz, der alles

zum Einstürzen bringt. Das soll vorkommen. Dem Rundfunk kann man deswegen keine Vorwürfe machen.
Und warum hat meine Frau den Tisch mit dem Kindergeschirr nicht wieder abgedeckt, als sie andern Sinnes wurde? Sie war doch sonst in allen Dingen auf Ordnung bedacht und tat lieber einen Gang zuviel. Hat sie es vergessen, weil sie mit der Befestigung des Schlauches zu viel zu tun hatte?
Wir werden das nie wissen. Die Frage bleibt offen, und das ist von allem das Erschreckendste.

1973

Die Vorladung

Es war von einem Mann die Rede, der eine Vorladung vom Gericht erhielt. Eines Morgens kam sie mit der Post, vielleicht mit der Einschreibepost und der Mann mußte zur Wohnungstür gehen, um die Quittung zu unterschreiben. Er saß noch am Frühstückstisch und sagte: ›Damit habe ich schon lange gerechnet‹, und seine Frau sagte ... ja, er hatte eine Frau und sie saß auch am Frühstückstisch ... sie sagte: ›Aber das kann doch nur ein Irrtum sein, eine Namensverwechslung. Ich werde gleich mit der Gerichtskanzlei telefonieren.‹ Doch er ließ sie nicht telefonieren, er sagte immer nur: ›Damit war zu rechnen.‹ Da schalt sie natürlich mit ihm, warum er ihr nie etwas davon gesagt habe, und überhaupt, wie stehe sie nun da, und was er ihr sonst wohl noch verheimliche.

Der Mann geht pünktlich zum Gericht, denn ein Gericht darf man nicht warten lassen, das kostet Geld. Seine Angehörigen begleiten ihn und sprechen ihm Mut zu. ›Es wird sich nur um eine Zeugenaussage handeln‹, trösten sie ihn. Er bleibt noch einen Augenblick auf den Stufen, die zum Portal des Gerichtsgebäudes führen, stehen und sagt: ›Vielen Dank, daß ihr mich bis dahin begleitet habt.‹ Denn die Anderen dürfen nicht mit hinein, seiner Frau sagt man sogar, es sei kein Platz mehr, alles besetzt! ›Ich werde mich beschweren‹, ruft sie, doch dem Wärter imponiert das nicht. ›Tun Sie das nur‹, sagt er und besieht sich die Vorladung, die der Mann ihm hinhält. ›Ja, ganz recht. Kommen Sie bitte.‹ Er nimmt etwas Haltung ein, als er die Vorladung sieht und ruft einen andern Beamten, der unsern Mann führen soll. Er wird eine Treppe hinaufgeführt und dann einen langen Gang mit lauter Türen hinunter und dann um die Ecke noch einen langen Gang. ›Wie riecht das hier?‹ fragt der Mann den Beamten, der es eilig zu haben scheint, ›das riecht hier ja wie früher in der Schule.‹ ›Das liegt am Bohnerwachs‹, sagt der Beamte, ›die Putzfrauen in den Schulen brauchen wohl dasselbe Zeug.‹ Auf dem Gang vor den Flügeltüren zum großen Verhandlungssaal drängen sich schon viele Leute und stehen da Schlange. Sie scheinen unsern Mann zu erkennen und es entsteht eine gewisse Unruhe; sie stoßen sich an und blicken voller Achtung zu ihm hin. Er will sich dort anstellen, denn man darf sich ja nicht vordrängen, aber das erlaubt ihm der Beamte nicht. ›Ich möchte nicht gern wegen Unpünktlichkeit bestraft werden‹, wehrt sich unser Mann, doch der Beamte zerrt ihn weiter und so muß er ihm folgen. Der Geruch hat ihn schon ganz wehrlos gemacht. Wieviele kahle Korridore gibt es da nur in dem Gebäude, und überall Türen und niemand weiß, was dahinter vor sich geht. Die beiden müssen nämlich den ganzen langen Korridor hinunter gehen und dann noch einmal um die Ecke, bis sie endlich vor eine Tür gelangen, die mit Schnitzereien verziert ist und einen Messinggriff hat, alles sehr würdig, wenn auch etwas altmodisch. Der Beamte reißt die Tür auf und sagt: ›Bitte!‹ Unser Mann stutzt. Er sieht sofort, daß es sich nur um den Raum hinter dem großen Verhandlungssaal handeln kann, in dem die Richter sich ausruhen, wenn eine Pause ist. Sogar ein Teppich liegt da, wenn auch schon ziemlich abgetreten. Das kann doch nur ein Irrtum sein, denkt unser Mann, sollte meine Frau doch recht haben? Oder sind irgendwelche Papiere auf der Post verloren gegangen? Das kommt ja vor, wenn auch nicht oft; außerdem glaubt einem das niemand, man wird es für eine faule Ausrede halten. Was soll unser Mann machen? Der große Saal scheint schon voll zu sein, man hört Gemurmel, Räuspern und Stühleschurren. Irgendjemand schnupft sich da aus und es klingt wie ein Trompetenstoß. ›Bitte!‹ sagt der Beamte noch einmal, doch schon sehr viel dringlicher. Unser Mann will ihm alles erklären, denn noch scheint es dafür nicht zu spät zu sein. Aber der Beamte ist nicht für Erklärungen zu haben, er wird richtig ungeduldig und zupft ihn am Ärmel des Talars. Ja, man hat ihm eine Robe übergeworfen, er hat es gar nicht gemerkt, so leicht ist der Stoff. Nur die Ärmel sind komisch, man muß aufpassen, daß man damit nicht irgendwo hängen bleibt.

Es ist keine Zeit mehr, sich darüber zu wundern, man darf die Leute nicht länger warten lassen. Sie warten auf den Richter, und selbst, wenn alles nur ein Irrtum ist, ohne Richter geht es nun einmal nicht. So schreitet denn unser Mann langsam und würdig über das Podium zum Richtertisch, alles steht auf und er sagt: ›Im Namen des Volkes!‹ oder auch: ›Im Namen der Gerechtigkeit!‹ oder vielleicht auch: ›Im Namen Gottes!‹, ganz gleich, wie es gerade Mode ist. Damit nimmt er auf dem großen Lehnstuhl, den ihm der Beamte zurechtschiebt, Platz und die Verhandlung kann beginnen.
Der Staatsanwalt spricht und tut sehr entrüstet, der Verteidiger spricht dagegen, Zeugen werden vernommen, alles wie es sich gehört und wie man es im Kino gesehen hat. Unser Mann hat ein dickes Aktenbündel vor sich liegen, blättert darin und macht sich Bleistiftnotizen, wie im Kino. Dann und wann beugt er sich zu einem der Beisitzer und flüstert mit ihm, auch das ist im Kino so. Denn die Akten kennt unser Mann auswendig, er weiß sogar mehr über den Fall als darin steht. Wozu das Hinziehen, denkt er die ganze Zeit, wenn doch endlich Schluß wäre. Nur zu dem Angeklagten blickt er nicht hin, denn der, das ist klar, denkt ja auch: Wozu das Hinziehen?, und sie würden beide grinsen, das aber hat man im Kino noch nie gesehen. Einmal hört unser Mann eine Mädchenstimme aus dem Zeugenstand sagen: Ich habe ihn immer für einen anständigen Menschen gehalten, ich komme gar nicht darüber hinweg und kann es auch jetzt noch nicht glauben. Sieh mal an, du armes Ding, du hast mich also für anständig gehalten, denkt unser Mann und der Angeklagte denkt es auch, das ist klar, aber nur jetzt nicht hinblicken, einer von uns würde ausrufen: Wollen wir tauschen? Oder denkt der Angeklagte gar: Das könnte dir so passen, Bruder. Nur ein steinernes Gesicht machen, wie im Kino. Der Verteidiger macht inzwischen viel Wesens von der Aussage des Mädchens. Hören Sie doch auf, Herr Verteidiger! das sind doch alles Kniffe, mit denen sie keinen Hund hinter dem Ofen hervorlocken. Und der Staatsanwalt wettert dagegen, daß so

ein Individuum eine Gefahr für unsre Gemeinschaft bedeute und daß wir an unsre Kinder denken müßten. Hören Sie doch endlich auf, Herr Staatsanwalt, das mit der Gemeinschaft und den Kindern haben wir schon hundertmal gehört, damit treiben Sie die Leute nur aus dem Kino.
Endlich haben alle genug geredet und so kommt es zum Urteil. Unser Mann muß aufstehen, um es zu verkünden. Auch der Angeklagte muß aufstehen und denkt: Tu mir nicht den Tort an mit deinen mildernden Umständen, Bruder, ich möchte endlich den ganzen Schwindel los sein. Und unser Mann tut ihm den Gefallen und verkündet: Keine Berufungsmöglichkeit! Keine Bewährungsfrist! Alle im Saal sind sehr befriedigt. Endlich ein klares Urteil, heißt es, ohne all den psychologischen Quatsch. Es gibt noch eine Gerechtigkeit. Und auch der Angeklagte ist befriedigt, denn als er abgeführt wird, treffen sich die Blicke mit unserm Mann. Na endlich, Bruder, vielen Dank auch. Ich mache es mal wieder gut.
Die Angehörigen unsres Mannes warten schon auf ihn vor dem Gerichtsgebäude und sagen: Das hast du großartig gemacht. Und seine Frau, die sich doch noch irgendwie in den Gerichtssaal gedrängt hat, sagt zu ihm, während sie ihn unterhakt und mit sich fortzieht: Ich bin richtig stolz auf dich. Schnell nach Haus, sonst brennt das Essen an. Es gibt dein Leibgericht.
Sie leisten sich eine Taxe, um schneller nach Haus zu kommen, und als die Taxe halten muß, weil die Verkehrsampel an der Straßenkreuzung auf Rot steht, da fällt unserm Mann, wie es einem so gehen kann, ein Vers ein, den er einmal im Theater von einem Hanswurst gehört hat, und der Vers lautet:

> . . . Ach, Mutter, etwas mehr als täglich
> Ein reines Oberhemd begehrt mein Herz.

Da muß unser Mann lachen, und als seine Frau fragt: Warum lachst du?, sagt er: ›Ich freue mich schon auf mein Leibgericht.‹ Und da fährt die Taxe auch schon wieder an.

1975

Anhang

Editorische Notiz

Das vorliegende Buch bietet dem Leser die Möglichkeit, sich des umfangreichen Werkes Hans Erich Nossacks bewußt zu werden. Dem Kenner des späten Werkes stellt es Neues vor: bisher unveröffentlichte Briefe aus den Jahren 1943 bis 1955 sowie die frühe, bisher unveröffentlichte Erzählung ›Dieser Andere‹. Außerdem erinnert es ihn an Gedichte, die vielleicht vergessen waren. Dem Leser, für den es gilt, das Werk noch zu entdecken, gibt es eine Übersicht an die Hand, die einen Zeitraum von mehr als 30 Jahren umfaßt.

Die Briefe am Anfang des Bandes stellen den Zusammenhang zu dem her, was vor dem ›Untergang‹ Hamburgs im Jahre 1943 war und als endgültig verloren angesehen werden muß, und dem, was darauf und daraus folgt: Vernichtung als Voraussetzung für Neubeginn; Hoffnung, die sich artikuliert. Bei Nossack, der hartnäckig über den allenthalben spürbaren Zusammenhang zwischen seiner Literatur und seiner Biographie geschwiegen hat, werden diese Briefe zur wichtigen Verständnishilfe für den Leser.

Nossack selbst hat der Veröffentlichung dieser Briefe nur zögernd zugestimmt. »Ich bin doch noch nicht tot!« war seine erste Reaktion auf den Publikationsvorschlag. Dennoch kam die Veröffentlichung schließlich im Einvernehmen mit dem Autor zustande. Gemeinsam mit dem Herausgeber zugrundegelegtes Auswahlkriterium war dabei die Frage: Was leisten die Briefe über die Beschreibung privater Verhältnisse hinaus für das Verständnis der Zeit und für das Verständnis des Werks, das daraus entsteht? Die unter diesem Aspekt ausgewählten Briefe wurden so weit wie möglich vollständig wiedergegeben, und zwar in der ursprünglichen Schreibweise und Zeichensetzung. Lediglich eindeutige Schreibfehler sowie sinnentstellende Satzzeichen wurden korrigiert. Kürzungen, die der Herausgeber im Einvernehmen mit dem Autor in einzelnen Briefen vorgenommen hat, sind durch Punkte in eckigen Klammern ausgewiesen. Weggelassen wurden dabei in der Regel Passagen, die wegen ihres privaten Inhalts nach den oben genannten Auswahlkriterien verzichtbar sind.

Die ausgewählten Gedichte entstanden alle in den Jahren 1941–1942. Die 1947 erschienene Sammlung ›Gedichte‹ wurde seither nicht wieder aufgelegt. Lediglich das Gedicht ›Der Angeklagte hat das Wort‹ erschien nicht in der Sammlung.

Die Prosatexte dieses Bandes sind in der Chronologie ihres Entstehens, nicht ihres Erscheinens, abgedruckt: ›Der Untergang‹ als der erste Versuch nach der Zerstörung Hamburgs und dem Verlust der eigenen Vergangenheit, die historische Situation zu erfassen und schreibend den Anschluß an sich selbst zu finden. Dann ›Dieser Andere‹, ein 1949 geschriebener, bisher unveröffentlichter Text. Inhaltlich schließt er dicht an die Erzählungen im ›Interview mit dem Tode‹ an und weist voraus auf ›Der jüngere Bruder‹ und andere Arbeiten, in denen die Suche nach dem eigenen Ich beschrieben wird. Außerdem Prosaarbeiten, die weniger leicht zugänglich publiziert sind, wie ›Ankunft in Aporée‹, ›Image 71‹ und ›In Quarantäne‹. Und schließlich Texte, die vom Herausgeber aus ihrem ursprünglichen Romanzusammenhang herausgelöst wurden und hier unter Titeln aufgenommen werden, die der Autor zur Verfügung gestellt hat: ›Wie sonst‹, ›Das Herbstkostüm‹ und ›Die Vorladung‹ – ein Verfahren, das sich von der episodischen Struktur von Nossacks gesamtem Werk, auch der Romane, her rechtfertigt.

Die Bibliographie verzeichnet in chronologischer Nennung alle Erstveröffentlichungen von Einzelpublikationen sowie alle Buchpublikationen von Hans Erich Nossack.

Christof Schmid

Bibliographie

zusammengestellt von
Anke und Christof Schmid

Verzeichnet sind alle Erstveröffentlichungen sowie alle Buchpublikationen (Kapitälchen) in der Chronologie ihres Erscheinens.

1944

1 Die Botschaft (= Der Flüchtling). Gedicht. In: Die Neue Rundschau. Berlin 1944. S. 79

1946

2 War es Eurydice? In: Sie. Berlin, 3. März 1946

3 Das Märchenbuch. In: Weser-Kurier. Bremen, Mai 1946

4 Der Tod des Pegasus. Zu einem Bild von Caspar Neher. In: Die Zeit. Hamburg, Mai 1946

5 Bericht eines Marsbewohners über die Menschen. In: Wiesbadener Kurier. Wiesbaden, 23. Oktober 1946

1947

6 GEDICHTE. Krüger Verlag. Hamburg 1947. 77 S.

7 NEKYIA. Bericht eines Überlebenden. Krüger Verlag. Hamburg 1947. 138 S. Vergl. Nr. 86

8 Der Jüngling aus dem Meer. In: Merkur. Baden-Baden 1947. S. 716–732

9 Die Rotte Kain. Szenen aus dem ersten Akt des Schauspiels. In: Die Wandlung. Hamburg 1947. H. 1, S. 17–30. Vergl. Nr. 12

1948

10 INTERVIEW MIT DEM TODE. Krüger Verlag. Hamburg 1948. 263 S. Vergl. Nr. 17 und Nr. 104

11 Odysseus interviewt Kassandra. Aus den Jugenderinnerungen des Telemach. In: Karussell. Februar 1948. S. 33–36

1949

12 DIE ROTTE KAIN. Schauspiel in drei Akten. Krüger Verlag. Hamburg 1949. 87 S. Vergl. Nr. 9

13 Bekenntnis zu Europa. Zu Overhoffs Europäischen Inschriften. In: Die Welt. Hamburg, 2. Juni 1949
14 Rat an eine Leserin. In: Die Welt am Sonntag. Hamburg, 5. Juni 1949
15 Die Kostenrechnung. In: Weltstimmen. Dezember 1949. H. 3, S. 133–135
16 Meister des Gleichnisses. Hermann Kasack: ›Der Webstuhl‹. In: Die Welt am Sonntag. Hamburg, 18. Dezember 1949

1950

17 Dorothea (= 2. Aufl. von: Interview mit dem Tode). Krüger Verlag. Hamburg 1950. Vergl. Nr. 10 und Nr. 104
18 Publikum und Dichter. Rede zur Hamburger Buchausstellung 1949. In: Neues Hamburg. Zeugnisse vom Wiederaufbau der Hansestadt. Hrsg. von Erich Lüth. Hammerich und Lesser Verlag. Hamburg 1950. S. 42–50
19 Empören Sie sich! Zu Hans Henny Jahnns Trilogie: ›Fluß ohne Ufer‹. In: Die Welt am Sonntag. Hamburg, 7. Mai 1950
20 Dichten als biologische Funktion? In: Jahrbuch der Akademie der Wissenschaften und der Literatur in Mainz. Steiner Verlag. Wiesbaden 1950. S. 98 f. (Inhaltsreferat)

1951

21 Die Antwort ist Schweigen. Nachmittägliche Zwischenbemerkung. In: Die Welt. Hamburg, 29. Januar 1951
22 Begegnung im Vorraum. In: Die Neue Zeitung. München, 24. März 1951. Vergl. Nr. 71 und Nr. 102
23 Drei Miniaturen. In: Blätter des Hessischen Staatstheaters. Wiesbaden 1951/52. H. 5
24 Das Mal. In: Merkur. Baden-Baden 1951. S. 565–574. Vergl. Nr. 125
25 Die nächsten in der Reihe sind wir. In: Die Neue Zeitung. München, 19. Dezember 1951
26 Vater ist nicht von dort. In: Minotaurus. Dichtung unter den Hufen von Staat und Industrie. Hrsg. von Alfred Döblin. Franz Steiner Verlag. Wiesbaden o. J. (1951). S. 305–308
27 Albtraum vom Fahrstuhl. In: Minotaurus. Dichtung unter

den Hufen von Staat und Industrie. Hrsg. von Alfred Döblin. Franz Steiner Verlag. Wiesbaden o. J. (1951). S. 302–304

28 Das Eigenleben von Manuskripten. In: Wiesbadener Kurier. Wiesbaden, 16. November 1951

29 Die Rotte Kain. Vorwort des Autors. In: Blätter des Hessischen Staatstheaters. Wiesbaden 1951/52. H. 5

1952

30 Der Unbekannte wird gebeten ... In: Die Neue Zeitung. München, 13. März 1952

31 Unsterbliche Kassandra. Eine kleine Elegie. In: Die Welt am Sonntag. Hamburg, 23. März 1952

32 Die Straße mit den vielen Balkons. In: Die Neue Zeitung. München, 23. Mai 1952

33 Wer dachte an Schokolade? In: Die Neue Zeitung. München, 12. August 1952

34 Vater ist allein. Aus einem unveröffentlichten Roman. In: Die Welt. Hamburg, 1. November 1952

35 Früher war hier eine Brücke. In: Die Neue Zeitung. München, 24./25./26. Dezember 1952

36 Nationalhymne der Opportunisten. In: Blätter des Hessischen Staatstheaters. Wiesbaden 1952/53. H. 8

37 Mehr darf man nicht davon verraten. In: Fünf Fenster. Jahrbuch der Freien Akademie der Künste in Hamburg. Hamburg 1952. S. 77–82

38 Die Begnadigung. In: Diesseits des Himmels. Deutsche Prosa der Gegenwart. Hrsg. von Guenter Klingmann. Agentur des Rauhen Hauses. Hamburg 1952. S. 53–88. Vergl. Nr. 54

39 Eine Apologie des Menschen. Versuch über Heinz Risse. In: Neue literarische Welt. Darmstadt, 10. September 1952. Nr. 17, S. 3

40 Warum ich protestiere. Zum Gesetz über den Vertrieb jugendgefährdender Schriften. In: Die Neue Zeitung. München, 8. Oktober 1952

41 Interview mit einer Nebenfigur. In: Mont Sartre. Almanach auf das 28. große Hamburger Künstlerfest. Hrsg. im Auftrag der Hamburger Künstlerfeste e. V. von Erich Lüth. Hamburg 1952. S. 53 f.

42 Die Hauptprobe. Vorbemerkung des Autors. In: Blätter des Hessischen Staatstheaters. Wiesbaden 1952/53. H. 8

1953

43 Auf und ab gehen, vielleicht auf Strümpfen ... In: Kristall. September 1953

1954

44 Im Rasthaus. In: Im Rasthaus. 32 Erzählungen aus dieser Zeit. Hrsg. von Walter Karsch. Berlin 1954. S. 274–301

45 Der Nachruf. In: Akzente. Köln/München 1954. H. 6, S. 486–504

46 Aus den Akten der Kanzlei Sr. Exz. des Premierministers Tod. In: Halt! Station Himmel. Almanach zum Hamburger Presseball. Hamburg 1954. S. 7

47 Die dichterische Substanz im Menschen. Ansprache zur Eröffnung der Woche des Buchs am 14. Oktober im Neuen Stadttheater in Kiel. In: Jahrbuch der Akademie der Wissenschaften und der Literatur in Mainz. Steiner Verlag. Wiesbaden 1954. S. 315–321

48 Die Fuge wozu? In: Hans Henny Jahnn. Zusammengestellt von Rolf Italiaander im Auftrag der Freien Akademie der Künste in Hamburg aus Anlaß von Hans Henny Jahnns 60. Geburtstag. Hamburg 1954. S. 32–36

49 Fluß ohne Ufer. Zum 60. Geburtstag von Hans Henny Jahnn. In: Hamburger Anzeiger. Hamburg, 16. Dezember 1954

1955

50 Die Hauptprobe. Eine tragödienhafte Burleske mit zwei Pausen. (Gekürzter Vorabdruck) In: Sinn und Form. Berlin 1955. H. 2, S. 220–268. Vergl. Nr. 58

51 SPÄTESTENS IM NOVEMBER. Roman. Suhrkamp Verlag. Frankfurt am Main/Berlin 1955. 400 S. Vergl. Nr. 103, Nr. 145 und Nr. 174

52 Der Neugierige. In: Merkur. Stuttgart/München 1955. S. 49–77. Vergl. Nr. 53 und Nr. 105

53 DER NEUGIERIGE. Langen-Müller Verlag. München 1955. 67 S. Vergl. Nr. 52 und Nr. 105

54 Die begnadigung. Bibliophile Ausgabe. Kurt Bösch Presse. Zürich 1955. 40 S. Vergl. Nr. 38

55 Vorwort zu ›Thomas Chatterton‹ von Hans Henny Jahnn. In: Akzente. München 1955. S. 152–155

1956

56 Spirale. Roman einer schlaflosen Nacht. Suhrkamp Verlag. Frankfurt am Main 1956. 372 S. Vergl. Nr. 175

57 Unmögliche Beweisaufnahme. Suhrkamp Verlag. Frankfurt am Main 1956 = Bibliothek Suhrkamp Bd. 49. 212 S.

58 Die Hauptprobe. Eine tragödienhafte Burleske mit zwei Pausen. Luchterhand Verlag. Neuwied/Rhein und Spandau 1956 = Mainzer Reihe. Hrsg. von der Akademie der Wissenschaften und der Literatur in Mainz. Bd. 3. 104 S. Vergl. Nr. 50

59 Das Wiedersehen. In: Merkur. Stuttgart/München 1956. S. 670–696

60 Über den Einsatz. Abhandlungen der Klasse der Literatur der Akademie der Wissenschaften und der Literatur in Mainz. Jahrgang 1956. Nr. 3, S. 51–69

61 Die wirkliche Wirklichkeit. In: Das Parlament. Hamburg, 19. September 1956

1957

62 An der Straße nach Weimar. In: Jahresring. Stuttgart. Jahrgang 1957/58. S. 202–233

63 Die drei Parzen. In: Augsburger Allgemeine. Augsburg, 26. Oktober 1957

64 Daran glaube ich. In: Kristall. 1957. H. 15, III. Quartal, S. 894–895

65 Der Weg ins Verschweigen. In: Was halten Sie vom Christentum? 18 Antworten auf eine Frage. Hrsg. von K. Deschner. List Verlag. München 1957 = List-Bücher Bd. 105, S. 25 bis 32

66 Nachts um halbeins. In: Herrliches Hamburg. Hrsg. von Rolf Italiaander. Broschek Verlag. Hamburg 1957. S. 260 bis 261

67 Juli 1943. In: Herrliches Hamburg. Hrsg. von Rolf Italiaander. Broschek Verlag. Hamburg 1957. S. 173–180

68 Kurze Autobiographie. Unter dem Pseudonym Berthold Möncken. In: Das Einhorn. Jahrbuch der Freien Akademie der Künste in Hamburg. Hamburg 1957. S. 132–134

1958

69 DER JÜNGERE BRUDER. Roman. Suhrkamp Verlag. Frankfurt am Main 1958. 388 S. Vergl. Nr. 118, Nr. 127 und Nr. 184

70 Gespräch im Künstlerlokal ›Aporée‹. In: Dichten und Trachten. Suhrkamp Verlag. Frankfurt am Main. Herbst 1958. S. 21–24

71 BEGEGNUNG IM VORRAUM. Zwei Erzählungen. Oltener Bücherfreunde. St. Gallen 1958 (Bibliophile Ausgabe). Vergl. Nr. 22 und Nr. 102.

72 Der Angeklagte hat das Wort. Gedicht. In: Elbe. Jahrbuch der Freien Akademie der Künste in Hamburg. Hamburg 1958. S. 47–48

73 Das Hohe-Lied der Kleinstadt. Zu Sherwood Anderson: ›Winesburg/Ohio‹. In: Dichten und Trachten. Suhrkamp Verlag. Frankfurt am Main 1958. 1. Halbjahr, S. 66–70

74 Liebe Kollegen von 1988! In: Tagesspiegel. Berlin, 25. Dezember 1958

75 Über Hans Henny Jahnn. In: Leseproben und Urteile zu Hans Henny Jahnn: ›Perudja‹. Europäische Verlagsanstalt. Frankfurt am Main 1958. S. 119

1959

76 Helios GmbH. In: Merkur. Stuttgart/München 1959. S. 946 bis 962

77 Freizeitliteratur. Eine Fastenpredigt. Abhandlungen der Klasse der Literatur der Akademie der Wissenschaften und der Literatur in Mainz. Steiner Verlag. Wiesbaden 1959. Jahrgang 1959, H. 3

78 In memoriam Peter Suhrkamp. In: In memoriam Peter Suhrkamp. Hrsg. von S. Unseld. Suhrkamp Verlag. Frankfurt am Main 1959. S. 52–58

79 Kurzbeitrag in: Hommage an Hans Henny Jahnn am

17. Dezember 1959. In: Blätter und Bilder. Würzburg/Wien. November/Dezember 1959, S. 5–16

1960

80 Ameisen! Ameisen! In: Merkur. Stuttgart/München 1960. S. 240–249

81 Mein Gedicht. In: Die Zeit. Hamburg, 10. Juni 1960

82 Das Alltagsdasein von Büchern. In: Jahrbuch der Akademie der Wissenschaften und der Literatur in Mainz. Steiner Verlag. Wiesbaden 1960. S. 215–229

83 Nachruf auf Hans Henny Jahnn. In: Jahresring. Stuttgart 1960/61. S. 323–328

84 Rede am Grabe. Nachruf auf Hans Henny Jahnn. Für die Freie Akademie der Künste in Hamburg. Europäische Verlagsanstalt. Frankfurt am Main 1960

1961

85 Nach dem letzten Aufstand Ein Bericht. Suhrkamp Verlag. Frankfurt am Main 1961. 367 S.

86 Nekyia. Bericht eines Überlebenden. Suhrkamp Verlag. Frankfurt am Main 1961 = Bibliothek Suhrkamp Bd. 72. 154 S. Vergl. Nr. 7

87 Interesse an einer Konstellation. Zu: Nach dem letzten Aufstand. In: Deutsche Zeitung. Stuttgart, 19. Oktober 1961

88 Der Untergang. Suhrkamp Verlag. Frankfurt am Main 1961 = suhrkamp texte Bd. 9. 63 S. Vergl. Nr. 106

89 Rede in Neu-Delhi. Gehalten auf englisch anläßlich des Tagory-Centenary. In: Unilit. Secunderabad 1961. Nr. 2

90 Kleine Ansprache. In: Merkur. Stuttgart/München 1961. S. 497–500

91 So lebte er hin ... Rede zur Verleihung des Georg-Büchner-Preises. In: Merkur. Stuttgart/München 1961. S. 1001–1008

92 Zwischen imperialistischen Systemen. In: alternative. Oktober 1961. S. 100

93 ›Wo diese schweigen, werden die Steine schreien.‹ (Lukas 19,40). In: Der Kurier. Berlin, 23. Dezember 1961

94 Der Weg nach draußen. In: Traditionen. Jahrbuch der

Freien Akademie der Künste in Hamburg. Hamburg 1961, S. 35–39

95 Am Grabe von Joachim Moras. In: Merkur. Stuttgart/München 1961. S. 401–402

1962

96 Zwei Etüden. In: Merkur. Stuttgart/München 1962. S. 1129 bis 1143

97 Eine Sache, die stimmen muß. In: Darmstädter Echo. Darmstadt, 24. Dezember 1962

98 Der Mensch in der heutigen Literatur. Vortrag. Gehalten 1962 an der Universität Heidelberg. In: Jahresring. Stuttgart 1962/63. S. 44–60

99 Strickwaren für Neger – Ist unsere Literatur arbeiterfremd? In: Merkur. Stuttgart/München 1962. S. 993–996

100 Georg Christoph Lichtenberg: ›Gedanken zur Zeit‹. Ausgewählt und mit einem Nachwort versehen von Hans Erich Nossack. Bibliophile Ausgabe. Kurt Bösch Presse. Zürich 1962. 45 S.

101 Ein Interview. In: Werkstattgespräche mit Schriftstellern. Geführt von Horst Bienek. Hanser Verlag. München 1962. S. 70–84

1963

102 Begegnung im Vorraum. Erzählungen. Suhrkamp Verlag. Frankfurt am Main 1963 = Bücher der Neunzehn. Bd. 97. 438 S. Vergl. Nr. 22 und Nr. 71

103 Spätestens im November. Deutscher Taschenbuch Verlag. München 1963. Bd. 162. 194 S. Vergl. Nr. 51, Nr. 145 und Nr. 174

104 Interview mit dem Tode. Suhrkamp Verlag. Frankfurt am Main 1963 = Bibliothek Suhrkamp Bd. 117. 258 S. Vergl. Nr. 10 und Nr. 17

105 Der Neugierige. Suhrkamp Verlag. Frankfurt am Main 1963 = edition suhrkamp Bd. 45. 80 S. Vergl. Nr. 52 und Nr. 53

106 Der Untergang. Suhrkamp Verlag. Frankfurt am Main 1963 = edition suhrkamp Bd. 19. 88 S. Vergl. Nr. 88

107 Ein Sonderfall. Schauspiel in fünf Akten. Luchterhand

Verlag. Neuwied/Berlin 1963 = Mainzer Reihe. Hrsg. von der Akademie der Wissenschaften und der Literatur in Mainz. Bd. 19. 82 S.

108 Töte deinen Feind. In: Akzente. München 1963. S. 8–15

109 Gespräch vor der Katastrophe. In: Antworten. Jahrbuch der Freien Akademie der Künste in Hamburg. Hamburg 1963. S. 51–60

110 Viktoria. In: Neue Deutsche Hefte. Berlin, Dezember 1963. S. 5–13

111 Im Anblick eines Schädels. In: Antworten. Jahrbuch der Freien Akademie der Künste in Hamburg. Hamburg 1963. S. 60–63

112 Brief eines Schriftstellers an seine Romanfigur. In: Konkret. Hamburg, April 1963, S. 17

113 Schwierigkeiten beim Schreiben der Wahrheit. Das Warum ist wichtiger als das Was. In: Die Zeit. Hamburg, 26. Juli 1963

114 Es ist schade um die Menschen. Ansprache zur Eröffnung der Frankfurter Buchmesse 1963. In: Jahrbuch der Raabe-Gesellschaft. 1963. S. 103–111

1964

115 Das Testament des Lucius Eurinus. Bibliophile Ausgabe. Kurt Bösch Presse. Zürich 1964. 66 S. Vergl. Nr. 126

116 Das kennt man. Erzählung. Suhrkamp Verlag. Frankfurt am Main 1964. 186 S.

117 Die Übergabe des Manuskripts. Aus einem unveröffentlichten Epilog. Zu: Das kennt man. In: Dichten und Trachten. Suhrkamp Verlag. Frankfurt am Main 1964. 2. Halbjahr, S. 24–27

118 Der jüngere Bruder. Roman. C. A. Koch's Verlag für die Deutsche Buchgemeinschaft. Darmstadt 1964. 386 S. Vergl. Nr. 69, Nr. 127 und Nr. 184

119 Sechs Etüden. Insel Verlag. Frankfurt am Main 1964 = Insel-Bücherei Bd. 805. 59 S.

120 Der Kelte. In: Merkur. Stuttgart/München 1964. S. 160 bis 163

121 Menschliches Versagen. Rede zum Wilhelm-Raabe-Preis.

Gehalten 1963 in Braunschweig. In: Jahresring. Stuttgart 1964/65. S. 237–247

122 Autorenwitwen. In: Magnum. Jahresheft 1964. S. 64

123 Wir Intellektuelle. In: Merkur. Stuttgart/München 1964. S. 657–660

124 Falsche Ehren. Gehbehinderter, greif zur Feder. In: Merkur. Stuttgart/München 1964. S. 1208–1209

1965

125 Das Mal und andere Erzählungen. Suhrkamp Verlag. Frankfurt am Main 1965 = edition suhrkamp Bd. 97. 135 S. Vergl. Nr. 24

126 Das Testament des Lucius Eurinus. Suhrkamp Verlag. Frankfurt am Main 1965 = edition suhrkamp Bd. 117. 100 S. Vergl. Nr. 115

127 Der jüngere Bruder. Roman. Knaur Verlag. München 1965. Bd. 43. Vergl. Nr. 69, Nr. 118 und Nr. 184

128 Das Geländer. In: 1945. Ein Jahr in Dichtung und Bericht. Hrsg. von Hans Rauschning. Fischer Verlag. Frankfurt am Main 1965. S. 214–227

129 Entschuldigen Sie bitte vielmals. In: Die Welt. Hamburg, 16. Oktober 1965

130 Menschenbilder ohne Menschen. Beitrag zum Thema ›Die Literatur im Spannungsfeld von Wissenschaft und Technik‹. In: Spandauer Volksblatt. Berlin, 21. Februar 1965

131 Proligio. Ein Traktat über die Zukunft des Menschen. In: Merkur. Stuttgart/München 1965. S. 601–608

132 Stimme und Verstummen. In: Jahresring. Stuttgart 1965/66. S. 236–242

133 Musenweimar. In: Atlas. Zusammengestellt von deutschen Autoren. Wagenbach Verlag. Berlin 1965. S. 281–290

134 Übersetzen und übersetzt werden. In: Übersetzen. Vorträge und Beiträge vom Internationalen Kongreß literarischer Übersetzer in Hamburg 1965. Hrsg. von Rolf Italiaander. Athenäum Verlag. Frankfurt am Main/Bonn 1965. S. 9–10

135 Mein erster Liebesbrief. In: Vöglein singe mir was Schönes vor. Dokumente aus Kindertagen. Herausgekramt aber in

wohltuender Unordnung belassen von Hans Scholz und Heinz Ohff. Sigbert Mohn Verlag. Gütersloh 1965. S. 56–57

1966

136 Die schwache Position der Literatur. Reden und Aufsätze. Suhrkamp Verlag. Frankfurt am Main 1966 = edition suhrkamp Bd. 156. 179 S.

137 Jahrgang 1901. In: Jahr und Jahrgang 1901. Hoffmann und Campe Verlag. Hamburg 1966. S. 50-92

138 Bitte kein literarisches Geschwätz. Interview mit sich selbst. In: Die Welt. Hamburg, 6. Januar 1966

139 Natur – ein unerhörter Luxus. In: Die Zeit. Hamburg, 29. April 1966

140 Literarische Prostitution. Bemerkung zur Gruppe 47. In: Konkret. Hamburg, Juni 1966, S. 30–31

141 Engagement. In: Streit-Zeit-Schrift. Jubiläumsheft 1956 bis 1966. München, September 1966, S. 56–57

142 Er wurde zuletzt ganz durchsichtig. Erinnerungen an Hermann Kasack. In: Parabeln. Jahrbuch der Freien Akademie der Künste in Hamburg. Hamburg 1966, S. 228–235

1967

143 Dies lebenlose Leben. Versuch über den NS-Alltag. Vortrag im Deutschlandfunk in der Reihe ›Erlebte Zeit‹. Auszugsweise in: Merkur. Stuttgart/München 1967. S. 134–149

144 Warum ich nicht wie Hermann Broch schreibe. Hans Erich Nossack über seine literarischen Vorbilder. In: Fünfzehn Autoren suchen sich selbst. Modell und Provokation. Hrsg. von Uwe Schultz. List Verlag. München 1967. S. 64–71

1968

145 Spätestens im November. Rowohlt Taschenbuch Verlag. Reinbek bei Hamburg 1968 = rororo Bd. 1082. 188 S. Vergl. Nr. 51, Nr. 103 und Nr. 174

146 Der fall d'Arthez. Roman. Suhrkamp Verlag. Frankfurt am Main 1968. 321 S. Vergl. Nr. 166 und Nr. 188

147 Anmerkungen zu ›Der Fall d'Arthez‹. In: Merkur. Stuttgart/München 1968. S. 109

148 Zu meinem Roman ›Der Fall d'Arthez‹. In: Dichten und Trachten. Suhrkamp Verlag. Frankfurt am Main 1968. S. 18 bis 22

149 Weiterungen. In: Merkur. Stuttgart/München 1968. S. 109 bis 125

150 Ankunft in Aporée. In: Aus aufgegebenen Werken. Suhrkamp Verlag. Frankfurt am Main 1968 = Sonderband der Bibliothek Suhrkamp. S. 51–82

151 Ist Poesie lehrbar? In: Die Welt. Hamburg, 10. Februar 1968

152 Ameisen brauchen keine Literatur. In: Süddeutsche Zeitung. München, 21./22. Dezember 1968

153 Privatbesitz – Durchgang verboten. In: Die Väter. Berichte und Geschichten. Hrsg. von Peter Härtling. Fischer Verlag. Frankfurt am Main 1968. S. 70–78

154 Das Verhältnis der Literatur zu Recht und Gerechtigkeit. Abhandlungen der Klasse der Literatur der Akademie der Wissenschaften und der Literatur in Mainz. Steiner Verlag. Wiesbaden 1968. Jahrgang 1968, Nr. 2. 34 S.

1969

155 DEM UNBEKANNTEN SIEGER. Roman. Suhrkamp Verlag. Frankfurt am Main 1969. 200 S. Vergl. Nr. 160

156 Gedanken zur Rebellion. In: neutralität. Zürich, Dezember 1969, S. 35–37

157 Plädoyer für das Publikum. In: Merkur. Stuttgart/München 1969. S. 197–199

158 Natascha bleibt, der Historie zum Trotz. Kann man heute noch historische Romane schreiben? In: Die Welt. Hamburg, 1. November 1969

1970

159 Um es kurz zu machen. Zwei Etüden. In: Merkur. Stuttgart/München 1970. S. 251–260

160 DEM UNBEKANNTEN SIEGER. Roman. Suhrkamp Verlag. Frankfurt am Main 1970 = Bibliothek Suhrkamp Bd. 270. Vergl. Nr. 155

161 In Quarantäne. In: Jahresring. Stuttgart 1970/71. S. 16 bis 28

162 Autobiographie. In: Über Hans Erich Nossack. Hrsg. von Christof Schmid. Suhrkamp Verlag. Frankfurt/Main 1970 = edition suhrkamp Bd. 406. S. 159–162

163 Du sollst deinen Vater und deine Mutter ehren – undsoweiter. In: neutralität. Zürich, April 1970, S. 34–36

164 Eugen Bisers theologische Sprachthorie. In: Hochland. November/Dezember 1970. S. 565–566

165 Nostra res agitur. (Zu H. Heißenbüttel: ›D'Alamberts Ende‹.) In: Merkur. Stuttgart/München 1970. S. 1083–1086

1971

166 DER FALL D'ARTHEZ. Roman. Rowohlt Taschenbuch Verlag. Reinbek bei Hamburg 1971 =rororo Bd. 1393/94. 216 S. Vergl. Nr. 146 und Nr. 188

167 PSEUDOAUTOBIOGRAPHISCHE GLOSSEN. Erzählungen und Essays. Zusammengestellt von Christof Schmid. Suhrkamp Verlag. Frankfurt am Main 1971 = edition suhrkamp Bd. 445. 172 S.

168 Drei Variationen. In: Akzente. Köln/München 1971. S. 56–60

169 Orest. In: Romanfiguren. Hrsg. von der Akademie der Wissenschaften und der Literatur in Mainz. Klasse der Literatur. Hase und Koehler Verlag. Mainz 1971. S. 9–16

170 Der Dialogpartner. In: Von den Büchern. Ein Almanach für die Freunde der Buchhandlung Claus Lincke. Düsseldorf 1971. S. 124–127

171 Der König geht ins Kino. In: Merkur. Stuttgart/München 1971. S. 152–159. Vergl. Nr. 189

172 Werkstattgespräch mit Uwe Schultz. In: Selbstanzeige. Schriftsteller im Gespräch. Hrsg. von Werner Koch. Fischer Taschenbuch Verlag. Frankfurt am Main 1971. S. 17–25

1972

173 DIE GESTOHLENE MELODIE. Roman. Suhrkamp Verlag. Frankfurt am Main 1972. 250 S. Vergl. Nr. 192

174 SPÄTESTENS IM NOVEMBER. Roman. Suhrkamp Verlag.

Frankfurt am Main 1972 = Bibliothek Suhrkamp Bd. 331. 277 S. Vergl. Nr. 51, Nr. 103 und Nr. 145

175 Spirale. Roman einer schlaflosen Nacht. Suhrkamp Verlag. Frankfurt am Main 1972 = suhrkamp taschenbücher Bd. 50. Vergl. Nr. 56

176 Image 71. In: Jemand der schreibt. 57 Aussagen. Hrsg. von Rudolf de le Roi. Hanser Verlag. München 1972. S. 23–31

177 Wir und Dostojewskij. Eine Debatte mit Heinrich Böll, Siegfried Lenz, André Malraux, Hans Erich Nossack, geführt von Manès Sperber. Hamburg 1972. S. 95–103

178 Brief an den Verleger. In: Suhrkamp-Information. Frankfurt am Main, September 1972. S. 96–98

179 Dieses Buch hätte ich schreiben müssen. Über W. H. Fritz: ›Die Beschaffenheit solcher Tage‹. In: Die Welt des Buches. Hamburg, 14. Dezember 1972

180 Nachwort zu Ilse Molzahn: ›Der schwarze Storch‹. Herbig Verlag. München/Berlin 1972. S. 291–296

181 Briefwechsel Hermann Kasack – Hans Erich Nossack 1945–1949. Eingeleitet und mit Anmerkungen versehen von Huguette Giraud. In: Recherches Germaniques. Straßburg 1972. Nr. 2, S. 204–250

182 Literatur und Biographie. Werkstattgespräch mit Christof Schmid. In: Literarische Werkstatt. Interviews. Hrsg. von Gertrud Simmerding und Christof Schmid. Oldenbourg Verlag. München 1972. S. 40–50

1973

183 Bereitschaftsdienst. Bericht über die Epidemie. Suhrkamp Verlag. Frankfurt am Main 1973. 153 S.

184 Der jüngere Bruder. Roman. Erweiterte Ausgabe mit einem Nachwort von Christof Schmid. Suhrkamp Verlag. Frankfurt am Main 1973 = suhrkamp taschenbücher Bd. 133. 331 S. Vergl. Nr. 69, Nr. 118 und Nr. 127

185 Lebensgefährliche Formulierung. Ansprache gehalten zur Tagung des Verbandes deutscher Schriftsteller in Hamburg am 20. Januar 1973. In: Basler Nachrichten, 27. Januar 1973

186 ›Ich bin wie ein Mensch, der keine Hilfe hat‹. Die Frage

nach dem Gegenüber in der Literatur. In: Die Welt. Hamburg, 28. April 1973

187 Nachtgespräch auf der Lombardsbrücke. In: Merian-Heft ›Hamburg‹. S. 7–8

1974

188 DER FALL D'ARTHEZ. Roman. Suhrkamp Verlag. Frankfurt am Main 1974 = Sonderausgabe. Vergl. Nr. 146 und Nr. 166

189 DER KÖNIG GEHT INS KINO. Eine Geschichte von Hans Erich Nossack mit Bildern von Arturo Heras. Ein Insel-Bilderbuch. Frankfurt am Main o. J. (1974). Vergl. Nr. 171

190 Der Rest, der nicht aufgeht. Über Adolf Muschgs Roman ›Albissers Grund‹. In: Die Welt. Hamburg, 4. April 1974

191 Die Frage nach dem Gegenüber. In: Europäische Hefte. Hamburg, Juli 1974, H. 3, S. 5–8 (deutsch/französisch/englisch)

1975

192 DIE GESTOHLENE MELODIE. Roman. Suhrkamp Verlag. Frankfurt am Main 1975 = suhrkamp taschenbücher Bd. 219. 250 S. Vergl. Nr. 173

193 UM ES KURZ ZU MACHEN. Miniaturen, Etüden, Parabeln. Zusammengestellt von Christof Schmid. Suhrkamp Verlag. Frankfurt am Main 1975 = suhrkamp taschenbücher Bd. 255. 117 S.

194 EIN GLÜCKLICHER MENSCH. Erinnerungen an Aporée. Roman. Suhrkamp Verlag. Frankfurt am Main 1975. 280 S.

Hans Erich Nossack als Übersetzer

1949

195 Joyce Cary: The Horse's Mouth (Des Pudels Kern). Hamburg 1949

1957

196 Gerald Hanley: Drinkers of Darkness (Dunkler Wind). Hamburg 1957

1958

197 Harold Nicolson: The English Sense of Humor (Die Kunst der Biographie und andere Essays). Frankfurt am Main 1958

198 Sherwood Anderson: Winesburg, Ohio. Frankfurt am Main 1958. (Auch in: Sherwood Anderson Gesamtausgabe. Olten 1963)

Übersetzungen der Werke von Hans Erich Nossack in andere Sprachen

(*Buchpublikationen in Kapitälchen*)

Afrikaans

UNMÖGLICHE BEWEISAUFNAHME (Onmoontlike Getuienis). Johannesburg 1966

Dänisch

Das Mal (Monumentet). In: Vindrosen. H. 4, 1963, S. 264–273

UNMÖGLICHE BEWEISAUFNAHME (Unmulig bevisførelse). Kopenhagen 1964

DER FALL D'ARTHEZ (Tilfaeldet d'Arthez). Kopenhagen 1969

Ameisen! Ameisen! In: Tyske fortaellere 1945–1965. Kopenhagen 1969. S. 178–191

Englisch

Das Mal. In: German Writing today. London 1967. S. 169–179

UNMÖGLICHE BEWEISAUFNAHME (The impossible Proof). New York 1968

Das Federmesser (The Penknife). In: Dimension. Contemporary German Arts and Letters. Austin/Texas 1968. S. 568–581

Helios GmbH. In: German Short Stories 1955–1965. Cambridge 1969. S. 81–103

DER FALL D'ARTHEZ (The d'Arthez Case). New York 1971

Um es kurz zu machen. In: PEN. New Texts of German Authors. Manila 1973. S. 80–88

DEM UNBEKANNTEN SIEGER (To the unknown hero). New York/London 1974

Estnisch

Das Mal (Teefähis). In: Võlill. Tallin 1967

DIE SCHALTTAFEL (Lülitus Laud). Tallin 1968

Finnisch

DEM UNBEKANNTEN SIEGER (Vallan Kumous Sankari). Helsinki 1971

Französisch

Der Untergang (L'Effondrement). In: Les Temps Modernes. Paris 1949. S. 667–707

Interview mit dem Tode (Interview avec la mort). Paris 1950

Das Mal (La borne). In: Documents 8. Revue mensuelle des questions allemandes. Paris 1952. S. 778–790

Nekyia (Nékyia. Récit d'un survivant). Paris 1955

Begegnung im Vorraum (Rencontre dans le vestibule). In: Les lettres nouvelles. Paris 1955. S. 67–73

Spirale (Spirales). Paris 1959

Spätestens im November (La Dérive). Paris 1961

Der jüngere Bruder (Le frère cadet). Paris 1962

Nach dem letzten Aufstand (Avant la dernière révolte). Paris 1964

Das Federmesser (Le canif). In: Les Lettres nouvelles. Numéro spécial Dec.–Jan. 1966: Écrivains allemands d'aujourd'hui. Paris 1966. S. 244–253

Holländisch

Bericht eines fremden Wesens über die Menschen. In: Ruines in Visionen. s'Graveland 1952. S. 96–100

Ein Sonderfall (Een bijsonder geval). In: 8 Duitse Verhalen. Amsterdam 1966. S. 149–174

Der Untergang / Der Neugierige / Kassandra (De Ondergang). Amsterdam 1968

Italienisch

Spätestens im November (Al piu tardi in novembre). Mailand 1960

Spirale (Spirale, romanzo di una notte). Mailand 1962

Der Jüngling aus dem Meer. In: Il dissenso. 19 nuovi scrittori tedeschi. Hrsg. von Hanns Bender. Mailand 1962. S. 97–120

Japanisch

Spätestens im November. Tokio o. J.

Unmögliche Beweisaufnahme. Tokio 1959

Der jüngere Bruder. Tokio 1965

Das kennt man. Tokio 1970

Die schwache Position der Literatur. Tokio 1972
Dem unbekannten Sieger. Tokio 1975

Norwegisch

Am Ufer. In: Noveller tra våt tid. Oslo 1967. S. 124–148
Der Fall d'Arthez (Tilfellet d'Arthez). Oslo 1969

Polnisch

Spätestens im November (Napajfóźniej w Listopadzie). Warschau 1959
Der Fall d'Arthez (Sprawa d'Artheza). Warschau 1972

Rumänisch

Interview mit dem Tode (Interviv cu morta). Bukarest 1967
Spätestens im November (Cel mai tîrziu în noiembrie). Bukarest 1973
Der Fall d'Arthez (A d'Arthez ügy). Bukarest 1973

Russisch

Der Fall d'Arthez. Moskau 1973

Schwedisch

Interview mit dem Tode. In: Orlig natt. Ochandra tyska efterkrigsnoveller. Stockholm 1951. S. 62–95
Das Mal. In: Tysk samtid. Hrsg. von Guenter Klingmann. Stockholm 1958. S. 137–149
Spätestens im November (Senast i novembre). Stockholm 1964
Unmögliche Beweisaufnahme (Rannsakning). Stockholm 1969

Serbokroatisch

Spätestens im November (Najksnije u novembru). Zagreb 1961
Der jüngere Bruder (Mladi Brat). Zagreb 1961
Neonlicht. In: Sodobna nemŝka Proza. Ljubljana 1969. S. 103 bis 109

Spanisch

Spätestens im November (Lo mas tarde en novembre). Barcelona 1962 (Taschenbuchausgabe 1968)
Der jüngere Bruder (El hermano pequeño). Barcelona 1963

Unmögliche Beweisaufnahme (Pruebas inadmisiles). Caracas o. J. (1969)
Der Fall d'Arthez. (El caso d'Arthez). Barcelona 1972

Tschechisch

Mehrere Erzählungen unter dem Titel: Zánik. Prag 1966
Proligio. In: Revue svetovej literatúry. H. 4. Bratislava 1966. S. 87–91
Am Ufer. Das Mal. In: Revue svetovej literatúry. H. 1. Bratislava 1967. S. 78–101
Der Mensch in der heutigen Literatur. In: Romboid. Bratislava 1968. S. 51–57
Spätestens im November (Nejpozdeji v Listopadu). Prag 1969
Das kennt man (To poznáme). Bratislava 1969
Unmögliche Beweisaufnahme (Neprokazatelná Zaloba). Prag 1970

Ungarisch

Der jüngere Bruder (Az Elveszelt Fivér). Budapest o. J. (1965)
Der Fall d'Arthez (A d'Arthez ügy). Budapest 1971

Quellennachweis

Briefe

(geschrieben 1943–1955). Mit wenigen Ausnahmen Erstveröffentlichungen. (Vergl. Hermann Kasack – Hans Erich Nossack ›Correspondance‹ [1945–1949]; eingeleitet und kommentiert von Huguette Giraud. In: Recherches Germaniques, 1972 No. 2. S. 204–250). Darin die Briefe von Nossack an Kasack vom 30. 10. 45, 30. 11. 45, 13. 1. 46, 24. 5. 46, 28. 5. 46, 4. 6. 46, 18. 9. 46, 21. 8. 47, 8. 3. 48, 25. 2. 49, 6. 6. 49.

Gedichte

(geschrieben 1941/42). ›Der Angeklagte hat das Wort‹ in: Jahrbuch d. Freien Akademie der Künste in Hamburg (Bibliogr. 72). Alle anderen Gedichte zuerst in: Gedichte (Bibliogr. Nr. 6).

Prosa

›Der Untergang‹ (geschrieben 1943). Zuerst in: Interview mit dem Tode (Bibliogr. Nr. 10).

›Bericht eines fremden Wesens über die Menschen‹ (geschrieben 1946). Zuerst unter dem von der Redaktion geänderten Titel ›Bericht eines Marsbewohners über die Menschen‹ (Bibliogr. Nr. 5), dann unter dem gültigen ursprünglichen Titel in: Interview mit dem Tode (Bibliogr. Nr. 10).

›Dieser Andere‹ (geschrieben 1949.). Erstveröffentlichung.

›Ankunft in Aporée‹ (geschrieben 1952/53). Zuerst in: Aus aufgegebenen Werken (Bibliogr. Nr. 150).

›Wie sonst‹ (geschrieben 1960). Zuerst in: Nach dem letzten Aufstand (Bibliogr. Nr. 85. S. 308–322).

››Image 71‹ (geschrieben 1970). Zuerst in: Jemand der schreibt (Bibliogr. Nr. 176).

›In Quarantäne‹ (geschrieben 1971). Zuerst in: Jahresring (Bibliogr. Nr. 161).

›Das Herbstkostüm‹ (geschrieben 1973). Zuerst in: Bereitschaftsdienst (Bibliogr. Nr. 183. S. 51–65).

›Die Vorladung‹ (geschrieben 1975). Zuerst in: Ein glücklicher Mensch (Bibliogr. Nr. 194. S. 160–165).

Nachwort

»Der Angeklagte hat das Wort« – Wer ist der Angeklagte? Was wird ihm zur Last gelegt? Von wem? Was hat er dagegen vorzubringen? Wer spricht das Urteil?
Im Vorwort zu ›Spirale‹, dem ›Roman einer schlaflosen Nacht‹, heißt es: »Ein Ereignis hat einen Mann schlaflos gemacht. Er müht sich, sein Leben zurück und zuende zu denken; mit verteilten Rollen hält er über sich Gericht, klagt sich an, verteidigt sich und versucht, sich zu begnadigen, um endlich Ruhe zu finden.« – Der Angeklagte als Kläger und Richter?
In der ›Unmöglichen Beweisaufnahme‹, der mittleren der fünf ›Spiralen‹, geht es um den Prozeß gegen einen Versicherungsassekuranten. Seine Frau ist nach siebenjähriger vorbildlicher Ehe spurlos verschwunden. Das Gericht vermutet ein Verbrechen und ist bemüht, den Anteil der Schuld des Angeklagten daran festzustellen. Je länger jedoch der Prozeß läuft, um so mehr entzieht sich der Fall juristischer Faßbarkeit. Die Beweisaufnahme ist unmöglich, ihr Protokoll endet als Fragment. Denn während sich das Gericht als Garant der öffentlichen Sicherheit versteht, gehörten der Angeklagte und seine Frau nur noch scheinbar diesem Bereich herkömmlicher Ordnung und versicherbarer Werte an. In Wirklichkeit lebten beide längst im höchst gefährdeten Grenzbereich zum »Nicht-Versicherbaren« hin, in dem das Leben ein Verharren in angespanntester Passivität, ein von feinsten Schwingungen gefährdetes Hinziehen einer ungewissen Frist, ein gegenstandsloses Warten und Lauschen ist. Der Angeklagte hatte sich für stark genug gehalten, eines Tages ganz in diese vollkommene Leere hinüberzuwechseln. Aber nicht ihm, sondern seiner Frau ist dies nach seiner Meinung in der Nacht ihres Verschwindens gelungen. Er selbst muß sich als gescheitert ansehen. »Der Gescheiterte aber ist immer schuldig« – wenn auch in einem ganz anderen Sinn, als ihn das bürgerliche Gesetzbuch kennt. Das Gericht kommt zu keinem

Spruch. Und so bleibt der Angeklagte dazu verurteilt, sein Leben als Prozeß gegen sich selbst weiterzuführen. Der Angeklagte als Kläger und Richter.
In Nossacks jüngstem Roman ›Ein glücklicher Mensch‹ gibt es eine Geschichte, die man sich in Aporée erzählt (vergl. S. 201 dieser Ausgabe): Ein Mann erhält eines heiteren Tages die Aufforderung, vor Gericht zu erscheinen. Niemand versteht den Grund. Dennoch sagt der Mann »Damit war zu rechnen« und kommt der Vorladung pünktlich nach. Während er sich jedoch als Angeklagter eingefunden hat, sieht er sich unvermutet auch in die Robe des Richters gedrängt, in der er nun »Im Namen des Volkes!« oder auch: »Im Namen der Gerechtigkeit!« oder vielleicht auch: »Im Namen Gottes!« den Prozeß gegen sich als Angeklagten zu eröffnen und zu führen hat. Als endlich alle genug geredet haben, kommt es zum Urteil. »Unser Mann muß aufstehen, um es zu verkünden. Auch der Angeklagte muß aufstehen und denkt: Tu mir nicht den Tort an mit deinen mildernden Umständen, Bruder, ich möchte endlich den ganzen Schwindel los sein. Und unser Mann tut ihm den Gefallen und verkündet: Keine Berufungsmöglichkeit! Keine Bewährungsfrist! Alle im Saal sind sehr befriedigt. Endlich ein klares Urteil, heißt es, ohne all den psychologischen Quatsch. Es gibt noch eine Gerechtigkeit. Und auch der Angeklagte ist befriedigt, denn als er abgeführt wird, treffen sich die Blicke mit unserm Mann. Na endlich, Bruder, vielen Dank auch. Ich mache es mal wieder gut.« – Der Richter als Verurteilter, die Verurteilung als Befreiung.
Das genügt. Die Beispiele lassen sich vermehren. Gericht und Prozeß, Anklage und Verteidigung, Verurteilung und Begnadigung erweisen sich als zentrale Themen in Nossacks Werk. Und wo dies nicht der Fall ist, bleiben zumindest Bericht und Verhör, Interview und Protokoll als Redeweisen der Ermittlung typisch Nossacksche Erzählformen. Ermittelt wird dabei mit kriminalistischer Akribie und professioneller Methode. Der Kriminalroman ist dem Autor erkennbar geläufig, sein Muster wird nicht sel-

ten benutzt. Nur, daß bei Nossack die angenehme Gewißheit fehlt, daß sich am Ende jeder gehörigen Ermittlung auch der undurchsichtigste Sachverhalt aufklärt. Nossacks hartnäckige Fragen führen geradewegs an die Grenzen des Beweisbaren. Sie stoßen in Bereiche vor, in denen keine Antworten mehr zu erwarten sind, und in denen die Ermittlung selbst zur autonomen Form des Denkens wird.
Nossacks Arbeiten sind Protokolle solcher Ermittlungen. Prozeßberichte, in denen die Prozedur des Denkens aufgezeichnet ist. Nicht auf Ergebnisse kommt es ihm an, sondern auf Fort-Schritte. Folgerichtig versteht er seine fertigen Arbeiten als »Durchgänge«, als »gestrige Fußspuren«, die ihren »Zweck für den Autor mit dem Niederschreiben erfüllt« haben und dann nicht mehr sind, als »ein wachsamer Expeditionsbericht, als die Kurve eines überstandenen Fiebers oder das Kardiogramm einer Situation«.
Begonnen hatte Nossack diese persönlichen Prozeßberichte als etwa achtzehnjähriger in seinen Tagebüchern, die er dann nach Hebbels Vorbild über 25 Jahre hinweg geführt hat. »Tagebücher ist eigentlich nicht der rechte Ausdruck dafür, denn es wurden kaum Ereignisse darin aufgezeichnet, sondern nur die Gedanken, die durch die Ereignisse ausgelöst wurden. Nein, auch nicht Gedanken, sondern der Weg zu ihnen. Ja, es war der Prozeß des Denkens, den ich aufzeichnete.«
Bei der Zerstörung Hamburgs 1943 verbrannten alle diese Tagebücher. Der Prozeß des Denkens wird von nun an im anderen Medium fortgesetzt: in ausführlichen Briefen an den jungen Lyriker Hans H. König, an den Freund und Lektor Hermann Kasack, an den Verleger Peter Suhrkamp und andere. Dabei bleiben die Adressaten trotz des individuellen und persönlichen Tons, in dem sie angesprochen werden, immer wieder »Hilfsfiguren« und die Mitteilungen an sie »Selbstgespräche«, die den Zweck haben, in der Beschreibung für andere den eigenen geistigen Standort auszumachen.
Monologe in diesem Sinn bleiben schließlich auch die Prosaarbeiten, die seit 1943 entstehen, vom ›Untergang‹ bis zu

›Ein glücklicher Mensch‹. Nicht mit intellektuellem oder artifiziellem Überblick über einen literarischen Gesamtplan werden sie geschrieben, sondern unter dem vollen Einsatz der Person als Lebensversuche des Autors und damit als dessen eigentliche Biographie. Sie teilen kein Wissen mit, sondern beschreiben eine Suche. Sie führen nicht zu einem Gegenüber, sondern geradewegs in die »Lücke«, die »Pause«, das »Offene«, in Gegenden »ganz ohne Landschaft ohne Hintergrund«, kurz in Bereiche, in denen es keinen anderen Partner und keinen anderen Gegner gibt als das eigene Ich. Hier sind Kläger und Angeklagter identisch. Und hier gibt es keine vorzeitige Begnadigung. Die Rollen wechseln. Aber der Prozeß wird fortgesetzt. Von Werk zu Werk.
Der Leser ist aufgefordert, diesem persönlichen Prozeß als kritischer Beobachter beizuwohnen. Er wird dabei sowohl als Nossack-Kenner wie als Nossack-Neuling irritiert feststellen, mit welcher Strenge und Disziplin dieser Prozeß geführt wird. Er wird sehen, wie wenig mildernde Umstände sich der Angeklagte, der hier das Wort hat, auch in Zeiten äußerster Not einräumt. Er wird aber auch erkennen, daß dieser Prozeß sein Ziel in der Suche hat und nicht im Urteil: »Ich rechte nicht, ich gebe Rechenschaft.«

Christof Schmid